尼采（Nietzsche, 1844-1900）

齊克果（KierKegaard, 1813-1855）

沙特（Sartre, Jean Paul, 1905-1976）

海德格（Heidegger, 1889-1980）

新世紀叢書

當代重要思潮・人文心靈・宗教・社會文化關懷

作者◎威廉・白瑞德

譯者◎彭鏡禧

非理性的人——存在哲學研究

存在主義的現代風貌與西方傳統淵源

【目錄】全書總頁數384頁

Ⅳ 整體人對理性人

〈二〇〇一年版代序——存在哲學不是非理性的〉

台北科技大學
葉新雲

現在是時候了，人們必須戒除這樣的習慣：高估哲學並因而對哲學要求過高。在當今的世界困境中必需的是：少一些哲學，而多一些思想的細心；少一些文學，而多一些文字的保養。

——馬丁・海德格　出自〈關於人道主義的書簡〉，孫周興譯

存在哲學曾在五〇、六〇年代流行於歐美，在七〇年代前後也曾讓我們這個地方關心思想、藝文的士子怦然心動。事隔多年，一時興會的風潮過去了，但沉潛的反芻、吸納、發揮可能才開始呢。即以北美爲例，齊克果近三十大卷的英譯定本已逐年出版，尼采全集的新譯工作業已排定，海德格的主要論著多有了英譯本，而討論這些思想家的論著更是方興未艾。再以我們這個地方來說，杜斯妥也夫斯基、卡繆、沙特等人所寫的文

學作品始終不少讀者，而尼采、海德格、沙特等人的哲學專著，竟然也有了相當數量的中譯；至於討論這些文學家、思想家的大小論著似乎也一直不斷。三十年前彭鏡禧先生譯的這本《非理性的人》，由於原著精采生動、譯文謹嚴通暢，深受讀者喜愛；立緒這一次讓它重現文壇，正也證實了存在哲學頑強的生命力。

這種頑強的生命力自與存在哲學的內涵緊密相連。讀者如果要想一窺存在哲學之大意，當可檢讀《非理性的人》之類的通論；如果要想明白各家思想之精微理路，則專書俱在，讀者自可加以反覆研索。筆者在這裡便不再對此一內涵做挂一漏萬的評析。不過，有幾件時常想到而且關係到存在哲學的事情，倒是想跟讀者敘一敘。

首先，討論一下存在哲學與政治。有一個常聽到的說法是：存在哲學家的政治態度、政治行爲、甚至政治想法多半有可爭議的地方，因此，他們的哲學也就不可取。比如說沙特，他在五〇年代就有過度推崇蘇聯共產制度的言論與行動；他在中國文化大革命時期也曾經爲法國毛派分子撐腰。再加海德格，他在希特勒登上最高權力之際，曾經認爲希特勒及其黨羽是德國人之希望、也是世界的希望；他本人也曾加入納粹黨。由這些事實看起來，沙特和海德格已經讓自己的人格沾上污點，他們的哲學——這種探究人存在的哲學還有可取之處嗎？

其實，這樣的想法是輕率的。人們對於哲學家的人品似乎格外苛刻，對於其他的專業人士、科學家抑或藝術家很少做類似的要求。這種情形就值得思考。直截地講，這是

「人身攻擊的謬誤」，在討論問題是站不住腳的，而中國的老話：「不以人廢言」，也有叫我們不受這類想法影響的警示作用。但人們好像很受上述看法的影響：「不行吧，不該把他們的言行分開看待吧，他們畢竟是存在哲學家呀!?」好像存在哲學家要受更高的倫理規範來約束才比較恰當！

筆者無意替沙特或海德格開脫人們對於他們的指責，但希望大家把事情看仔細點。先談沙特的情形。在五〇年代沙特的確在冷戰兩大陣營裡比較傾向蘇聯；據說當沙特和西蒙·波娃自蘇聯訪問歸返法國之際，他倆表現著極大的道德傲慢，認爲凡不認同其意識形態的士子都是資本主義的幫兇。他們這種態度與看法，很快地受到批評，其中批評最爲嚴厲的是他們長期的合作者——梅努·龐蒂。龐蒂認爲沙特已由社會主義滑向極端布爾什維克主義（Ultra-bolshevism）；社會、人民的一切全聽命於「黨」！沙特很快地糾正了自己，很快地跟一切史達林主義者或黨派、或團體組織劃分了界限。至於他支持法國毛派分子辦刊物、組活動，他自己也很快地明白受到他人利用；他曾經感慨地表示：實際政治中的運作，總有知識分子無法接觸到的信息。換言之，知識分子很少不受到政治宣傳的誤導，因而常在理想與期待中受到欺騙。

筆者認爲沙特始終是一位尋尋覓覓的知識分子，他的這種不停批判並且自我批判的精神是非常難得的。當人們在批評沙特的左傾幼稚病時，爲什麼不提他爲匈牙利事件做出的對蘇聯的撻伐？爲什麼不提他爲阿爾及利亞解放戰爭直接冒犯法國政府的言論？爲什麼不提他爲越戰勇敢地抗議美國？筆者要提醒讀者：知人論事必須平衡公正，不能把持公正觀點的人，除了對社會產生一點類似謠諑一樣的作用以外，對人類精神發展是沒有什麼助益的。

其次來談海德格。第一次大戰，德國戰敗；戰勝的列強對德國的百般限制與需索，的確讓德國人民陷於非常窘迫困頓的境域。面對國內外的動盪、經濟蕭索、失業廣泛，當時的政府一直拿不出良好的政策；在實際政治上，小小一個國家被二十多個政黨反反覆覆的爭鬥、權謀、擠壓弄得七葷八素。現在來了一個意志的強人及其黨派，以其明白的提綱，劃一的行動，很快地讓人有一種新秩序在望的感覺。海德格會同情納粹應該可以理解。按照海德格自己的講法，他在一九三三年到一九三四年擔任大學校長十個月的期間，很快地認識到納粹的作法與他的期待是不相同的，因此堅持辭去校長職務。接下來之後，他以他自己的方式對抗納粹意識形態；其中之一就是好幾年詳盡地闡釋尼采哲學；在這種闡釋中，凡是肯細心傾聽的有識之士，應該可以明白海德格把尼采從納粹的有意曲解、比附中解放出來，同時也表明了海德格與納粹在思想上根本無法合作。在大戰末期，海德格被列爲「無用的教授」，甚至遭到被發配到戰地去挖戰壕的命運。大戰結束，海德格因爲前述與納粹的關係，被禁止重返母校——弗萊堡大學任教，時間長達五年之久。等到他可以回校任教時，他只有一年教書的機會，因爲他已被排定退休之列了。

海德格在三〇年代同情納粹，的確是犯了稍欠「睿智」的錯誤，但他為這個錯誤也付出了代價。在跟納粹的關係上，他並沒有做納粹的搖旗手，沒有用他的聲望去應和納粹的聲浪，相反地反倒是以學究的細聲曲折地跟納粹抗衡著。最近國際上一些學者、士人在追究海德格過去罪責的時候，好像希特勒及其黨羽殺害猶太人民的責任，也要算在海德格的頭上。這樣的清算，在筆者看來是失之偏頗的。在極權的狂風暴雨下，個人只是脆弱無力的弱枝、細草，個人能有怎樣的道德行動？當人們有機會回顧那極權的情況，有人不急於追究製造狂風暴雨的元凶，反倒費神費力地、帶著放大鏡去追查一個知識分子並且要他為狂風暴雨負起不相應的責任。這不是很奇怪的事嗎？每次想到這裡，不免廢書長嘆。

現在讓我們回到存在哲學來。早在一九三〇年代，西班牙哲學家奧特加・伊・賈塞特（Ortega y Gasset）遊學德國，他接觸到海德格的哲學；他返國之後便聲稱有一種新的哲學逐漸成形，他稱之為「生活哲學」。這個新哲學到底新在何處？為什麼賈塞特要叫它做「生活哲學」？

存在哲學之所以是新的哲學，主要地是改變了哲學探索的方向。近代哲學關懷的重心主要地是知識論式，即使是討論形上學問題，也以認知者的立場去切入形上學的領域。近代理性論者首先要得到的東西是確定不移的知識，然後再以確定不移的知識來安置人的地位；這樣的做法主要把人當做一個認知者來看待。在知識論中就檢查：人到底有什麼樣的認知能力？這些能力能認識到哪些眞理、哪些知識？眞理、知識是否表示外界的眞相？一個與認知者有隔的外界如何能進入認知者的認知範圍內？科學知識固然爲我們掌握，但傳統上如上帝、自我能否成爲知識呢？吾人又如何得到道德的認識、審美的認識？……凡此等等，都在知識論的範域之中，或者都以知識論的角度來加以探討。

這種以認知人看待一切的哲學觀，存在哲學是放棄了。存在哲學認爲這樣的哲學觀就是把一切看成了「客體」，其中那個認知人的主體性也維繫不住；認知人也照樣客體化。如果一切都成爲客體，那麼對客體研究的最佳途徑實爲科學。因此，究其底蘊說來，哲學的知識論化的結果就是哲學的解消；所有傳統上討論的東西都會成爲科學研討的對象或未來科學處理的題材。

在某個意義講，存在哲學就是在努力回復人的主體性。換句話說，也就是在科學籠罩一切的情況下開闢思想的新徑。存在哲學是深刻地感到這種開闢工作的困難，這些思想家是否走在新徑上、是否完成開闢的工作，筆者認爲是仍待未來判斷的問題。但這些思想家的努力是值得重視的。

存在哲學家是如何進行他們艱困的工作呢？他們著重強調人不是一個旁觀者（spectator），人是投入（be engaged in）生活的生活人；他在世界之中，世界中的事物不是他冷然旁觀的對象，是跟他相關連的生活中的事事物物。在存在哲學家看來，「人是生活中的人」這是最基始的意義，人的認知活動是引伸的意義。近代哲學的主流看法把這一點弄顛倒了。正是由於這一重心觀點的轉換，我們才會了解到爲什麼存在哲學家要討論到下面一些主題：單獨的個人、選擇、焦慮、時間、關懷、死亡、他人……。這些主題不是做爲心理學的方式來探究的，而是就人存在的方式來描繪的。

對這個新的個人主體性的看法，存在哲學家可能有大同小異的分別。尼采強調個人自我的超越性；齊克果認爲人該面對眞實的自己；沙特認爲人不該自欺爲物，應該掌握自己的可更變的自由；海德格最特出，認爲人存在（Dasein, human existence）正可追尋存有之意義，由此可反思發生在人身上及世上的一切。當我們讀著個別存在哲學家的著作時，不由自主地感到個人生活的嚴肅，不由自主地覺得個人在這茫茫的大千世界中有一份可爭得的尊嚴。筆者認爲這是在其他哲學中，比較不容易碰觸到的感覺。這也許是存在哲學吸引人們的主要原因。

到現在爲止，仍有不少人把存在哲學看成是非理性的。因此，這些人覺得可以把存在哲學置於一旁、不屑一顧。這些人沒有想過：他們所謂的理性究竟是指什麼意思？這個理性是不證自明的概念嗎？顯然不是！是指科技主義嗎？存在哲學願意承認自己不是那樣的理性。這些人的理性是現今各式各樣的制度嗎？試問這些制度中的理性是不是含有層出不窮的非理性？存在哲學會回應說：理性是到了要重新檢討的時候了；如果再不檢討，在不久將來或許眞有那非理性的大災難從今天的理性中爆發出來。

讓我們試試存在哲學新開的小徑。

〈二〇〇一年版修訂版前言〉

台灣大學外文系教授
彭鏡禧

「存在主義」興起於二次大戰之後，可以說是對當代人類處境——或許應該說是困境——的深刻反思與反應。《非理性的人》一書英文原作最初於一九五八年面世，由於作者清晰的思辨、酣暢的文筆、恰當的例證，立刻受到學術界以及一般讀者的重視與喜愛，咸認為是介紹存在主義的最佳書籍。從亞馬遜網路書店（amazon.com）讀者的一致好評看來，這部經典之作的魅力至今並未稍減。

本書作者曾經長期任教美國紐約大學，對當今的人文議題向極關切，且著作宏富。繼《非理性的人》一書之後，他陸續又發表了包括《虛幻的科技：尋求意義於科技文明》（*The Illusion of Technique: a search for meaning in a technological civilzation*, 1978）、《靈魂之死：從笛卡兒到電腦》（*Death of the Soul: from Descartes to the computer*, 1986）在內的重要著作。

存在主義思潮席捲歐美知識界，是二十世紀中葉的事，但，誠如作者指出，它的源頭溯及最早的西方思想，並且在諸多文學與藝術作品裡都有脈絡可尋。面對人類的難題，它也許無法提出令人滿意的解答；然而，有了它的警示與啓發，我們勢必要放棄沾沾自喜的心態，誠實面對自己內裡的虛空。僅僅是這一點，存在主義已經值得處在二十一世紀、眼看著文明發展失控的我們，深切內省，並且思索人類的未來。

三十多年前，筆者甫自大學畢業，沒有受過正規的哲學訓練，單憑一股求知的熱情，竟膽敢翻譯了這本洋洋二十萬言的鉅著。所幸譯文承蒙好友孝廉、學長新雲潤飾修正，已如〈譯序〉所述。修訂版對照原文，全書做了多處改正。新雲兄撥冗寫序，盛情可感。新潮文庫發行人張清吉先生當年不斷的鼓勵與全然的信任，是這個譯本的催生者。在那思想受到禁錮而大眾求知若渴的時代，新潮文庫扮演了傳遞知識的重要角色。謹把這個修訂本獻給張清吉先生，感謝他當年的提攜，也感謝他對台灣讀者的貢獻。

二〇〇一年七月誌於芝加哥大學

〈一九六九年版譯序〉

台灣大學外文系教授
彭鏡禧

《非理性的人——存在哲學研究》於一九五八年由美國雙日公司（Doubleday & Company）初次出版；一九六二年收入該公司的「錨碇叢書」（Anchor Books）。這個中文譯本根據的就是後一版本。

本書的作者威廉・白瑞德（William Barrett）是美國最早研究並介紹存在主義的學者，擅長把學院裡枯燥的知識活生生介紹給大眾。他出生於一九一三年十二月；一九三八年獲哥倫比亞大學哲學博士以後，歷任伊利諾大學、布朗大學、義大利羅馬大學的哲學教席；一九四八年進入紐約大學執教，以迄於今。自一九六一年起，他在《大西洋月刊》撰寫文學書評。他的重要著作包括㈠《何謂存在主義？》（*What is Existentialism?*, 1947）；㈡《非理性的人》（即本書）；㈢《何謂存在主義？》（*What Is Existentialism?*, 1964）。此外，他還編過一本關於禪學的書（*Zen Buddhism*, 1958）；並且是《二十世紀的哲學》

(*Philosophy in the Twentieth Century*, 1961)一書的共同編輯。

對企圖眞正了解存在主義的讀者來說，《非理性的人》大概是最完備的「一本書」了。它首先勾勒出存在主義在現代的面貌；隨後追溯它在西方傳統中的淵源，指陳出它不是一種「戰後情緒」、更不止於時麾玩意；然後，以近乎一半的篇幅，作者分章論述存在主義者（到目前爲止）最重要代表人物——齊克果、尼采、海德格、和沙特——的思想。特別值得一提的，是作者對文學、藝術有相當深刻的認識；旁徵博引之餘，使這本討論哲學的書憑添許多文采。

翻譯之際，我自己的要求是：使譯文明白暢達，但絕不曲解原意。譯文做不到明白暢達，翻譯的工夫勢必白費；若曲解原意，便算不得翻譯。目標如此，究竟做到幾分，得由讀者評判。另外，在技術上，我根據以下幾個原則：

⑴首次出現的人名、原名、以及關鍵字眼，一律附加原文於半圓括弧之內；
⑵原文斜體，中文用方體：原文斜體若是書名或雜誌名，則另加引號以爲區分；另有少數詞句原文並非斜體，但爲避免前後文意混淆，中文乃用方體；
⑶原文用希臘、拉丁、法、德等文字，譯文沿用，再附加中文翻譯；
⑷註解方面，如果是譯者附加的，都有「譯註」字樣，或置於方括弧之內；
⑸原著引用他人作品（尤其是文學作品）之處頗多，除聖經已有定譯以及老子《道

德經》係自中文英譯，其他引述都由我自己翻譯（提到的作家和書名，則力求從衆）；原因是大部分沒有中譯，即或有之，又不如意。

末了，我要感謝王孝廉先生於閱讀我翻譯的手稿之際，提供了許多建議和協助。我特別更要感謝葉新雲先生抽空爲我校閱全書；除卻糾正譯名上的錯誤，於譯文也有所潤飾。當然，譯文裡面如果仍有錯誤以及不盡妥善之處，責任完全在我；並且歡迎讀者賜教。

民國五十八年十二月

I
「當今之世」
The Present Age

1 存在主義之問世

The Advent of Existentialism

「現在社會已經把哲學放逐到極其偏遠的地方，而哲學家自己竟也安之若素。」

在（齊克果（Kierkegaard）講的）一個故事裡，有個心神恍忽的人；他和自己的生命如此脫節，簡直不知道他自己的存在，直到一個晴朗的早晨，他醒來發現自己死了。這個故事在今天講來具有特別的意義，因爲我們現在所處的文明終於手握武器，可以輕而易舉把齊克果故事裡主角的命運帶給它自己：我們可能明早醒來，發現自己死了——而且從未接觸過我們自己存在的根本。時至今日，對原子時代的危機已有普遍的焦慮乃至恐慌；然而大家的探索檢討，即或有之，也很少觸到問題的核心。我們不捫心自問，追根究底，是我們文化背後的什麼因素把我們帶到這個危機；我們不探討人類鑄造的可怕武器背後的人性眞面目；一言以蔽之，我們不敢做哲學式的思考。儘管我們爲這原子時代惴惴不安，但是對於重要的存在問題本身，我們卻情願跟齊克果故事裡的人物一樣心神恍忽。我們這麼做的原因之一，乃是由於現代社會已經把哲學放逐到極其偏遠的地方，而哲學家自己竟也安之若素。

如果哲學家眞要討論人類存在的問題——而看來社會上沒有其他的職業團體會越俎代庖——他們很可以先問：哲學本身在目前是怎麼個存在法？或者，更具體的說：哲學家在現代社會中怎麼個存在法？這個問題無意故弄玄虛，甚至並不抽象；並且我們的初步答案也是同樣的具體平實。哲學家存在於「學院」裡；其身分是大學哲學系的成員，是多少帶有理論性質的所謂哲學這門學問的專業教員。這個幾乎完全根據事實、依照統計得來的簡單觀察，似乎不能使我們深入玄奧的存在問題；然而任何促進了解的努力，理當出發自我們的實際位置，也就是我們的立足點。「了解你自己！」是蘇格拉底在西方哲學的萌芽時期（或距此時期不遠的時候）向哲學家所做的要求：當代哲學家的自我了解工夫，或可先從接受哲學這一行的社會地位開始。這個事實雖然有點難堪、乏味，至少還具有若干頗饒興味的曖昧所在。

「哲學家在現代世界的職業是做一個哲學教授；而以一個生存的個人而言，哲學家的生存範圍不過是大學裡面的一個角落。」

根據字典，「以……爲業（to profess）一辭包括坦白公開地承認或宣稱；所以也就是向世人表白一項職志。因此這話原有宗教含義，例如我們說到對某種信仰的表白。但在我們目前的社會裡，人類功能劃分精密，一項職業乃成了一個人收取報酬而做的專門性社會工作——需要專門的技術和知識：它是一種生活方式，一個人的謀生之道。專業人士指律師、醫師、牙醫、工程師——以及哲學教授。哲學家在現代世界的職業是做一個哲學教授；而以一個生存的個人而言，哲學家的生存範圍不過是大學裡面的一個角落。

雖然有些當代的存在主義者對哲學家這種學院式存在曾經嚴加批評，但是工夫還做得不夠。為專業所付出的代價是法國人所謂déformation professionelle——專業缺憾。醫師和工程師容易從他們自己專擅的觀點來觀察事物，而對這個特定範圍以外的所有現象，常顯得十分昏聵無知。視界愈是特定，焦點也愈精確；然而對焦點以外的四周也愈發全然不知。哲學家既然只是在學院裡從事專業工作的人，我們很難要求他避免他自己的專業缺憾，尤其人之愈來愈為其社會功能所吸收，已經成為現代社會的法則。而對今日的哲學家來說，麻煩而嚴重的曖昧所在就出在這裡。哲學這一行業在過去並沒有它今日具有的狹窄精專的意義。在古代希臘，情形恰恰相反：哲學不是一門專門理論的學科，而是一種具體的生活方式；是對人類以及宇宙的整體觀——個人的生命即以它為導引。這些希臘早期的哲學家，除了是最初的思想家以外，還是先知、是詩人、甚至是僧侶。即使在他們朝向觀念形成的努力中，我們也看得出，神話與直觀的因素瀰漫著他們的思想；甚至在替舊神祇賦予新意義的過程裡，他們還是要與之打交道；而在蘇格拉底以前希臘人的斷簡殘篇裡，處處顯出一種比他們自己更偉大的啓示，由他們向其他世人揭發透露。就連柏拉圖的作品，雖然思想已經比較分殊，而且做為理論學科的哲學大致也已經奠定，但哲學的**動機**和潛心研究的學者的冷靜追求，仍舊大異其趣。哲學對柏拉圖來說，是一種熱情的生命方式；蘇格拉底為哲學而生、為哲學而死的不朽榜樣，是柏拉圖在乃師逝世以後五十個年頭裡事業的指標。哲學是靈魂的追求解脫，這在柏拉圖來講，就是從自然世界的痛苦與罪惡中拯救出來。就算在今天，一個東方人研習哲學的動機與西方學者的動機也還截然不同：對東方人而言，花工夫研究哲學的唯一理由，是要從生活的苦痛與混亂中尋求解脫或和平。哲學永遠不能拋棄這些原始的主張。這些主張是過去的一部分；過去永遠不會消逝，它甚至潛伏在當代最奇詭巧譎號稱理性的哲學的外衣裡。而那些斷然拋棄大智慧的哲學家，也會被人請來解答這些大問題，尤其是被那些外行人士請來，因為他們不知道，分工專業的歷史命運已經降臨到哲學身上了。

「現代的哲學家，正因為他自己在團體中的客觀社會角色，而被壓迫成為冒牌的科學家：他也要靠分工專業來改善自己的知識利器。於是現代的哲學家格外注重技巧、注重邏輯和語言分析、語法以及語意學。」

哲學的古老主張使當代的哲學家多少有點尷尬，他們必須為自己之存在於專門學者與科學家嚴肅冷靜的門牆內而辯護。現代的大學跟現代的工廠沒有兩樣，同是這個時代分工專業的表現。尤有甚者，哲學家曉得，近代知識中我們所珍惜的部分、遠比過去所謂知識精確有力的每一項知識，都是分工的結果。現代科學乃是由知識的社會組織一手造成。所以現代的哲學家，正因爲他自己在團體中的客觀社會角色，而被壓迫成爲冒牌的科學家：他也要靠分工專業來改善自己的知識利器。於是現代的哲學家格外注重技巧、注重邏輯和語言分析、語法以及語意學；而且一般說來，爲求形式上的工巧，常把所有的內容琢磨殆盡。所謂邏輯實證主義（Logical Positivism）運動之起，在我國來說（人文主義的氣氛，在歐洲的大學可能比在美國的大學濃厚），正是因爲哲學家自認爲不是科學家的**罪惡感**；也就是說，不是用科學模式來製造可靠的知識的研究人員。哲學家畢生精力投入的工作，原來就很不穩定，在這裡更因爲他們堅持把自己變形爲科學家而惡化到不可收拾的地步。

分工專業乃是我們爲了拓展知識而付出的代價。說它是代價，因爲分工專業的道路脫離了普通具體的了解行爲，而後者才是人們日常生活中所行的。過去常聽說（我不知道這話現在還能不能講），如果有十二個人死掉，則愛因斯坦（Einstein）的相對論（Theory of Relativity）就會失傳於世。才不過一世紀多以前，偉大的高斯（Gauss）還能掌握整個數學領域；當今已經沒有一位數學家辦得到。追求自己專長而脫離迫切需要與眞實事物的哲學家大概會聲言，說他的處境和科學家的處境類似，說他之所以日漸與生活脫節，只不過證實了擴展知識的無情法則。然而兩者其實並不類似；因爲從那只有極少數人了解的抽象概念中，物理學家能夠爆炸一顆炸彈，改變——事實上還可以結束——普通人類的生活。哲學家對他當代的生活沒有如此爆炸性的影響。實際上，如果他們誠實的話，今日的哲學家會承認，他們對四周心靈的影響，已經日漸衰微。由於他們的存在趨於分工化與學院化，他們對大學以外的重要性已經減退了。他們的爭論已成爲他們自己的爭論；時至今日，他們不但得不到一項有力的大眾化運動所必需的熱烈支持，甚且與此間學院以外的任何一般優秀智識分子都沒有接觸。約翰・杜威(John Dewey)乃是最後一位對美國學院以外生活有廣大影響的美國哲學家。

第二次世界大戰以後，存在主義的新潮來到時，美國的一般哲學情勢已如上述。當時它是新潮，到今天它本身仍然是哲學上一件不尋常的事。誠然，大眾的興趣不完全在於所要探討的哲學問題上。它是來自法國的新潮，因此它的特色在於法國智識生活所能產生的特別色彩與動人力量。法國的存在主義在巴黎有如一種波希米亞式的狂熱；年輕一輩的信徒對它好像對夜總會、美國爵士音樂、奇特的髮型與衣式一樣著迷，使得哲學更形多彩多姿。這一切，都成了那班想要報導大戰與德軍占領期間巴黎生活情形的美國記者的新題材。更且存在主義還是一種文學運動，而它的領導人物——沙特(Jean-Paul Sartre)、卡繆(Albert Camus)、西蒙・波娃(Simone de Beauvoir)——都是才華橫溢，令人神往的作家。話說回來，我們也不能完全否認美國大眾對哲學本身發生興趣。也許這種興趣主要在於想要知道這個名稱，這個大字眼的意義；最能吸引大眾的莫過於口號了。不過，在這裡頭還是有一些哲學上的好奇，不論它多麼粗淺；因爲這個運動對國外許多人似乎有重大的啓示與意義，於是美國人想要了解它。在美式生活的外傾趨向之下，對意義的追求只好熟睡。

從法國傳來的哲學新潮不過是戰後歷史中的一個細節。法國存在主義之爲一種狂熱，已如去年（約爲一九六一年）流行的時尚一般消逝沉寂了。當然，它的領導人物仍然如日中天：沙特跟波娃的創作依舊可觀，雖然我們覺得沙特要講的差不多都已經講完；這三人當中感性最敏銳的卡繆固然早就退出這個團體，但他還繼續探討原始存在主義所關心的論題。當做新鮮動人的事物來看，這項運動已經完全告終；然而在歐洲近十年來幾乎所有的寫作與思想上，它都留下了戳記。在嚴酷的十年冷戰期間，沒有出現過其他重要性可以相比擬的運動。存在主義運動以新穎而富於創力的姿態出現，這在頹然無生氣的戰後歲月裡，沒有出其右者。至少這一點我們必須以冷靜嚴格的態度指出來，即使我們承認它沾染有輕浮不實和煽動情感的因素。

「這是一種能夠跨過學院的門牆而深入一般世人的哲學。」

我要重申，重要的是：這是一種能夠跨過學院的門牆而深入一般世人的哲學。對專業的哲學家來講，這原該是個可喜的現象；因爲普通人畢竟還會渴求哲學，如果你給他們咀嚼的是和他們的生活有關聯的東西。然而，哲學家們對這個新運動的反應卻是極其冷淡。存在主義常常不經思索地遭受峻拒，被視爲感情主義或僅只是「心理研究」、一種文學運動、戰後的頹喪、虛無主義，還有天知道哪些名稱。存在主義的主要論題，對英美哲學超然嚴謹的態度來說，簡直荒唐。焦慮、死亡、假我眞我之間的衝突、沒有臉的群衆人、上帝死亡的經驗，像這些問題根本就不是分析哲學的論題。然而它們是生活的論題：人們確實會死、人們確實要在眞我與假我的要求之間掙扎一輩子，而我們也確實是生活在神經焦慮多得不成比例的時代，甚至連認爲自然科學可以解決一切人類問題的人，也開始把「心理健康」列爲我們大衆問題之首了。專業哲學家對存在主義的反應，只不過是他們囿於自己狹隘學科的一種病症。最明顯的專業缺憾莫過於此。哲學家若只追究一己專門的問題，他們的心智便和生活脫節；這並不自今日始。既然哲學家在所有人口中只佔微不足道的一小部分，這問題本來不值得費神；但是這種心智和生活脫節的情節，在現代文明中到處可見，卻是大大的不幸。後文將指出，這恰巧是存在哲學的主題之一——日後我們會發現，這是它的一大貢獻。

「認爲存在主義『不過是一種情緒』或是『一種戰後情緒』的哲學家，顯示出他們對人類精神所關注的事物視而不見。」

這些話我們不得不說，即使我們也承認法國存在主義有它感情用事和幼稚病態的一面。沙特的才氣——時至今日，我們已經無可懷疑那是才氣了——有它不容否認的病態的一面。但人性總能顯示某些眞理；沙特的病態具有獨特的啓示力量。誠然，法國存在主義裡面有許多只是表現一種歷史情緒——「虛僞戰爭」（Phony War〔按：即一九三九年十月至一九四〇年四月，德軍佔領波蘭，入侵挪威這段期間。因爲雙方沒有軍事行動，故名。又稱「靜坐戰」（Sitzkrieg）〕）失敗以後的混亂，以及德國統治下被完全遺棄的經驗。但是，這種情緒是否如此微不足道，因而不值哲學家的一顧？事實上，檢討與某些基本人類情緒深相關聯的東西，豈不正是哲學家嚴肅而合宜的工作？我們生活在發生過兩次世界大戰的時代裡。這兩次戰爭並不僅僅是無關緊要的偶發事件，它們還把這個時代的特點暴露無遺。一種經歷過這些戰爭的哲學，勢必與其時代的生活有某些關聯。認爲存在主義「不過是一種情緒」或是「一種戰後情緒」的哲學家，顯示出他們對人類精神所關注的事物視而不見；因爲他們以爲哲學上的眞理只能在人類情緒不存在的經驗範圍裡找到。

自然，在這種對存在主義的初步反應裡，表現出一種十分美國式的東西。美國和歐洲遭逢的舊戲再度上演。存在主義完全是一種歐洲式的表現，所以它的憂鬱陰沉和我國本性的年輕樂觀格格不入。這種新的哲學不完全是法國的東西，而是西歐大陸領域——政治的以及精神的——急速縮減時候的產物。美國人在心理上還沒有嘗到自己領域消失的滋味；他的精神地平線依然是無窮盡的人類可能性；而且他到現在還沒有親身體驗到人類的有限。（這最後一項對他來說，還只是個抽象的辭彙。）存在主義課題的那種表達方式，必然會使美國人認爲是失望與失敗的症候，並且一般而言，代表一種老大文明的精力正在逐漸衰退。但是，就精神方面而言，美國仍舊追隨歐洲文明，儘管在政治權力上正好相反；這些歐洲式的表現只不過指示出美國自己最後總要踏上的路子。到那時候，美國終將領悟到歐洲人現在講的是什麼了。

「嚴格說來，海德格和雅斯培才是本世紀存在哲學的創始人。」

既然在重大問題上，整個歐洲文明（在美國的我們，至今仍舊是它的後代與附庸）的意義都要受到質疑，我們勢必要強調存在主義歐洲方面——而非法國方面——的源流。沙特並不就代表存在主義，這一點似乎還有必要向美國讀者指出；沙特甚至還不能代表這種哲學最深底的衝力，這點留待下文交待。如今法國存在主義之爲一種風行一時的運動（有一陣子還是流行的麻煩）無疑已成過去，只留下幾個新貴在它的輪跡裡打轉；我們可以更清楚地認清它的眞相——它是一棵大樹的小枝。而這棵大樹的根部一直伸展到西方傳統的最深層。在這棵樹上，即使在我們當代人比較能夠直接看到的部位，還是有些東西是許多歐洲思想家的產物，而他們當中有些人運用的是截然不同的國家傳統。舉例來說，沙特較近的源頭都是德國人：海德格（Martin Heidegger, 1889–1976　）與雅斯培（Karl Jaspers, 1883–1969）；而他的方法也多賴偉大的德國現象學家胡塞爾（Edmund Husserl, 1859–1938）。嚴格說來，海德格和雅斯培才是本世紀存在哲學的創始人：他們賦予它決定性的標記，以新穎而更精確的方式表達出它的問題，並且，大致說來，奠定了模式，使所有其他存在主義者的思想有所依歸。海德格和雅斯培兩人的哲學源頭都並不單純；本世紀初期的德國哲學氣氛，因爲追求新的「哲學的人類學」（philosophical anthropology）而漸形活躍。哲學人類學是對人類的一種新解釋，由於所有研究人類的科學的知識遽增而成爲必要。在此特別要提到一般人並不認爲是「存在主義者」的謝勒（Max Scheler, 1974–1928）的名字，不止因爲他對這種來自心理學與主使者科學的新型具體資料十分敏感，尤其重要的是他能洞察到現代人在其本質上已經問題重重。謝勒與海德格兩人受胡塞爾之賜良多，然而後者和存在主義的關係卻極爲矛盾。胡塞爾在氣質上是現代哲學家中最反現代的一位；他是古典理性主義的熱烈支持者；他唯一至高的目標，是要超越前人，把人類的理性奠定在更爲充實而廣博的基礎上。然而，由於他堅持哲學家必須摒棄先入為主的觀念，以便注意實際而具體的經驗資料，胡塞爾乃將哲學的大門，向豐富的存在內容敞開，這是比他激烈的後進日後要苦心追求的。在他末期的作品裡，胡塞爾的思想慢慢轉向海德格的論題。這位偉大的理性主義者逐漸轉回現實。

「齊克果和尼采」

不過，海德格與雅斯培之能夠超乎他們當代的哲學氣氛之上，對當代的思想意識發出新聲，乃是由於他們與兩位年歲較早的十九世紀思想家有重要關係。這兩人就是齊克果(Soren Kierkegaard, 1813-1855)和尼采(Friedrich Nietzsche, 1844-1900)。雅斯培比較肯坦白說出這種一脈相承的關係。他說：眞正體驗過齊克果和尼采思想的哲學家，絕對無法以學院哲學的傳統模式去推理。齊克果和尼采兩人都不是學院派哲學家。尼采曾在瑞士巴塞爾(Basel)大學擔任七年的希臘文教授，但他最重要的哲學思索，卻是離開大學門牆和學術團體以後才做的；齊克果則從來沒有擔任過學院教席。兩個人都沒有發展出一套體系；事實上，兩個人都嘲弄創立體系的人，乃至於哲學體系的可能性；而且儘管兩人有豐富的前進思想、要到下一世紀才能為人了解，但這些思想卻不是學院哲學陳腐的論題。甚至連思想都不是這些哲學家討論的主題，這件事情本身在西洋哲學上已經是一種革命了。他們的中心題目是單獨個人的特殊經驗，這個人情願在他的文明的最嚴肅問題之前接受審判。對齊克果和尼采兩個人來說，這個最嚴肅的問題都是基督教，雖然他們對這個問題的看法有如南轅北轍。齊克果加諸自己的使命，是確定是否仍舊可以過基督徒生活，還是說一個以基督教為主的文明最後必須宣告精神破產；而他一切的思想，不過是在他躬行基督眞理的狂熱過程中迸發出來的火花而已。尼采則一開始就承認破產：尼采說，上帝已死，而且如果歐洲人誠實一點、勇敢一點、並對自己靈魂深處發生的事情有比較敏銳的鑑別力，那麼他應當知道上帝已經在他靈魂深處死亡，儘管口頭上對古老的信條和宗教的理想還很恭維順服。尼采以自己的生命為實驗，來回答這個問題：下一步是什麼？人類最後把數千年來維繫著人類與神祇、人類與凡界以外的超脫世界的臍帶割斷以後，會有什麼樣的後果？他審判自己的生命，以便深刻體驗上帝之死。齊克果和尼采不僅是思想家，還是見證人——替他們的時代忍受時代本身不肯承認的創傷。在他們兩位的哲學中心裡，都沒有概念或概念系統；有的只是刻意追求自我實現的個人人格本身。無怪乎兩人都躋身於最偉大的直覺心理學家之列。

齊克果是丹麥人，但由於當時丹麥的知識界只是德國文化的一個省分，他的思想完全受到德國方面的薰陶，根本是屬於德國哲學比較宏博的傳統。因此，現代存在哲學大體上是德國天才的創造。它從悠久世家似的德國人心靈裡興起；德國人的心靈，自中世紀的艾克哈特(Meister Eckhart)起，一直想要為歐洲人道出肺腑最深處的心聲。然而這個心聲也是一個全然現代的心聲，吐露出來既沒有艾卡德靜謐的神秘主義色彩，也沒有德國理想主義的思想上的陶然迷夢。在這裡，內傾趨向面對了另一個它，也就是生命具體的事實（以前的德國哲學只會對它發呆出神）；面對了歷史的危機；面對了時間、死亡、以及個人的焦慮。

「羅義斯與柏格森」

然而現代的存在主義也不純粹是源於德國；不如說它完全是歐洲的產物，是歐洲的遺產，要留給美國或其他行將取歐洲而代的文明。共同締造存在哲學的歐洲思想家，他們種族與國籍淵源之繁複，比起那些還多少被法國存在主義搞昏了頭的衆人所想像的要多得多。描繪法國存在主義本身，如果沒有畫上馬塞爾（Gabriel Marcel, 1889–1973），還不能算是完整。他是沙特極端的對手兼犀利的批評者，是一個虔誠的天主教徒。他的哲學淵源完全不是來自德國，而是來自美國唯心論者羅義斯（Josiah Royce, 1855–1916）和法國直覺論者柏格森（Henri Bergson, 1859–1941），這倒很令人驚訝。根據馬塞爾在《形上學日記》（*Metaphysical Journal*）上的記載，他的存在主義純由個人的經驗發展而來；而無論他表達出的哲學思想最後會有怎樣的價值，這一點對我們來說也許才是最有意義的。個人感覺的親切與具體，使馬塞爾明白：所有以思想上的抽象概念來討論的哲學都不夠完整。不過開啓這個經驗大門的，卻是柏格森的直覺理論；所以柏格森的形象，確乎是任何現代存在哲學的歷史素描中不可或缺的。沒有柏格森的話，存在主義者推理思維的整個環境就會改觀了。堅決肯定抽象的思考不足以把握豐富的經驗、堅決肯定時間的緊要而無法化解的眞實性、並且——恐怕到頭來這要算最具意義的洞察力了——堅決肯定自然科學計量方法所無法測度的心靈生活的內在深度，應推柏格森爲第一人；就憑他揭櫫了這幾點，存在主義者受惠良多。可是，從存在的觀點看來，柏格森的思想有一種奇特的缺陷，好像他永遠無法把握住中心問題——人——而總是在它附近打轉。柏格森思想的某些前提——它們還只能算是前提——比存在主義者已經探討的更爲徹底。在法國以外，柏格森的聲譽已經一落千丈；不過他一定會重新被人研究探討，到那時候，回顧可以幫助我們認淸，他的哲學比其表面所包含的豐富得多，這在他聲譽最隆的時候，大家也沒有注意到。

「俄國三位存在主義典型人物」

俄國人（當然是指白俄人）對存在主義貢獻了三個典型而有趣的人物：索羅維夫 (Viadimir Solovev, 1853–1900)、謝斯托夫 (Leon Shestov, 1868–1938)，以及伯第業夫 (Nicholai Berdyaev, 1874–1948)，其中似乎只有最後一位爲我國所熟識。這些人在精神上都是杜斯妥也夫斯基的子弟，他們帶給存在主義一種特別的俄國看法：整體的、根本的，像先知一般的。索羅維夫在基本上是個神學家兼宗教作者，屬於受過杜斯妥也夫斯基先知兼小說家影響的第一代；他發展出典型杜斯妥也夫斯基的觀念，認爲理性精神與宗教精神之間絕無妥協餘地。伯第業夫和謝斯托夫兩人都是俄國革命時期的亡命之徒，是精神上的四海爲家者；不過，究竟還是地道的俄國人。他們的作品，跟十九世紀偉大的俄國小說家的作品一樣，可以告訴我們，一個旁觀者對西歐心智——古典主義與理性主義的後嗣——的看法如何；尤其是一個俄國旁觀者眼中，任何哲學上的回答，只要欠缺他自己人性中具有的整體與熱烈的感情，都無法使他滿意。

「兩位對存在主義有貢獻的西班牙人」

現代西班牙對存在哲學貢獻了兩位人物：鄔那慕諾(Miguel de Unamuno, 1864–1936)和奧特加(José Ortega y Gasset, 1883–1955)。鄔那慕諾是徹頭徹尾的詩人，寫過一本最動人、最忠實的哲學書，討論這整個運動。他的《生命之悲劇意識》(*Tragic Sense of Life*)，雖然反尼采，卻也符合了尼采忠於塵世的要求。鄔那慕諾讀過齊克果，但是他的思想表現的是他自己的個人熱情，以及他生於斯長於斯的巴斯克(Basque)土地。奧特加是個比較冷靜而具有世界觀念的人物，著有《群眾的反抗》(*The Revolt of the Masses*)，因而在我國以社會批評家知名。奧特加思想的一切基本前提都是由近代德國哲學而來：在做哲學思考時，他的心智是德國的；可是他能夠把德國哲學轉換成普通人的語言，不炫學、不賣弄。特別是換成一種完全不同的文字，西班牙文，轉換得如此簡潔，使該項譯作本身已經成爲一種思想創造的行爲。奧特加喜歡把他深厚的思想，掩藏在新聞記者或文學家一般平易不拘的文字背後。

「德國傳統的外緣，猶太人布伯。」

在德國傳統的外緣，還有值得一提的猶太人布伯(Martin Buber, 1878–1965)。他的文化完全是德國式的，但經過多次流浪以後，終能重新發現他的文化中的聖經和希伯來遺產，並定泊於此。布伯是現代少數幾個熱切尋根而能成功的思想家之一，他的作品中不斷顯示我們這個事實。他寫的每一事物背後，總有聖經人物的形象在移動。他的思想具有希伯來人思想(Hebraism)的狹隘與具象的力量，常常是頑固而執著。乍看之下，他的貢獻在所有存在主義者中可能最微不足道，可以用他最動人作品的書名，《我與你》(*I and Thou*)，來概括。似乎布伯已經把齊克果的金科玉律「心地純潔便是只想要一件事物」修改成：「心智深沉便是只思索一個觀念」。然而這個觀念——生命的意義，是在一個人向另一人的**你**說**我**的狀況下，發生於人與人之間——已經值得探討一輩子了。無論如何，布伯恰好可以對野心較大的系統建立者，如海德格和沙特，做必要的矯正。

由此我們得知，存在主義最有力的代表人物中，除了無神論者以外，還包括猶太人、天主教徒、新教徒。跟當初新聞界簡單輕鬆的反應正好相反，存在主義思想的嚴肅，並不只是對上帝離開了世界的絕望而起。這種概括的判斷，主要是由於把存在主義哲學與沙特學派混爲一談。綜上所述，應該看得出沙特學派只是存在主義中極細微的一部分。就存在思想的中心動力而論，至少在某一意義上，一個人究竟歸屬於那個教派，根本沒有關係。而且把天主教徒、猶太人、新教徒，以及無神論者同置於一種哲學的標題下，也不算是牛驥同皁。以人類思想的一種特別模式而言，這種哲學是單純一致的，儘管它的實踐者加入不同的宗教陣營。所有這些哲學家的共同點，也是重要的一點，就是他們把宗教以及宗教信仰的意義，按著個人的關係重加改造。每個人都嚴厲質疑過宗教本身；所以可想而知，他們思想裡的信仰或信仰之否定，多少會叫那些隨俗從衆的信徒覺得難堪。烏那慕諾似乎一直處在被西班牙主教逐出教門的邊緣；布伯這個先知在他的故國以色列名聲不佳；齊克果則至死還跟正式的丹麥教會組織翻臉。在另方面，無神論者這一派則飽嗅海德格的異端氣味。海德格曾經說他的思想是「期待上帝」，被一個美國哲學家批評爲打開了神學的後門。顯然，任何人只要體驗過現代經驗的深度，並努力把宗教跟那個經驗相權衡，都必然會得到異端的封號。

「存在主義不是一種時髦玩意，也不是戰後的哲學情緒，而是現代歷史的主流中，人類思想的一項重大運動。」

現代經驗——這當然是十分曖昧的名詞，以後還須加以界說——便是維繫這些哲學家的東西。我們提供的名册算不上完整，但已經足夠指出：存在主義不是一種時髦玩意，也不是戰後的哲學情緒，而是現代歷史的主流中，人類思想的一項重大運動。過去百年間的哲學發展，顯示出內容有顯著的擴充，不斷的修正，走向直接與質量的、存在與眞實的事物——拿懷德海(A. N. Whitehead)借自威廉・詹姆士(William James)的話來說，就是走向「具體與適當」。哲學家不能再像英國經驗主義者洛克(Locke)跟休謨(Hume)那樣，企圖從單純的觀念與起碼的感覺中建築起人類經驗。人類的心靈生活不是這種心靈原子拼湊所成；而哲學家所以能夠長久以來有這種想法，只是因爲他們以自己的抽象概念取代了具象的經驗。所以懷德海他自己雖然是柏拉圖主義者，不能與存在主義者相提並論；但是，當他說哲學本身是「對抽象概念之批評」——把心智的氣球拉回實際經驗的不斷努力——這時，他還是屬於現代哲學的這股存在主義主流。

在歐洲以外的哲學家裡面，威廉・詹姆士大概最能當得起存在主義者的封號。事實上，至今我們很有理由相信，稱詹姆士爲存在主義者恐怕比稱他爲實用主義者更要正確些。今日殘餘的美國實用主義一定認爲他是該項運動的害群之馬。現在的實用主義者承認詹姆士的才華；但是感到很尷尬，因爲他走極端：因爲他推理思維時毫無顧忌的個人語氣；因爲他在心理學與邏輯學似相衝突的時候，總是支持前者；還因爲他相信宗教經驗的啓示價值。詹姆士的作品中有些和齊克果所寫的沒有兩樣；而且在《宗教經驗種種》（*Varieties of Religious Experience*）的結論裡，強調經驗重於概念，比起任何存在主義者毫無遜色。詹姆士對理性主義攻擊得十分厲害，使得後來的實用主義者發現他們殘餘的科學方法以及理性主義變得很可懷疑。而且不僅是語氣上的問題，還有原則上的問題，把詹姆士劃入存在主義之列：他絕對主張世界是包含著機遇性、不連貫性，而且其中的經驗中樞複雜紛紜、因人而異，無法變更或減少；世界不是一個能夠由單項理性制度籠括的「方方正正的」宇宙。

「杜威告訴我們，每個思想家一開始思想，就危害到一部分安定的世界。」

實用主義對詹姆士的意義，比它對皮爾斯（Charles Sanders Peirce）或杜威的意義來得大，並且略有不同。詹姆士和杜威的之間的差異，尤其可以指出實用主義（在它最嚴格的意義上）結束而存在主義開始的分水嶺。把杜威早期與晚期的作品加以比較，幾乎也同樣淸楚地顯示這一點。杜威堅持現代的哲學必須和整個古典的思想傳統斷絕關係，所以他也朝著現代哲學一般的存在思想方向移動。他看到了哲學「消極」而具破壞性的一面（爲此，存在主義大大受到批評者的攻擊）：杜威告訴我們，每個思想家一開始思想，就危害到一部分安定的世界。在他整個略嫌鬆散的哲學背後，有一個親切和藹的鼓舞力量；就是說，他相信種種的人類經驗不是由天上掉下來的，而是自地下生長出來的。思想本身只是一種純係生物的動物爲了對付環境而做的蹣跚顚躓的努力。在杜威的作品中，人類是一種受到土地限制，時間限制的動物，這——在某一程度上——跟存在主義者並無二致。超過那個程度以外，他走的方向跟存在主義可就背道而馳了。杜威從不懷疑的，是他稱做「智能」（Intelligence）的東西，這到了他末期的作品中，只不過代表「科學方法」而已。杜威安穩地把人類放進生物學與社會學的脈絡裡，但是他從來沒有走出這個脈絡，而進入恐怖與戰慄起源的人類最深處。對杜威而言，探究任何內在經驗——眞正內在的經驗——似乎都會把哲學家帶進神學的領域，而遠離自然。在這裡我們應該記得杜威開始研究的時候，美國狹隘的地域觀念以及過分神學化的氣氛；爲了確立一種世俗知識的有效性，他必須努力對抗那種氣氛。然而，由於杜威對生物學與社會學脈絡的強調已成定局，再加上他把人類思想解釋爲基本上是一種改變環境的努力，我們所得到一幅人的圖像，本質上是homo fabre，機械動物。這種對機械的信仰，到現在還是美國信念裡最重要的一條。杜威成長於美國還在開拓疆土的時代，所以他的作品流露出堅信不疑的樂觀，認爲我們的技術必能征服自然。歸根結底，杜威和存在主義之間的差異，正是美國和歐洲之間的差異。哲學家無法認眞的探究他自己的文明未曾經歷過的問題。

「歐洲思想家把存在的難題專門提出來，它的意義是世界性的，也是劃時代的。」

因此，我們才建議把題目的範圍限於歐洲，並且把存在主義當做純粹是本時期歐洲的產物：事實上，當做本世紀歐洲的哲學。從這個名詞的最廣意義說來，毫無疑問的，現代一切思想受到存在思維影響，甚於早期的近代哲學。這不過是西方文明日漸走向塵世道路的結果；在這條道路上，人當然更親近凡塵的事物，而疏遠自然以外的超越世界。固然一開始就應當注意到「存在的」一辭的這種廣泛意義；但是，如果一直沿用這個意義，則必然會沖淡了存在主義的特別內涵。不錯，是歐洲處在危機的狀況；也是歐洲思想家把存在的難題專門提出來；事實上也是他們才敢舉出最主要的問題。不過，這種哲學的意義卻是另外一回事，而且絕對不會侷限於它的發源地。它的意義是世界性的，也是劃時代的。

討論過現代哲學裡廣泛的存在趨勢以後，讀者很可以發問：存在主義最初何以會被我們的專業哲學家視爲故弄玄虛，聳人聽聞的小題大作？我們要指出，英美哲學是受著另一種截然不同的思想模式所支配——分析哲學，邏輯實證主義，或者有時就叫「科學的哲學」，名稱不一。無疑地，實證主義有很好的理由來做爲本時代的哲學：它把科學做爲其中心事實，而科學顯然又是用來區別我們的文明與其他文明的中心事實；不但如此，它還把科學當做人類生活的最終主宰，這卻是前所未有的事，而且從心理上說也永遠不可能。實證主義者眼裡的人是一種奇怪的動物，居住在他以科學方法發現爲「有意義」的東西所構成的光明小島上；至於一般人每天過活並與他人交往的整個四周，都被劃入「無意義」的外界黑暗中。實證主義完全接受了現代人支離破碎的存在，然後建立一個哲學來強化它。存在主義卻不然；無論成功與否，它總是企圖把人類眞實的因素集合成一幅完整的人像。實證主義者的人和存在主義者的人顯然都是同一時代的產兒；但是，有點像該隱（Cain）和亞伯（Abel）這兩兄弟因爲氣質與最初對自己生存所做抉擇的不同而分道揚鑣，無可改變。當然，在當代還有一個比它們兩者更有力量執哲學界牛耳的：馬克思主義。馬克思主義者的人是機器動物，是忙碌而機巧的動物，對歷史有世俗的宗教信心，自以爲是歷史精選出來的合夥人。跟實證主義一樣，馬克思主義對人類個體性的獨特事實既無法放進它哲學的範疇，自然而然設法把這種人類個體性從存在中提出來，加以集體化（除非某一個人獲得權力，以他個人的妄想症折磨著二十億生靈）。從思想上來說，馬克思主義與實證主義兩者都是十九世紀啓蒙思潮的未盡餘波；後者至今還不肯向人類生活的陰影面屈服，儘管這些陰影面是有些十九世紀思想家自己已經領悟了的。因此，馬克思主義與實證主義描出的人像，乃是瘦弱而過份簡化的。爲了反抗這種過份簡化，存在哲學企圖把握住整個人的形象，雖然這一來須要揭穿他的存在中一切黑暗而可疑的部分。就因爲這一點，它更能誠實地表現出我們自己的當代經驗。爲了證明起見，我們現在回頭看看產生這種哲學的這個時代的歷史特質。

哲學家無法認眞的探討他自己的文明未曾經歷過的問題。

2 面對空無
The Encounter with Nothingness

「文明跟個人一樣，外表的事實常常是內部的緊張越積越多而造成的爆發。」

沒有一個時代的自我意識像我們這個時代如此強烈。至少，現代在自我分析的過程中，產生的報章雜誌已經溢出我們的檔案儲存室；幸虧其中大部分都要銷毀，不然對我們的子孫後代可眞是一項沉重乏味的負擔。這項工作還在繼續；這也是必要的，因爲一切都還沒有定論，而且現代人似乎比他最先開始懷疑自己的身分時，更不能了解他自己。關於外表事實的文件，我們已經有了太多，多得令烘學者永遠無法湊攏成一個整體，多得足夠讓忙碌的知識普及者顯出聰明有學問的樣子，口沫橫飛，講上一輩子。但是，關於內在的事實——關於我們命運力量起源的中心所發生的事情——我們仍舊相當無知；而當代的大多數人不知不覺正在從事一項大陰謀，想要逃避這些事實。因此我們有必要再回到一個似乎已經陳腐的題目上。文明跟個人一樣，外表的事實常常是內部的緊張越積越多而造成的爆發；這種內部的緊張早有許多跡象，雖然有關的人沒有一個願意去注意。

宗教的沒落

在西方，近代歷史——我們是指自中世紀結束以迄今日的這一長段時期——的中心事實，毫無疑問，是宗教的沒落。不錯，教會依舊是很有力量的組織；而且宗教人士認爲，就連宗教信仰在純粹理性上的可能性，今天也比自負的十九世紀唯物主義時代悲慘日子更可樂觀。幾年以前，甚至還有「宗教復興」的說法，盛極一時；某些暢銷而又愛國的刊物如《生活》雜誌，還用許多篇幅去報導這件事。但是這個說法如今已經沉寂下來；這項運動，要是有的話，也已經平息；而美國大衆購買的汽車、電視比以前更多。當《生活》雜誌鼓吹宗教復興的時候，我們從這個刊物的性質，很痛苦地體會到，宗教被認爲是有利於國家的東西；這個例子，最明顯的指示出一個廣泛的歷史事實——在現代世界裡，民族國家這個完全世俗的組織，它的地位高於任何教會。

「一個人失去了心靈的容器，就等於隨波逐流，成爲地表上的流浪漢。」

近代宗教的沒落直截了當的說明了宗教不再是人類生活理所當然的中心與統治者；教會也不再是他生存的最後而不容置疑的庇護所。這種轉變最深刻的意義還不僅表現在純粹理智的層次，在信仰的喪失，雖然這種由於科學的嚴重入侵所引起的喪失，已經成爲宗教沒落的一項主要歷史因素。宗教漸衰的事實，比意識外貌的改變要具體而複雜得多；它穿透了人類整個心靈生活的最深處。它實在是人類心靈演化的重要階段之一，正如尼采——差不多是十九世紀哲學家中唯一的一位——之所見。對中世紀的人而言，宗教與其說是一種神學的體系，還不如說是一個堅固的心理母體，環繞著個人從生到死的生活，以聖禮、儀式加強它大大小小一切節日。失去了教會，就失去了在心理上維持直接經驗於不墜的全套象徵、概念、教義、以及儀式；而西方人的整個心理生命一向是平平穩穩地包含在那裡面。失去了宗教，人類同時失去了與超越的實有境界的具體聯繫；他可以毫無拘束和這個殘酷的外在世界打交道。但是，在這個不再滿足他精神需求的世界裡，他勢必感到無家可歸。一個家乃是我們能夠接受而且經常容納我們生命的結構。一個人失去了心靈的容器，就等於隨波飄逐，成爲地表上的流浪漢。過去人類不知不覺中靠著教會、透過它聖潔生命爲工具而替自己做的事情，從今以後，他爲了追求自己完整的人性，都得親自完成。人類的無依感要隔一段時間才能體會到，這本是很自然的；文藝復興時代孕育出來的人，看到了統治整個世界的強而有力的新幻象，仍然迷戀不已。

不管多麼虔誠的信徒，即使他具有但丁一般的才氣，在今天也不可能寫出《神曲》。幻想與象徵對我們已經不復有對中世紀詩人那種直接而有力的眞實感。在《神曲》

裡，整個自然不過是一塊塗上宗教符號與意象的畫布。西洋人花了五百多年的工夫，才從自然的身上剝下這些投影，把它變成中性的世界，可以任他的科學來控制。因此我們根本不必期望，宗教意象對我們能有對但丁一樣的力量。這只是人類歷史中的一項心靈事實；心靈事實跟我們現在——不同於但丁時代的人——乘飛機旅行、在受計算器控制的工廠裡工作的事實，具有相等的歷史效用。藝術史不斷告訴我們，全然的模仿造成魚目混珠——偉大的藝術作品永遠不可能被重視，因爲它迸發自人類的靈魂，而人類的靈魂跟自然界其他的東西一樣，是會演變進化的。這一點必須堅持，因爲這與我們某些比較熱中於中古精神者的觀點大相逕庭。他們認爲中世紀人的心靈牽制是人性完美的狀況，我們必須回復那種光景。歷史從未容許人類完全回到過去。而且我們的心理問題也無法藉著倒退到過去的狀態而解決；在那時候這些問題還沒有發生呢。話說回來，開通、前進的思想家如果不能認清，人類每向前邁一大步，都會造成某些損失——犧牲了舊有的安全感，產生並加強新的緊張——則他們也是同樣的盲目。（有些人批評存在哲學，說它已經叫人不可忍受地加強了人類的緊張；我們應該切記：存在主義並沒有創造出那些緊張，它們早就在現代人的靈魂裡活動了；存在主義只是設法以哲學方式表達出它們，而不願僞裝它們沒有存在來逃避它們。）

若說從中世紀演進到現代只是以理性觀點取代宗教觀點，那就大錯特錯；事實恰好相反，比起現代思想，整個中古哲學——懷德海說得好——是一種「無限的理性主義」

哲學。顯然，以十三世紀的聖阿奎那（St. Thomas Aquina）與十八世紀末的皮德兩相比較，就可以得到對這問題的結論：對阿奎那來說，整個自然世界——特別是這個以上帝為第一因的自然世界——都很簡單，易為人類理智所了解；對處於啓蒙運動痛苦末期的康德來說，人類理智的範圍已經大為縮減。（事實上，我們以後會知道：人類理智的根本意義在康德的作品中已經改變了。）然而中古哲學家這種「無限的理性主義」，和後世哲學家不分青紅皀白的隨意使用人類理智，又截然不同。中古哲學家的理性主義受到神秘的信仰和教義限制。後者完全超出人類理智的把握；但是，做為人類心靈中理智的情感、理性和非理性之間溝通的記號，則它們還是極為眞實而意義重大。所以，雖然現代理性主義者所描繪的人類瘦弱、蒼白、形容可怕，中古哲學家的理性主義卻沒有如此。在此，哲學家創立哲學的狀態，像詩人創作詩篇的狀態一樣，與他較深層次的存在有關——比有或沒有理性觀點的知覺層次更深。今日，我們無法期待出現一個阿奎那，正如我們無法期待出現一個但丁一樣。人類整個心靈狀態——所有思考畢竟只是它的一種表現——已經變化得太大了。現代的阿奎那學派，一般說來，格外不能使它的儕輩信服，原因大概在此。

從中古時代進入現代世界的路口上還有科學（後來變成啓蒙運動的精神）、新教、以及資本主義。乍看之下，新教的精神和新科學的精神似乎沒有什麼關聯，因為在宗教事實上，新教總是強調沒有理性依據的信心基礎，和中古神學冠冕堂皇的理性結構相抗擷；此外還有路德(Luther)對「理智這娼妓」的有名咒語。然而，在世俗的事務上——尤其是在跟自然的關係上——新教和新科學卻若合符節。由於剔除了中古基督教繁富的意象與符號，新教揭開了自然的面紗，認爲它是一個和精神敵對的物質世界，必須用清教徒的熱忱跟努力加以克服。就這樣，新教跟科學一樣，協助推動了近代人的一項宏願：否定自然的精神性，消除一切由人類心靈反射於自然的象徵。隨著新教的興起，乃有近代揭發人類的長期努力，這種努力在二十世紀裡到達全盛時期。當然，這一切的目標都在求進步，而新教確實能夠把宗教意識提升到較高的水準——個人的虔誠、靈魂的探求、以及不屈不撓的心性。爲了面對上帝，面對信仰嚴格而不可解釋的需求，人類受到困阨；但是這麼一來，他同時被剝奪了一切做爲媒介的宗教儀式與教義，後者本來可以減少這種面對面的遭遇對他心靈平衡的危險性。新教提高了宗教意識；然而在這同時，又把此種意識從我們整個人性深邃無覺的生命中隔開。在這一點上，新教的歷史衝刺和新科學或資本主義的衝刺相似；因爲科學使得神秘、象徵的自然，在它自己成功的理性解釋面前消逝，而資本主義把整個世界揭露爲可供合理計劃投資的商場。

對新教而言，信心畢竟是無理性而超自然的宗教核心；路德和聖保羅深具同感，認爲人類自己不能做任何事，唯有上帝在我們內心工作才能帶來救贖。在此，人類意識的擴展受到強烈的拒斥；有意識的心智被認爲不過是一種遠爲強大的無意識力量的工具和玩物。信心是包圍人類理性的鴻溝。新教徒嚴厲的原罪論等於補充承認，在意識層次底下，還有懇切的靈魂要求自我審判的深淵——只是這些深淵都被投入外在墮落的黑暗之中。然而，只要信心堅定，人性的無理成份終會受到承認，並在整個人類組織裡佔一個重要地位。但是，隨著近代世界的演進，它在生活的各部門中愈來愈變得世俗化；信心於是變得淡薄，而新教徒的人也開始越發像個枯槁的骷髏，像賈恭梅蒂（Giacometti）的雕像。一個世俗的文明使得他更形赤裸，這是宗教改革打破舊風氣的時候夢想不到的。他愈是奮力要保持與上帝面面相對的基本關係，這種關係就愈變得淡薄，直到最後，這種跟上帝本人的關係幾乎演變成跟空無的關係。在這個意義上，十九世紀中葉的齊克果，替三個世紀以前就開始的整個宗教改革算一筆總帳：他認爲信心是毫不妥協的瘋狂賭注；事實上的確如此，如果我們看清它一切新教徒式的嚴格。他不能像巴斯卡（Pascal）那樣說：「愚弄你自己，領取聖水，接受聖禮，然後一切都會有美滿的結果。」——因爲新教的人已經斷然放棄了聖禮以及靈魂的自然象徵，認爲它們是魔鬼的陷阱與虛飾。齊克果的一些書，例如《致死的病》（*The Sickness unto Death*）及《不安的概念》（*The Concept of Dread*），依然能使我們現代人震驚不已，因此只被人家當作一個十分憂鬱性格的個人流露，而加以原諒或隨便提起。然而它們卻忠實記錄了新教徒在巨大空虛的邊緣必須經歷的過程。新教的人是西方和空無命定遭遇的開端——這個遭遇早該來到，而今在二十世紀正到達最高潮。

理性的社會秩序

很自然的，這一切起初都看不出來。在人類的歷史裡，跟在個人生命裡一樣，小小開端的意義，只有到最後才看得出。近代史家一再指出，新教在它的世俗倫理上和資本主義的精神頗能相符。幾個世紀以來，這兩者攜手並進，蹂躪並重建地球，征服新的疆域，而且，大體說來，還似乎以勝利者的姿態，證明這個世界本身就是上帝所賜的天國，在這裡熱心和努力必有報償。十九世紀中葉，資本主義成功的建立了人類史上最糟糕的貧民窟；即使在這時候，英國的馬考利(Macaulay)也還能自鳴得意說，新教徒的國家最有勁、最繁榮；他還暗示說，這很可能表示他們宗教的優越性。偉大的德國社會學者韋伯(Max Weber)為整個近代史提供了一個主要線索：他認為近代史的主要過程，是不斷把人類生活理性化的組織起來。對資本主義歷史性的崛起，也必須從這個角度去了解：資本家具備了投資和計算的頭腦，自封建社會中興起；他們必須把生產工作加以合理的組織，以求利潤高於成本。封建制度具體而有機，同時人類受到土地意象的支配；資本主義的精神卻是抽象而精打細算，切斷了人類跟土地的關係。在資本主義裡，每一事物都依據這種合理組織經濟企業的必要，以求其效率。因此工廠裡有勞力集合，以及隨之而來的人工區分；因此大量人口聚於城市，從而使得機器不可避免的日益控制生活；也因此產生藉匠心獨運的廣告、群衆壓力、乃至於有計劃的社會調查，企圖合理的控制大衆需求。這一來經濟企業合理化的過程永無止境，逐漸籠罩了整個社會的生活。我們這個時代裡大多數地區的資本主義都已經被國家控制的完全集體化形式取代，但這個事實並沒有改變有關的基本人類問題。這種集體化，如果再加上由野蠻警察力量支持的某種全國性的神奇人物，則變得更爲激烈。集體化的人，無論他是共產黨或資本主義者，仍然只是個抽象破碎的人。

我們對這項事實若非已經習以爲常，忘記了它的存在，就是不能看出今日人類生活的抽象程度，遠超過古人。現在隨便是張三李四，只要受到普通教育，就可以敏捷地解決基本的算術問題；這在中世紀的數學家——一個專家——來說，恐怕要費上幾個鐘頭。當然，中世紀的人在他計算結果上會附加演算過程的精確證明；但是，現代人只要能簡單而有效地運用抽象概念就好了，至於他不懂自己所做的，又有什麼關係。今日的一般人能夠回答複雜的問題、塡寫稅務表格、從事複雜的計算，這些都是中世紀人未曾做過的——而這一切還只是群衆團體裡面一個負責公民的例行公事而已。機械技術向前邁進的每一步，都是朝著抽象概念走。這種輕鬆愉快生活在高度抽象的層次的能力，乃是現代人力量的根源。靠著這種力量，他已經改變了地球、消除了空間、並使世界人口增加爲三倍。不過，這個力量跟人類其他事物一樣，也有它消極的一面：無根、茫然、以及缺乏具體的感覺，這一切趁著現代人遇到眞正焦慮的時刻，一齊都來攻擊他。

現代社會的龐大經濟力量，也具有同樣的人性岐異。合理的生產秩序，造成了前所未有的物質繁榮。不單是衆人的物質需求遠比以前更能得到滿足，工業技術已經發達到可以產生新的需求，並且同樣而加以滿足。汽車、收音機，還有現在的電視成了多數人實際的需要。這一切使得我們這時代的生活**外化**。生活的節拍加速了，但是對新奇事物的貪婪卻乘虛而入。通訊器材幾乎可以把地球上某一地點的消息立刻傳到另一地點。人們閱讀同一份日報的三、四種版本、收聽無線電播報新聞、或是晚上在電視機螢光幕上收看第二天早上的消息。新聞事業已經成爲這個時期的一尊巨神，而神祇總是殘酷無情地對待他們的僕人。新聞報導既已成爲一種心智國度——正如齊克果在一個世紀之前以驚人的洞察力所預測的——乃使得人們愈來愈以第二手的方式處理生活。消息通常包含片面的眞理，而「無所不聞」取代了眞正的知識。尤有甚者，通俗新聞活動的範圍，目前已前伸展到從前視爲文化堡壘的宗教、藝術、哲學面裡了。每個人腦袋裡裝著袖珍的文化摘要，到處走動。新聞事業的本領愈大愈新，它對大衆心智——尤其在像美國這樣的國家裡——的威脅也愈大。愈來愈不容易區別出眞正的事物與傳聞的事物，直到最後，大多數人都忘記有這種區分存在。工業技術的成功，爲這個時期造成了一套純靠外物的生活方式。至於這些外象背後的東西——獨特而整體的人類自身——則衰退成影子和幽魂。

「存在哲學的歷史意義在於它面對著現代朝向標準化的群衆社會的洪流，奮力喚醒個人去過眞誠不僞的生活。」

雅斯培在他的《現代人》(*Man in the Modern Age*)一書中，把現代社會裡這一切消滅人性的力量診斷得十分詳盡，不必在此贅述。雅斯培認爲，存在哲學的歷史意義在於它面對著現代朝向標準化的群衆社會的洪流，奮力喚醒個人去過眞誠不僞的生活。雅斯培的書寫於一九三〇年，比希特勒當權要早三年；正當德國在威瑪共和治下，經過十年智識界大放異采，而經濟面臨更大的破產之際。因此這本書從頭到尾充滿了現代生活的大威脅和大期望這種雙重情緒。對於生命剛剛成功的那一代歐洲人來說，第一次世界大戰的爆發，在他們對歐洲及其文明的看法上，是一個轉捩點。雅斯培便是其中之一。一九一四年八月是西洋現代史上一個關鍵日期；一過了這個日期，我們立刻面對了今日的世界。我們講過，現代人因爲覺得有力量可以凌駕物質世界，而自中世紀蛻變出來；但是到了前述那個日期，這種意識完全反其道而行：在人類放得出來卻無法收拾的旋風下，他有虛弱、被棄的感覺。那種危險的感覺持續下去，日漸增強，而我們這一代也認爲它是對人類世俗力量的爆炸性質的一種神秘認識——可嘆的是，如今既已擁有原子武器，爆炸一語已非比喻之辭了。這種認識，和文藝復興時期及啓蒙運動用以消除中古黑暗，並深具信心地轉而致力於征服自然的沉醉與權力感，相去甚遠；和早期新教堅信它良心之眞誠跟它世俗倫理之絕對價值，相去甚遠；和資本主義傲然以中產文明的物質繁榮做爲它存在的理由與目的，相去也甚遠。雅斯培是個新敎徒，但他看不出新敎對人類靈魂的緊張不安有什麼終極的解決辦法；他是個中產階級，但他經歷的時期正是中產生活一切穩定的組織和標準都告瓦解的時期；他是個啓蒙思潮下的人物，是教授，他思維推理的目的在解釋人類之存在，但是他看出這種解釋不過是一片漆黑的夜暗中，一股閃爍不定的微光。

第一次世界大戰乃是歐洲中產文明告一結束的開端。當然，一切事物的結束，都曠日費時；資本主義仍舊在西方國家中苟延殘喘。但是，我們此處的論點，不僅關乎社會經濟組織，而且關乎文明本身具體而完整的事實，和它未說及已說的一切價值與態度。如果像馬克思主義者那樣，認爲大戰的爆發不過表示資本主義的破產，表示資本主義無法繼續發揮其功能而不引起危機與虐殺，那就太膚淺了。一九一四年八月是人類的全盤崩潰；而最能表現這種崩潰的文字，是小說家亨利・詹姆士(Henry James)驚慌失措時所說的：「而今必須認淸奸險歲月這一向的所做所爲以及所意指的，這種悲慘實非文字所能表達者。」身爲美國人，詹姆士對歐洲文明的魅力和高雅有深刻的體驗；這幾乎是他一切作品的主題。而在這突然爆發的一刻，他的心裡湧現出一幅可怕的景象：歐洲一切的高貴與美麗，不過是人間地獄表面的俗麗裝飾。一九一四年八月是整個歐洲人的崩潰，而不只是財閥、軍閥、與政客們陰謀詭計的崩潰。一位歷史學家說得好，一八七〇年到一九一四年這期間是物質主義時代：歐洲的主要國家已經統一起來；處處都是繁榮；而中產階級，沉緬於一個政治安定而物質進步驚人的時代，躊躇滿志。一九一四年八月粉碎了那種人類世界的基石。它揭露出，社會表面上的穩定、安全以及物質進步，跟所有人類的事物一樣，都只是海市蜃樓。歐洲人面對了陌生人般的自己。一旦不再受到安穩的社會政治環境所包容、保護時，他發現自己的理性和智慧的哲學不再能安然保證他能夠滿意的答覆「人是什麼？」這個問題。

「自身的孤獨乃是人類生活無法減免的一面，無論那個自我在表面上如何完全被他的社會環境所包含。到最後，他看見每個人在自己的死亡面前孤零零、赤裸裸。」

因此，存在哲學（像許多現代藝術一樣）是中產社會在瓦解狀態中的產物。馬克思主義者對此曾詳加討論但並沒有眞正了解它；無論如何，這是事實。這個瓦解是一樁事實，卻不是存在主義或現代藝術製造出來的。而「瓦解」也不等於「墮落」。一個分崩離析或正在轉型的社會所能啓示的，跟一個沿著軌道順利前進的社會所能啓示的，毫不遜色。個人從社會避難所中被摔了出來。他不能再用舊有的僞裝來掩飾他的赤裸。他領悟到自己過去視爲當然的事物，有多少在本質上既非永恆也非必然，而完全是短暫而偶然的。他領悟到，自身的孤獨乃是人類生活無法減免的一面，無論那個自我在表面上如何完全被他的社會環境所包含。到最後，他看見每個人在自己的死亡面前孤零零、赤裸裸。不錯，這些都是痛苦的事實；然而最重要的事物總是痛苦中學得的，因爲除非把它們強加在我們身上，我們的惰性和好逸之心不會讓我們去學習。看來人類只有經過某種大災大難才肯去學習了解他自己；等戰爭、經濟危機，還有政治的混亂使他明白，他自以爲穩若泰山的那個人類世界，竟如此不堪一擊。他領悟到的事物，其實一直都存在那裡，隱藏在甚至最健全的社會底下；它的眞實性並不因爲出現在一個混亂而不幸的時代而稍減。但是不到必要面對這麼一個眞理的時刻，人是不會去面對它的。

總之，到了現代，人類已經進入他歷史中一個非宗教的階段。他進來的時候神采飛揚，以爲會有更大的權力來控制他周遭的世界。在這個世界裡，他的權力美夢通常何只是滿足而已；但現在他第一次發現自己**無家可歸**。科學從自然身上剝下了人性的外衣，把一個漠然的宇宙展現給人類；它的廣袤，它的力量，在在都跟他的人性目的相違背。在這個階段來臨以前，宗教曾經是籠罩人類生活的結構，給人類一種意象和記號的系統，使他能夠藉以表達對心靈完整的渴望。一旦失去了這種涵容的結構，人類不僅無家可歸，甚至變成破碎不全的東西。

在社會上，跟在精神世界一樣，凡俗的目標逐漸得勢；經濟的合理組織增加了人類控制自然的力量；而且在政治上來說，社會也變得更理性、更講求功利、更民主，造成物質的繁榮與進步。啓蒙時代的人預知理智必能擴充到社會生活的每一面，前途無可限量。然而理智也遭到事與願違的挫敗，栽在層出不窮而又無法逆料的事實上——戰爭、經濟危機與脫序、群衆裡的政治動亂。尤有甚者，在一個官僚化的、缺乏人性的群衆社會裡，人類的無家感、疏離感益發嚴重。就連在他自己的人類社會裡，他都漸漸覺得自己是個局外人。他在三方面感到疏離：對上帝、對自然、乃至對滿足他物質慾求的龐大社會組織來說，他都是陌生人。可是，最糟糕而最終極的疏離形式（事實上，其他形式的疏離都是預爲這種疏離舖路），乃是與自己本身的疏離。社會對人的要求，如果只是要他能勝任他一己的社會功能，那他就變成爲那項功能；至於他的其他存在，則一任其苟延——通常被棄置在意識底下，受到遺忘。

科學與有限性

以上所述固然都是歷史事實，卻也已經成爲存在哲學的主要論題。這個哲學表現出本時代的自我質疑，企圖依據自己的歷史命運而把自己重新定位。事實上，整個的存在主義問題，都從這個歷史形勢展開。隔離與分疏；感到人生基本的脆弱和無常；理智面臨深刻的存在之際的虛弱無能；虛無的威脅，以及個人面對這種威脅時孤立無援的情境：凡此問題，我們都無法合乎邏輯地排列出它們的重要次序；每一個都跟所有其他的相關，而它們全體又都環繞著一個共同的中心。只有一種氣氛，像一股陰寒的風籠罩著它們：強烈的人類有限感。人類在文藝復興時代注視的無窮盡地平線終於縮減了。奇怪的是，正當人類以機械征服自然，似乎是前程無量的時候，卻發現自己徹徹底底——可以說是裡裡外外——是有限的。但是關於人類的眞理，絕不可能在對立的性質之一發現，而必須同時在那兩種性質裡去找；因此他的虛弱只是銅板的一面，他的力量是另一面。也許只有這種對界限、對範圍的認識，才使得力量沒有完全崩潰。

不過，有人會說，西方文明所以卓爾不群，在於它擁有科學；而在科學裡面，我們找到整齊劃一、持續不變的無限進步。研究工作不斷進行，成果豐盛而確實，並且這些都結合成愈來愈廣博的系統。在這種過程中，似乎實際上範圍沒有縮小，也不可能縮小。這話在某種意義上不無道理，但是二十世紀科學的答案使理性主義的野心顯得自視太高；答案本身要求人類把他對理智的傳統看法重新界定。這是勢所必然的，因爲科學家也是人，所以他們不但幫助塑造集體心靈，也是其中的一分子。宗教、社會形式、科學，以及藝術乃是人類生存於其內的模式；短暫的生存就表現在這些模式中；而我們愈是能夠認淸人類的短暫生存，就愈應該了解這一切模式內在與背後的共同性。

科學——在它自己眞實的範圍內——也起而反抗人類的有限性。這個現象發生在科學本身而不在對科學的議論，使得此項發現更爲可信，更爲重要。有關人類的科學，特別是近代的深層心理學，已經顯示：人類理智乃是人這個動物長久的歷史性虛構；人心靈的根依然向下伸入原始的土壤。可是這種對無理性事物的發現，是在理智本身以外；它們對我們生活中理智的運用是頑強的阻礙，不過，那些堅定的理性主義者仍舊希望借助理智這個工具來克服這些阻礙。更爲嚴重的限制出現在理智運用的內部，在比較嚴密精確的物理學和數學裡。西方科學中最進步的兩種，物理學和數學，在我們的時代裡變得矛盾；那是說，它們已經發展到爲理智本身製造矛盾的階段。一百五十多年前，哲學家康德（Kant）企圖證明理智難免有限制；可是西方人的心智太過實證派（Positivistic），所以除非於科學有據，他們對這麼一個結論是不放在心上的。由於海森堡（Heisenberg）在物理學上以及葛德爾（Godel）在數學上的發現，本世紀的科學總算迎頭趕上康德了。

海森堡的測不準原理（Principle of Indeterminacy）顯示出我們了解及預測事物之物理狀況的能力有很大的限制；它並且讓我們略窺到一個實際上可能是無理而混亂的自然——至少，我們對它的了解有限，無法保證它的情形不是如此。這項發現使物理學家的舊夢告一段落；他們原先受到純粹理性偏見的影響，認爲事實必然可以完完全全加以預測。勒普拉斯學派（Laplacian）的死硬分子就是一個很顯著的例子。勒普拉斯說：設想有一種生物，他知道宇宙裡每一分子的位置與運動量，以及控制這些分子的運動規則；這種生物必能預測宇宙以後的一切狀況。物理學家再也不能根據這種神秘宗教學的信心來行事，而必須只在經驗範圍以內做預測。

物理學界的情形因為波爾(Bohr)的補足定律(Principle of Complementarity)而益發令人困惑。根據這個定律，電子依它的前後關係，既可視為電波，亦可視為質點。在一個十九世紀的物理學家看來，像這種自相矛盾的名稱使用，完全不合邏輯。事實上，有些物理學家倡議過一套新的邏輯形式，把古典的排中律（Law of the Excluded Middle：甲或非甲）拋棄；而當新的邏輯形式尚在建立之際，我們只能說：理性事物與非理性事物的性質，還大有疑問。在運用之際，補足定律嚴格地限制了物理學家的觀察：如物理學家范波里(Von Pauli)所說的，「我可以選擇觀察一組實驗，甲，而破壞乙；或是選擇觀察乙而破壞甲。我無法選擇不破壞其中之一。」這話一語道破了生活上各方面知識的痛苦：我們以不知道另一事物為代價，來換取對某一事物的知識；我們根本不可能選擇同時知道每一事物。值得一提的是：在精確實驗的最大成就裡，在自然科學中最嚴謹的學科裡，出現了我們「人類限制」這個平凡而古老的事實。

在西方傳統中，自畢達哥拉斯學派(Pythagoreans)和柏拉圖以降，做為理智楷模的數學已成為理性主義的城堡；從這一點看來，似乎葛德爾的發現更具有影響力。如今，甚至在他最準確的科學裡——在他們的理智似乎是無所不能的領域裡——人類居然都無法避免他基本上的有限：他建立的每一數學體系都注定是不完整的。葛德爾已經顯示出，數學裡面有無法解決的難題，因此絕不可能把它化為任何完整的體系。換言之，永遠無法把數學交給一個巨大的計算機；它將永遠無法盡善盡美，所以數學家——建立數學的人——將永遠有得忙碌。人類的因素在此超出了機器；數學跟任何人類生活一樣，永遠不夠完美。

「我們會經想要攻擊天堂，卻只堆成巴別塔。」

但是既然數學永遠無法圓滿，也許有人會說，葛德爾的發現告訴我們數學知識永無止境。在某一意義上，不錯；但在另一意義上，它對數學知識加上了一個更嚴重的限制，因爲數學家現在知道他們，從形式上來講，永遠無法達到它的磐基；實際上也沒有什麼磐基，因爲數學缺少自足而不受人類活動左右的眞實(reality)，可供數學家經營。而如果人類在數學上無法達到其磐基（完整無缺的系統化），那麼更不可能在其他方面達到這一點。齊克果在一個世紀以前就說過，人類的存在不可能有一個系統；他跟黑格爾(Hegel)不同，因爲後者企圖把眞實統攝在一個全然理性的架構中；現在葛德爾告訴我們，這種系統在數學是不可能的。實際上，沒有磐基這個事實，意指數學家永遠無法證明數學的一貫性，除非借助一些比他原來要證明的系統更不可靠的方式。因此，數學家終究逃不過附隨於人類一切事業的不定性。

由於數學家在近半世紀裡遭遇到一些十分棘手的詭論，使得情勢更令人頭痛。數學有如航行於大洋的一艘船，突然漏了水（詭論）；這些漏洞暫時都塞住了，但是我們的理智卻無法保證不會再有其他漏洞。在這曾經是理智學術中最穩當的一門裡，居然有此人類的不穩性，乃使得西方思想爲之一變。數學家魏爾（Hermann Weyl）說：「我們曾經想要攻擊天堂，卻只堆成巴別塔（Tower of Babel）：按：古巴比倫之一城所建之塔，建塔者擬使之高達天庭，上帝以其狂妄責罰之，使各人突操不同之語言，彼此不相了解，該塔因此無法完成。見《舊約》創世紀」，他這正是痛陳人類Hubris（驕傲）之瓦解；而我們可以確定，數學終於返回它合法的地位，做爲有限人類生存的一種活動或模式。

這些發現幾乎是同時並起，實在非比尋常。海德格於一九二七年出版他的《存有與時間》（*Being and Time*），對人類的有限性做了一番嚴肅精細的思索。在這同一年，海森堡把他的測不準定理公諸於世。一九二九年，數學家史科倫（Skolem）發表了一項定理，現在有些數學家認爲可以和葛德爾的相媲美：就連基本數系也無法絕對公理化。一九三一年出現了葛德爾的開新紀元的發現。事情的發展如此類似，它們發生的時間如此緊湊，而且又各在不同的範疇裡，互無關聯，這時我們不由得要說，它們不是「無意義」的巧合，而是極具意義的徵兆。這時代整個的心智似乎傾向於同一個方向。

從這些散亂的歷史諸相，顯現出一個人類自身的圖像，具有新的、僵硬的、更近乎赤裸、更爲可疑的容貌。人類範圍的縮減，幾乎侵蝕、剝奪了這個生物；如今他必須在他所有範圍的中心，面對自己。現代文化的努力，只要是誠實的，都是一種剝蝕的努力。返回源頭；照胡塞爾的說法，「回到事物本身」；朝向一種新的忠實，揚棄現成的前提和空虛的形式——這只是部分的口號，在這些口號下，這一時期的歷史展露出它自身。自然，這種剝蝕多半以破壞，以革命甚至「否定」的形式出現：一個十分懷疑自己的生物，必然也會發覺他與整個歷史的關係很可懷疑；而在某種意義上，他又代表了那個歷史。

「藝術是某一時期集體的夢；如果我們有目能視，則可以在這個夢境裡最清楚地探求到那個時代的特徵。」

我們如果審視現代藝術，歷史力量這種明顯的「巧合」變得更為可觀，更耐人尋味。人類因為宗教、社會和經濟形式，以及現在的科學等各方面的改變而體會到歷史經驗——這一切經驗，透過藝術，以一種比較震撼人心、比較具有人性的方式顯示給我們。藝術是某一時期集體的夢；如果我們有目能視，則可以在這個夢境裡最清楚地探求到那個時代的特徵。對現代藝術簡單的觀察，也許有助我們了解，本章解析的「現代」形象並不是空洞無據的理論，而是一齣人類戲劇；我們跟它息息相關，但是只有藝術家具有最清楚的眼睛來看它。

3 現代藝術的證言

The Testimony of Modern Art

「我們緊張兮兮稱做『現代藝術』的東西，畢竟就是這個時代的藝術，我們的藝術；今日別無其他藝術。」

如今我的梯子已去，
必須在一切梯子開始處躺下，
在心中霉臭的破爛攤子裡。

——葉慈(W. B. Yeats)

任何人若是想通盤了解整個現代藝術，都必須忍受跌進荆棘叢中的難受的感覺。我們自己跟這題目息息相關，所以很難有幾世紀以後的史家那種超然態度。儘管現代藝術已經出現了足足半個世紀，儘管畢卡索(Picasso)跟喬哀思(Joyce)的大名已經家喻戶曉，現代藝術仍舊引起激烈的爭辯。庸俗的腓利斯丁(Philistine)依然覺得它粗陋、可鄙、愚昧；腓利斯丁總是有理由的，與我們生活上單調的事務不可分離的腓利斯丁當然不能例外。事實上，從我們這裡採取的觀點看來，腓利斯丁的態度，尤其是在其憤懣上，可能具有歷史上的默示意義。然而這又不僅是腓利斯丁的問題；還有些敏感的觀察者——博物館負責人、鑑賞專家，以及歷史學者——也覺得現代藝術比起過去卓越的藝術一落千丈。就某種意義而言，這一切爭辯只是徒費唇舌；因爲這多半要看後世歷史對我們時代的估價如何而定，而這是我們無法預見的。從馬奈(Manet)到馬蒂斯(Matisse)，這一百年在未來的藝術史上可能算是一個衰頹不振的時期，其間的作品無法和前輩大師的相提並論；它也可能被視爲極富創力的時期，唯有十五世紀的文藝復興差堪比擬。個人管見傾向後者的看法，但是我沒有辦法來證實；而且不管怎樣，這種推測並未進入我自己對這種藝術的經驗裡。我們只有放棄替後世評估我們自己的打算；將來的人不靠我們幫助，也能形成他們自己的見解。我們緊張兮兮稱做「現代藝術」的東西，畢竟就是這個時代的藝術，**我們的**藝術；今日別無其他藝術。如果我們另外能有更好的藝術，我們會要它的。實際上，我們在這個時代居然還有藝術已經是邀天之幸了。腓利斯丁責怪藝術家太任性，好像所有現代藝術存心跟他——欣賞者——搗蛋似的；藝術家不敢奢望使這種人明白；藝術不僅是一心想望、一心企劃便可獲得的東西；而且就算藝術家改變了他的想法（甚至採用了腓利斯丁的想法），也不會成爲生活在另一時空的另一個人。到頭來，唯一眞正的藝術，一定具有必然性的力量。

「現代藝術觸到了一般人自己全然無知的一個或幾個內心痛處。他愈是對現代藝術表示光火，就愈發顯示出他以及他的文明，跟藝術家展現給他看的作品之間，有不可分割的關係。」

然而，現代藝術所引起的爭論、激怒、以及混淆，提供了我們一個有效的手把，可以利用來掌握現代藝術。激怒之起，常因某種東西觸到了我們內心難言的隱痛；很少完全由於激起憤怒的事物。現代藝術觸到了一般人自己全然無知的一個或幾個內心痛處。他愈是對現代藝術表示光火，就愈發顯示出他以及他的文明，跟藝術家展現給他看的作品之間，有不可分割的關係。一般人反對現代藝術，因爲它艱深晦澀。然而一般人視爲理所當然的世界、以及他的文明賴爲基礎的價值，果眞是那麼淸楚可以理解嗎？有時候藝術家描繪的物像十分淸晰（大致說來，現代藝術比學院藝術更爲簡單），卻不能迎合一般人的脾胃，因爲私下裡他太了解它的涵義了；此外，他已經把「了解」囿限於他習以爲常的經驗牢籠裡。面對著現代藝術錯亂的形式，眼看著它把事物大膽加以扭曲或隨意處置，一般人就不舒服、生氣，覺得突梯可笑。畫家爲求建立出他自己內在的形象，乃犧牲照相式的唯妙唯肖，而在臉上畫了三數個眼睛、兩三個鼻子、或是把軀體加以扭曲或伸展。要求逼眞肖似的那種相反態度，是不是已經解決了一般人所有的焦慮呢？現代文明激烈的外傾當眞還沒有把它帶上窮途末路嗎？最後，一般人——在這方面除了一般人外，還有藝術界飽學而敏感的傳統派——並且反對現代藝術的內容：它太過淒涼黯慘、太過消極「虛無」、太過粗陋可鄙；它把難以下嚥的事實和盤托出。然而傳統的理想在這個世紀裡是不是十分有效，以至於我們大可忽略掉那些傳統理想故意抹煞的人類生活的眞理呢？那些以誇讚前人之偉大做爲反對現代藝術之論據的美學家，他們有沒有想到，他們自己對（舉例來說）夏特教堂的聖女雕像（Virgin of Chartres）的反應比起中世紀人的反應，是多麼貧血蒼白？有沒有想到，他自己的美學，無論修養多麼高深，實際上只是傷感的一種形式？——因爲傷感在基本上只不過是由於太過強烈或太過委婉而造成的虛僞感情、不忠於其對象的感情。

在《戰地春夢》（*A Farewell to Arms*）一段膾炙人口的文字裡，海明威寫道：

> 我總是被神聖、光榮、犧牲、徒勞這些字眼弄得很難堪。我們聽到過這些，有時候站在雨裡幾乎聽不到的地方，所以只傳來大聲喊叫的字；也看過它們，在貼布告的人叭地一聲貼在其他告示上的告示上，已經好久了，而我沒有見過一件神聖的事，而光榮的事並不光榮，而犧牲就像芝加哥的屠宰場，只不過肉是被埋葬掉。有許多字你不忍卒聽，所以最後只有地名才具有尊嚴。某些數字跟某些日期也是一樣，而這些再加上地名便是你能夠說出而有點意義的一切了。抽象的字眼如光榮、榮譽、勇氣、或是神聖，比起具體的鄉村名字、街

道數目、河流名字、部隊番號以及日期，簡直是一種褻瀆。

對那一整個世代的人來說，以上是對第一次世界大戰屠殺的偉大抗議。但是它還有更重大的歷史意義：我們可以把它當做現代藝術和文學的一種宣言；企圖破除一切空洞抽象並毀滅傷感，即使暴露出來的眞情至性可能顯得卑微貧乏——地名與日期；並且儘管在剝光自己以後，藝術家似乎只剩下了「虛無」。因此，現代藝術以坦白承認精神匱乏開始，有時也以此而終。這便是它的偉大和它的勝利；但同時也是它刺進腓利斯丁痛楚的那根針，因爲腓利斯丁最不願意人家提醒的，就是他的精神匱乏。事實上，他最大的匱乏乃是不知道自己多麼匱乏；而只要他嘴裡說的是已成過去的空虛理想或宗教的詞藻，他便只是叮噹作響的銅器罷了。在精神問題上，匱乏和富足有時候反而比一模一樣的孿生子還要相似：一個穿著借來的羽毛高視闊步的人，也許其實窮得如同教堂的老鼠；而一件看來光禿禿、冷森森的作品，只要它眞，也能像具有世界無盡財富般有力。海明威風格的成功，在於他能破除空洞抽象而探到我們實際所感所覺的眞象。現代的雕刻家揚棄大理石的華麗而採用工業材料、鋼絲、或螺絲釘、甚或廢棄的材料如舊木板、繩索、或釘子，這時他比起米開蘭基羅(Michelangelo)式的誇大的宏偉，可能顯得十分寒傖；然而他也把我們帶回我們無盡的殘酷世界環境。有時候這種對貧匱的承認會顯得激烈而帶侵略性，例如達達派畫家(Dadaist)在蒙娜麗沙畫像上多加一抹鬍子。達達本身，跟海明威一樣，起自對第一次世界大戰的反抗；而且無論它有多可笑，如今必須被視為本世紀非理性事物的合法噴發物。我們根本無法要求第一次世界大戰那一代的人物把西方文化當做神聖不可侵犯，因為他們看出——而且是正確看出——它跟毀於那恐怖的屠殺中的文明密不可分。最好還是拒絕那種文化乃至藝術自身的虛飾，如果這樣做可以使人在赤裸中顯得稍微誠實的話。發掘一個人自己的精神匱乏，便已獲得精神上的積極勝利。

「現代藝術是一股強大的運動，日漸摧毀形式——公認的傳統的形式。在積極方面，這造成了藝術可能性的無限擴展。」

現代藝術是一股強大的運動，日漸摧毀形式——公認的傳統的形式。在積極方面，這造成了藝術可能性的無限擴展，以及對世界各地新形式的貪婪追求。一九〇〇年左右，法國畫家開始對非洲雕塑發生興趣。（十九世紀時，日本版畫之介紹到歐洲，已經連帶著使西方畫家在感性上起了極大的轉變。）而且這些借用才只是開端：時至今日，我們對畫家和雕刻家採取各種文化的東方與原始藝術形式，已經習以為常。安德烈・馬霍（André Malraux）說過，在藝術史上，本世紀不會成為抽象藝術的時期；在本世紀，過去一切藝術、以及世界各地藝術，都供畫家和雕刻家採擷，並且透過這些人，成為現代品味的一部分。當然，我們不能再把西方藝術的經典——經過文藝復興而發揚光大的希臘羅馬藝術——當做藝術**唯一**的傳統，甚至不能再視爲純粹是**我們的傳統**。那個經典其實只是許多傳統中的一個；而且由於它堅持肖似的形式，所以在整個**人性**藝術裡，其實應該算是例外。對現代藝術來說，這種對過去源流的伸展含蘊著對「人性」一辭本身的一種不同而更廣泛的了解：在我們看來，一具蘇美人(Sumerian)的豐收女神像跟希臘愛神(Aphrodite)像，同樣「具有人性」。如果一個時代的感性能夠兼容並蓄，把外來的原始藝術的「非人」形式跟希臘或文藝復興時代古典的「人」形並列，則很顯然我們所謂古典人文主義的待人態度——這就是造成西方藝術古典傳統精神的智性表現——也已蕩然無存。這是一項歷史事實；它最直接的證據便是整個現代藝術本身。即使存在哲學沒有發展成形，我們從現代藝術也可以看出，有一種新而激進的人類觀影響著這個時代。

如果認爲西方藝術家打破昔日的傳統桎梏只是一種擴展，或者在精神上是一種帝國主義式的貪得行爲，就大錯特錯了。這種改變不僅是藝術家所能融會貫通的形式的多寡上，一種外在與數量的改變；更深遠重要的，它還是藝術家用以駕馭這些形式的精神上，一種內在與質量的改變。這種掙脫傳統的行爲，事實上也是西方傳統中的一項崩潰。在這一點上，那些反對現代藝術、認爲它是一種恥辱、認爲它離經叛道的藝術保守分子看得倒也正確，不管他們安的是什麼心理。西方畫家和雕刻家在這個世紀走出他們自己的傳統，到世界其他的藝術——東方的、非洲的、大洋洲的——去滋潤他們自己；

這項事實顯示出，我們過去當做**唯一**傳統的事物，已經不能再滋補該傳統中最富創力的成員了：由於內在和外在的雙重壓力，這個傳統的局限形式已經打破。假如有任何成就相當的藝術家，他們的作品可以讓反現代分子用來與現代派作品一爭短長的話，我們或可避免這種痛苦的結論，而把這一群現代主義藝術家只當做不負責任的人、有技巧的叛道者，而不加理會。然而，同樣可以肯定的是——而且這種消極的證據在現代派方面同樣有力甚或更爲有力——這個時期的學院藝術已經壽終正寢。它無法使人感奮，無法使人沮喪，甚至無法眞正給任何人慰藉。它根本就沒有生命；它自外於時代。

假使我們轉向現代藝術內容和形式的特徵，而不論非洲或原始或東方藝術給它的外來啓發，我們可以發現相同的跡象，昭告著西方精神的一種劇烈的轉變。立體主義是現代藝術的古典主義：那就是說，它是現代藝術苦心經營出來，具有完美形式的風格；凡是眞正確實的現代藝術，都由此衍生而來。關於立體主義的源起，已經有許多無稽的說法，把它跟相對論物理學、心理分析、還有天曉得什麼風馬牛不相及的複雜東西扯在一起。其實，創造立體派的畫家只在創造繪畫，沒有別的——當然他們不是在搞什麼理念學說。立體主義從以往的繪畫階段，從印象派以及塞尙(Cézanne)經過一連串全然合乎邏輯的步驟演進而來；並且引起了一系列的圖畫問題，必須在繪畫的範圍內，由畫家以純畫家的身分來解決——那就是說，在視覺圖像上解決。

「現代藝術家描繪的世界，跟存在哲學家思索的世界一樣，是人類的陌生世界。」

然而繪畫上創造出來的偉大形式，無非源於人類精神的深處；並且在它的新穎之中，無不表現出人類精神的新轉換。由於堅持畫布的二向度事實，立體主義使空間變得很平。這種空間平坦化在歷史上是個不容忽視的事實，只要我們回憶在歷史上，這種發展曾經出現在另一個方向——由歌德派或原始派畫家逐漸進入早期文藝復興繪畫的堅固、配景、三向度的風格——這時，它顯示出人類經過中世紀長時期的內省，正逐漸轉而向外，進入空間。十四世紀時，西方人在他的繪畫上進入空間；在隨後的探險時代，他開始進入眞正的物理空間。因此繪畫預示了人類精神的新轉向，這種新轉向終於表現在對整個地球的征服。這麼看來，我們可不可以說，我們自己這個時代繪畫的平坦化，也預示著人類精神的一種內向轉變，或者起碼是轉離外在空間世界，也就是西方人外向發展的終極競技場？隨著立體主義而開始有和繪畫對象保持距離的方式，這已經成爲現代藝術的證明戳記。儘管立體主義是一種古典而正式的形式，藝術家仍舊保有他的主觀性，因爲他可以隨意切割、隨意錯置物體——瓶子、水壺、吉他——爲了圖畫，他可以爲所欲爲；這種圖畫已經不再用來代表那些物體，而是除自然價值以外還具有它自己獨立價值的視覺心像。現代藝術中普遍存在的主觀性，是爲了彌補現代社會生活的驚人外化，或者是一種粗暴的反抗。現代藝術家描繪的世界，跟存在哲學家思索的世界一樣，是人類的陌生世界。

如果人類的生活不再發自本然的皈依上帝或皈依超乎理解的世界——如果，拿葉慈的話來說，我們用來攀向較高眞實的梯子已經不知去向——這時，藝術家也必須面對平面、不可解釋的世界。這甚至在現代藝術的形式結構中都已表現出來。精神的運動既然不再垂直進行，而只是向水平方面，藝術中的高潮因素大體都被推倒、被夷平。立體主義所達到的繪畫空間平坦化並不是一個孤立的事實，不光是繪畫才如此；在文學技巧中也有類似相通的改變。平坦化有一般的過程，其中主要有以下三點値得注意：

（一）**把所有的面都夷平**到圖畫的面上。近的跟遠的推到一塊兒。因此在某些現代文學作品中，時間取代空間而被夷平到一個面上。過去跟現在顯得好像是在單一的時間上同時發生。喬哀思的《尤里西斯》(*Ulysses*)、艾略特(T. S. Eliot)的《荒原》(*The Waste Land*)、龐德(Ezra Pound)的《詩篇》(*Cantos*)都是例證；而把這種技巧使用得最有力量的可能要數福克納(Faulkner)的早期小說《聲音與憤怒》(*The Sound and the Fury*)。

（二）更重要的大概是**高潮之推翻**，發生在繪畫以及文學裡。傳統的西方繪畫有一個主題，位在圖畫的中央或其附近，圖中外圍的空間則附屬於這個主題。在肖像裡，把人物放在中央附近，而背景比起來就顯得次要，儘可能跟人物和諧的成爲一體。立體主義揚棄了這種圖畫高潮的觀念：整個圖畫的空間變得一樣重要。消極空間（裡面沒有事物）的重要性不亞於積極空間（物體的輪廓）。如果處理的是人像，它可能被四分五裂而分配到畫布的各個部位上。從形式上說來，這種藝術的精神是反高潮的。

如果我們轉而注意到文學裡也有同樣的消除高潮，就可以比較淸楚看出其中牽涉到更廣更大的人性和哲學問題。古典的文學傳統源於亞里斯多德的《詩學》（*Poetics*），告訴我們一齣戲劇（以至於任何其他文學作品）必須有個開頭、中腰、以及結尾。情節自某一時間開始，發展到一個高潮，而後降入結局。我們可以用一個三角形來圖解這種古典的結構：三角形的頂點代表高潮；戲裡面每一事物跟它都有些邏輯上的必然關係。作者自己受制於邏輯、必然性、或然率的條件。他的結構必須是一個合理的整體，其中每一部分都從前面的部分依理發展而來。儘管我們的存在本身從來不像是這麼回事，沒關係；藝術是生命裡精選出來的一段，詩人原來就該做他的揀選工夫。然而我們要注意：具備合理文學結構——開頭、中腰、結尾以及一個明顯的高潮——的經典，它本身所處的文化也相信宇宙是個有秩序的結構，是個合乎理性、可以理解的整體。

喬哀思《尤里西斯》的七百三十四頁裡面有緊也有鬆、有美也有醜、有喜也有哀；其中的發展永遠是水平式的，絕不漸升到任何危局；其中我們找不到傳統高潮的影子：像這樣一部現代作品，如果我們企圖以古典的亞里斯多德律法來衡量，結果會怎樣？假設喬哀思心神錯亂，我們還可以把這些都當做一片混亂而不予理會；然而他實在是個對自己題材控制得再好也沒有的藝術家，所以這種混亂應歸因於他的題材，歸因於生命本身。事實上，喬哀思給我們的，正是我們生命忍受的陳腐坎坷的際遇；相形之下，其他的小說眞的是虛構的小說。這個世界本來就稠密、晦澀、無法理解；這是現代藝術家不變的出發點。佳構戲劇或佳構小說原是對事實純理性的成見之下，合乎邏輯的結果；要是我們留意「事物本身」、留意事實、留意我們實際生存方式中的存在，我們就不能再拘泥於前述戲劇或小說的形式要求。如果我們這個時代還如過去的西方人那樣，認爲整個的實體乃是一個體系，其中每一事物都依照天意，依照理法而附屬於其他事物，最後並且附屬於整體本身，則我們可以要求藝術家的形式模仿這種實體概念，而給我們統一性，給我們連貫性，呈現給我們一個不鬆不散的世界。但是在今天來做這種要求，實在太豈有此理：這是對藝術家歷史身分的一種歪曲。

即使作家要說的是傳統所謂的故事，他也可以不用傳統的方式。福克納的《聲音與憤怒》，比喬哀思的《尤里西斯》有更多的小說故事——一個家庭的沒落、一場自殺、一個女孩子的私奔，等等——但是他寧可不以佳構式小說的形式來表現這些事端。這是個明智的選擇，因爲這本小說的力量因此大大增加。世界的殘忍、無理、既定的性質，透過福克納獨特的技巧而極爲強烈的表露出來，我們可以說他事實上已經表現出——而不只是說出——底下這段他的書名所本的引言：

〔生命〕是個故事，

由白痴道來，充滿聲音與憤怒，

毫無意義。

莎士比亞(Shakespeare)把這幾行放在一個結構相當勻稱的悲劇裡，其中邪惡被剷除而善良獲得勝利；但是福克納展示給我們一個晦澀、稠密、沒有理性的世界，誠如莎士比亞所說。這種世界在莎士比亞當時還不存在，因爲他距離中古基督教還十分接近。在這小說裡，即使策劃了有目的的人類行爲並採取了必要步驟來實現它——例如昆丁・康普森(Quentin Compson)自殺當天那一段——這時，眞正發生的事情，也跟一般談到這種行爲時的傳統次序、邏輯關係、事件先後沒有什麼關聯。他描述的那一天顯示我們的，不是空洞抽象的「昆丁・康普森自殺」。作者把他自己的以及他讀者的眼睛轉向「事物本身」的時候，顯示的是一個遠爲具體而偶然的過程：一隻麻雀在窗邊啁啾、一隻手錶打破了、男主角跟一個逃家的小女孩極爲荒唐地混戰起來、有一場拳架，等等；而在這一切表面底下，暗中有一股緩緩盲目的波濤，像地底河流一樣流向大海。這股波濤就是一個男人走向他的死亡。這一段描寫，以及這本書自身，是一項傑作，大概算得上是到目前爲止美國人寫出來的第一流作品；任何人如果想要對存在主義哲學家思索的世界有具體的感覺，都應該去讀一讀。

在構成他生命最後一天的一連串殘忍胡亂的行爲中，昆丁・康普森打破了他手錶的錶面玻璃。他把兩根指針扭下來，因此那一整天手錶雖然大聲滴嗒作響個不停，卻無法指示出時間。福克納不可能再想到一個更好的比喻，來表達貫穿全書的時間感了。正常而可以計算的時間次序——一刻接著一刻——已經打破、已經消失；然而由於手錶不斷做響，時間對昆丁・康普森反而更顯得急迫而眞實。他逃不出時間，他在時間裡，這是他命運與抉擇的時間；而且手錶沒有指針，不能提供給他平日生活中正常而可以計量的時分進展情形。這時，時間對他來說就不再是可以計算的連續次序，而是一種無窮盡無所逃的存在。這一點，我們以後會明白，很接近海德格的思想。（福克納當然沒有讀過海德格；他恐怕連聽都沒聽過。這樣更好；因爲藝術家、詩人的證辭，如果沒有受到任何理智上先入爲主見解的毒害，反而更具有效力。）眞正的時間，構成我們生活戲劇的時間，是比鐘、錶、日曆更深刻更原始的東西。時間是濃密的環境，而福克納的人物活動在其中，有如在水中拖曳著他們的雙腿：時間乃是他們的本質或如海德格所說的是本體。廢除了鐘錶時間並不是遁入沒有時間的世界裡；恰恰相反：沒有時間的世界——也就是永恆——已經從現代作家的地平線上消失，就像它已經從沙特和海德格這班現代存在主義者的地平線上消失一樣；因此時間變成一種更冷酷更絕對的實體。暫時乃是現代人的範疇，正如永恆是中世紀人的範疇。現代作家既如此注意時間的實在性，以嶄新的技巧、從嶄新的觀點來處理時間，可見現代哲學家企圖對時間有新了解，乃是回應這同樣的隱藏的歷史事件，而不只是憑他們自己的想像杜撰出觀念的新花樣。

以上有關藝術的種種，讀者應該可以淸楚看出來，都不是牽強附會。它們也不是像我國時下流行的批評風尙那樣，對藝術作品強做解人。相反地，我們所提到的特徵都很明顯可以找到——可以說就躺在藝術作品本身的最外表。要想看到它們，只消我們把藝術認眞當做一回事，也就是說，把它當做一種啓示：啓示它的時代也啓示人類的存在、以及這兩者合而爲一——人類在他的時代裡的存在。

沒有開頭、中腰、結尾——這是某些現代文學作品所追求的無結構之結構；而在繪畫中也類似，沒有明顯界定的前景、中景、和背景。對於久受古典西方傳統薰陶的傳統派來說，這一切都顯得消極、純粹破壞性。但是，如果我們的眼光不老是狹窄的集中於西方傳統（更何況這個傳統只是西方歷史上興起的許多傳統中的一個），我們就可以發現，這種對合乎邏輯、合乎理性形式的要求並不適用於其他文化的藝術傳統。舉例而言，東方藝術就遠比古典的西方藝術來得不拘形式、渾然天成、沒有規則。它有形式，卻是一種異於西方的形式。爲什麼？這個問題不簡單；這可能是目前西方最重大的問題之一，因爲這種藝術上的差異不是偶然事件而已，是由一種不同的處世態度而起。

對東方人這種奇特的（在我們眼裡）藝術形式觀念，佛斯特(E. M. Forster)在他的小說《印度行》(*A Passage to India*)提供了最佳的線索。一個英印混雜的團體航行於海上。葛伯樂教授(Professor Godbole)——一位印度人——被邀請唱歌，但他沒有理會；而後，大家要離開了，這位印度人說道，「我現在可以唱了，」十分出人意表。（這個意外值得注意，因爲這支歌不是在正式場合下唱的，而是像生命本身那樣隨便偶然地落到他們的耳朵。）佛斯特對這支歌的描寫，極其優美地說明了我們的論點，值得我們整段抄錄下來：

> 他微弱的聲音揚起，一聲接著一聲。時而似乎有韻律，時而有西洋曲調的錯覺。然而耳朵經過不斷的挫折，遂失去了任何線索，於是遊走於聲音的迷宮，無一刺耳可厭，無一可以理解。它是一隻陌生鳥兒的歌曲。只有僕人聽得懂。正在採集水栗子的人光著身子從水箱裡出來，嘴唇開心得張開，露出猩紅的舌頭。聲音持續了幾分鐘，然後停止，一如它們開始那樣偶然——顯然是在音節的一半，停在次屬音的位置。

這支歌開始、繼續、驟然而終；卻不著一點亞里斯多德式的開頭、中腰、或結尾的痕跡。試以葛伯樂的歌跟義大利歌劇裡的詠嘆調相比。在後者裡我們有個開頭，然後經過某些可以預期的階段而發展到必然的高音高潮、而後有收尾或結局，把整個曲調兜攏得好好的：這是亞里斯多德式合乎理性的音樂形式。然而東方人的歌曲卻困擾西方人的耳朵；它顯得無法了解。其理由在於西方人要求（或者可以說以往習於要求）一種可解性，而東方人不。如果西方人覺得東方音樂「毫無意義」，則東方人很可以答覆說：永遠無始、無中、無結尾而運行不息的大自然本身就是毫無意義的。

所以，東方和西方對藝術形式觀念之間差異的眞正原因，歸根結底，還是在於哲學觀的不同。自希臘時代以來，西方人一直相信存有——一切存有——是可以理解的，相信任何事物都有它的道理（至少，自亞里斯多德經過聖阿奎那以至近代之初的這一主要傳統都認爲如此），並且相信宇宙終究是可以理解的。另一方面，東方人已經在一個有理性的西方人看來似乎毫無意義的宇宙中，接受了他的存在，並且和這種無意義生活成一片。因此在東方人看來，合乎自然的藝術形式應該跟生命自身同樣沒有理性、同樣沒有形式（或同樣有形式）。西方藝術家現在發現，他自己承襲的古典形式不能使人悅服，甚至無法令人忍受；這是由於他整個對世界的看法有重大的改變——儘管藝術家他自己還不能用概念把它表達出來，這個改變的眞實性並不因而稍減。大家不再接受世界終極的可理解性。我們的存在，就我們所知，已非淸楚明晰、可用理智了解，納入一個嚴密而連貫的結構之中。現代畫家跟作家顯示給我們的世界是晦澀而黯淡的。他們的視像主要不靠理智前提的啓示；它是對這一類事物的自然啓示，這種啓示大概唯有藝術才辦得到：它顯示我們所處的地位，無論我們是否願意去了解。如果我們坦然體驗兩項在時間上相隔很遠的藝術作品——但丁的《神曲》和福克納的《聲音與憤怒》——我們就可以明白西方人在這中間的歲月裡經歷過的旅程；這比多少空洞的辯論更加清楚。而且這條既經走過的路是不歸路。

（三）我們所謂現代藝術的平坦化過程中最後而且最重要的一點是**價值的削平**。要了解這一點，我們可以從繪畫最簡單的層次開始；這表示對大小事物都以具有同樣價值一律看待。塞尙以他畫山巒的熱誠畫蘋果，而且個個蘋果都大如山。眞的，在塞尙的一些靜物像裡，如果一個人把圖畫都遮起來，只露出某一塊折疊的桌布，他很可能以爲自己在注視著他的聖維多山的起伏與尖頂。塞尙認爲，繪畫決定它自己的價值：繪畫以外小的大的、高的低的、偉大的平凡的，如果它們在某一特定圖畫裡扮演同樣的造形角色，就都具有相等的重要性。

而這一切和西方藝術的傳統大異其趣；西方藝術對偉大和鄙陋區分得一淸二楚，並且規定最高尙的藝術應處理最偉大的題材。西方的心靈一向都是有等級的：宇宙被認爲是存在的大系列，從最高到最低；而它在同時又是一種價值標準，從最低到最高。畫家應當描繪福音書裡絕倫的景像、偉大的戰役、或是高貴的人物。十七世紀世態畫（genre painting）之興起，是走向我們今日所謂現代繪畫的第一步；但是一直要到目前這個世紀才眞正扭轉了西方的價值觀。時至今日，等級說法已經完全廢棄。立體主義者追隨塞尙，以普通的桌子、瓶子、杯子、吉他之類做爲他們最偉大繪畫作品的主題。現在畫家完全不需對象：他畫布上的彩色形狀本身就是一種絕對的實體，恐怕比傳統畫布上可能處理的假想景像、偉大戰役還來得眞實。因此我們終於到了l'art brut（粗陋或野蠻的藝術）的時代；不僅要打破偉大和粗鄙之間的嚴格分野，也要廢除美麗和醜陋之間的銅牆鐵壁。畫家杜步飛（Dubuffet）是這種風格的比較引人注目的開創者之一；他說過：

> 認為有美的事物和醜的事物，有人麗質天生而有人沒這個權利，這種觀念除了是積習——胡說八道——以外，別無其他根據——而且我要說那項積習是不正確的。……大家見過我企圖掃清一切一切別人要我們不加質疑而認為是高雅美麗的事物；但是他們忽略了我尋求另外一種更博大的美質以為替換的努力；這種美質觸及一切事物和存在，並不排斥最低賤的——而且正因如此，才顯得更令人興奮。……我希望大家把我的作品當做一種努力，要把受到鄙視的價值重新賦予地位；並且當做一項熱情歡慶的作品，這一點至少不要搞錯。……
>
> 我確信，任何桌子對我們每個人來講都可以是一片風景，跟整個安底斯山脈（Andes）同樣取材不盡。……
>
> 一件簡單而不變的事物對人也會有高度的價值，這常使我驚訝不已。例如一個人屋窗每天開向的傖俗街景，隨著時光的消逝，竟在他的生命裡逐漸佔有重要的角色。我常常想，一幅畫追求的最高目標，就是在某個人的生命裡具有

那種功用。

這些觀念，在西方傳統分子聽來，似乎不堪入耳；它們破壞了由來已久的審美標準、默許了最雜亂元素的存在、並且打擊了藝術本身。然而它們卻是東方人很容易可以了解的觀念。東方人從來不像西方人那樣把相對的事物區分得一淸二楚；在東方，唯其在上，所以在下；小的等於大的，因爲在無數宇宙的無限擴展中，每一個單獨的宇宙不過如同恆河兩岸的一顆沙粒，所以每顆沙粒等於一個宇宙。蓮花開在污泥中；一般說來，東方人樂於接受存在的醜渣陋滓，一如他樂於接受生存的美質，不分軒輊。這種品味，西方人是萬萬無法同意的。在此我們關心的問題，並不是西方目前是否正走向一度屬於東方的思想和感情形式。哲學家關心的，乃是在藝術中，我們發現事實上有許多和西方傳統決裂的跡象，或者至少跟一向被認爲是獨一無二的西方傳統決裂；哲學家必須悉心研究這項決裂，如果他想要對這個傳統重新賦予意義。

「藝術家冒著失去過去經驗堡壘的危險。許多現代藝術顯然已經死於這種危險，而結果便是藝術與藝術家的錯亂失序；但是這種危險是人類精神向前邁進之際必須付出的代價。」

西方藝術中價值的削平倒不一定就顯示出一種倫理道德的虛無主義。恰恰相反；藝術讓我們注視到被遺棄的存在本質，因此可能引導我們更完整、更不矯揉造作地讚美世界。在文學裡，判然分明的例子又是喬哀思的《尤里西斯》。發現這本書在精神上不屬於西方的不是文學批評家，而是心理學家榮格（C. G. Jung）；他深深認爲這本書的風格屬於東方式，因此他推薦它做爲白種民族迫切需要的聖經。因爲《尤里西斯》完全打破了西方感性和西方美學，而讓布魯姆（Bloom）一天當中的每一末節——甚至他袋中的東西，如一塊肥皂——都顯得能夠在某些時候具有一種超越的重要性——或者至少跟人們通常所謂超越的事物等量齊觀。喬哀思似乎（如東方人一樣）說，每一粒沙都反映整個宇宙——而這位愛爾蘭作家絕對不是神秘主義者；在他小說所描述的單單一天的過程中，他只不過接受實實在在的經驗。任何這類與傳統的決裂，牽涉到一種嚴重的價值轉換；這當然是危險的，因爲藝術家冒著失去過去經驗堡壘的危險。許多現代藝術顯然已經死於這種危險，而結果便是藝術與藝術家的錯亂失序；但是這種危險是人類精神向前邁進之際必須付出的代價。

至此我們看得出，現代藝術在形式和結構性質上，是一種崩潰而大膽創新的藝術，表現出一個西方文明公認的結構和標準瀕於瓦解或者至少是受到懷疑的時代。然而，這種藝術的內容如何？這種內容告訴我們有關人類的什麼？它以什麼方式強迫哲學家重新估定他對人類的傳統看法？

每一個時代都把它自己的人類意象投射在它的藝術裡。整個藝術史都證實了這個論點，事實上這個歷史自身就只是一連串的人類意象。一個希臘人像不僅是石頭的形狀，而是希臘生活裡面人類的意象。如果你拿一個羅馬貴族的半身像跟一個中世紀聖徒的頭像細細地加以比較——如同安德烈・馬霍在他的《寂靜之聲》(*Voices of Silence*)以極爲敏銳的眼光那樣比較——你無法用形式上的術語來說明它們之間的差異：這兩個頭互相凝視而且互相抵消；它們給我們兩種人類命運和可能性的不同意象。羅馬人的頭像顯示出至高無上的臉——權力與帝國的臉；基督徒則顯出上帝下凡的臉，上天改造的凡人謙卑。即使我們對道家一無所知，我們還是可以從中國宋代的繪畫整理出道家對人類和自然的看法。情形就是如此。無論什麼時候，只要某一文明依據某種人類意象來生活，我們便能夠在它的藝術裡看到這種意象。有時候儘管這種意象沒有用思想表達出來，它還是存在著；藝術家在這種情形下領先哲學家。至於原始的或人文主義以前的藝術則又是另外一回事了；在那裡我們見到的是更爲原始而抽象的意象，因此我們無法在其中看出人類的模樣。在那些原始的文化裡，人文主義還沒有誕生。人類跟他的圖騰動物仍舊太過接近。然而即使在這種藝術裡，如果我們願意，我們還是可以從人類自己個別化的特徵尚未顯現的原始初型諸意象中，看出原始民族生活裡的人類意象——或非意象。

話說回來，現代藝術又如何？我們在裡面可以找到什麼人類意象？

現代藝術家已經發現原始藝術對他們有效，並且發現自己跟它的形式有密切關係。這一點很耐人尋味。不錯，現代藝術家採用原始主題的時候，這些主題對他們的意義跟對原始人的意義完全是兩回事。誰也沒法擺脫三十個世紀的文明。然而，原始藝術在今日對我們具有特別強烈的吸引力，其意義非比尋常。西方人文主義的傳統已經動搖，已經值得懷疑；我們不再能確信我們知道人是什麼，然而我們卻實實在在知道，在這個世紀裡有什麼盲目的力量能夠干擾或摧毀他所謂的人性。於是我們才嚮往比我們所知道的人類更加抽象而不具人格的原始初型人類意象。

現代藝術中唯一不明確的就是它的人類意象。我們可以從希臘藝術、從中古時代、或是文藝復興時期裡挑出一個人像，蠻有點自信的說：「那是希臘、中世紀、或文藝復興時期的人類意象。」我不以爲在現代藝術一片混亂的叢林中，我們能夠找出任何同樣明確的人類意象。但這並不是因爲我們目前還「身在此山中」，所以「不識廬山眞面目」。而是因爲意象的變化太過繁多而且矛盾，無法結合成任何單一的形狀或形式。現代藝術所以不給我們明確的人類意象，豈非由於它已經知道——無論它是否已經用觀念表達出這種知識——人類是超乎任何意象的生物，因爲他不像一粒石子或一棵樹那樣具有固定不變的原素或天性？

「我們的小說越來越注意沒有臉面沒有姓名的主角人物，他同時是每個人又不是任

何人。」

至少，許多現代藝術所關心的只是傳統人類意象的破壞。人類被扯得精光；不僅如此，他還被剝皮、剁成碎片，而他的身體各部灑得遍地都是，像歐塞瑞斯(Osiris)的一樣，甚至沒有希望重新湊攏這些四散的肢體，只好痴痴等待。我們的小說越來越注意沒有臉面沒有姓名的主角人物，他同時是每個人又不是任何人。大概又是喬哀思開創這種肢解行爲，而且他還能使人回想到人類以前的藝術。在奧狄賽(Odysseus)遭遇到瞎眼巨人玻利腓瑪士(Polyphemus)的故事裡，這個希臘人自稱爲ou tis意思是無人，沒有代號汲汲想要找出他自己的地位和責任——這些都不是天賦的東西，而他到死也沒有找出來。這個找不到自己意義的代號，他的存在是有限的，因爲他總是在安全、可靠、有意義、注定的事物之外。現代文學，用雅斯培的話來說，有成爲一種「極端情境」(extreme situations)文學的傾向。它讓我們看到無計可施的人類，和那日常生活中顯得很堅固很現世的一切安慰都隔離了——只要日常生活視爲當然的被接受，這一切就會一直顯得很堅固很現世。

自然，這個沒有臉的主角處處遭遇到空無(Nothingness)。我們如果由於際遇或是命運而落入一個極端情境——遠離了常規、傳統、和安全事物——這時我們便受到空虛的威脅。所謂眞實世界的堅實感，因我們情境的壓力而消散。我們的存在顯示出它自己遠比我們所認爲的有更多漏孔、更不結實——它就像現代雕刻裡那些渾身是洞孔或裂縫的神秘人像一樣。事實上，空無已經成爲現代藝術和文學的重要主題之一；也許它直截了當明白指出，也許它只是穿透作品，好像是人類形體在其中居住、移動、並獲取存有的環境。我們想起雕刻家賈恭梅蒂(Giacometti)所作細長薄弱的形象——似乎受到周遭虛無侵略的形象。「**有些人置身其中而不覺，**」海明威在〈一處乾淨、明亮的地方〉(A Clean, Well-Lighted Place)裡面說。這個故事在六、七頁裡呈現出空無的影像，大概是現代藝術中最具力量的作品之一。他接著又寫道，「**一切都是空無，人也是空無。**」海明威的例子在這裡很有價值，因爲他不是個受到智性主題激起靈感的藝術家；正好相反，他是個記者兼詩人，專心執意要報告出他眞正經驗到的事物，而他所看到並且在這個故事中告訴我們的，便是那時浮現在人類眼前的空無〔譯註：請參閱「附錄」第二六七至二七〇頁，裡面對本故事的主題有更爲詳盡的討論。〕同樣的主題，沙特的故事就可能使我們疑竇叢生；我們有理由相信，這個存在主義作家舞弊，在骰子裡攙上了智性，根據哲學的先入之見來報告經驗。但是如果揚棄海明威有關空無的影像，可能就是對我們自己的經驗視若無睹。

我們再次強調：現代藝術呈現給我們的空無影像，確實表示出一種眞正的遭遇，是本時代歷史命運的一部分。創作的藝術家產生出這種影像，並不是無中生有。而一般說來，觀衆或讀者也都還能對它有所反應。喬哀思的愛爾蘭弟子貝克特(Samuel Beckett)的

《等待果陀》（*Waiting for Godot*）一劇，從頭到尾空無貫穿了每一行；這齣戲在歐洲各首都連演十六個月以上而場場客滿，這時我們只能下結論說，有某種東西正在歐洲人的心智裡作怪；歐洲人的傳統無法完全抗拒，而且還必須痛苦忍受到底。當然，看貝克特戲劇的觀眾從舞臺上認出一些他們自己的經驗；約略的聽到他們自己空洞的回音；並且，用海德格的話來說，體會到他們的「等待上帝」。腓利斯丁之否認藝術家和觀衆的這些反應，不僅是意氣用事和夜郎自大，而且已經不智到危險的地步，因爲他這樣就失去了尋找出自己歷史地位的機會。

我們已經看出，一個時代可從宗教和社會形式顯示出它自己，但最主要或至少最清楚的是表現在它的藝術裡面。透過現代藝術，我們的時代向它自己顯示出它本身；或者至少使那些願意冷靜下來，不盲目不偏頗地注視他們自己時代的人，能夠在它藝術的鏡子裡窺見到它的眞面目。在我們的時代裡，存在哲學以時代的思想代表身分出現；而這種哲學和現代藝術有無數深相契合的地方。我們對這兩者越是加以詳細的審查，就越發覺得存在哲學眞正表現了我們時代的思想，正如同現代藝術表現了我們的意象和直觀。

「今日的藝術家把我們日常生活中的荒謬、不可解釋、無意義統通展示出來給我們看。」

這兩者不僅處理類似的主題，它們的出發點也都是感到西方傳統中的危機和破裂。現代藝術已經拋棄了傳統視爲當然的合理形式。現代藝術不把人類看做希臘傳統意義上的理性動物，而看做別的東西。實體對藝術家來講，也不是西方傳統理性主義認爲可以個別或整體透澈了解的存有大鍊，而是遠爲難以駕馭的東西：晦澀、濃密、具體而終不可解的東西。到了理智的極限，我們遂面臨無意義；而今日的藝術家把我們日常生活中的荒謬、不可解釋、無意義統通展示出來給我們看。

這種西方傳統的決裂使得哲學和藝術感覺到每一事物都值得懷疑，都有待解決。謝勒說，人類之徹底變成他自己的難題，我們的時代首開先例。所以，纏繞現代藝術和存在哲學的主題，乃是人類在他的世界裡的疏隔與陌生；乃是人類生存的矛盾、脆弱、與偶然；乃是時間對於已經在永恆之中失去錨碇的人類的重要而巨大的眞實性。

因爲它是自然流露的，所以藝術帶給這些主題的證據，乃更加可信；它不是出自理念也不是出自任何思維構想。最成功最有力的現代藝術能夠感動我們，因爲我們在其中看到藝術家忠實於他的視像（在藝術中本應如此）。而我們既然認識到人的存在完全因時代而異，就應當把現代藝術的這種視像當做一種兆示：一向存在我們傳統中心地位的人類意象必須重新估價、重新評斷。

「我們這個時代把無與倫比的力量集中在它外在的生活上，而我們的藝術卻企圖把

內在的貧困匱乏揭露出來。」

從現代藝術零零碎碎逐漸顯現出來的新的人類意象中，有一個痛苦的諷刺。我們這個時代把無與倫比的力量集中在它外在的生活上，而我們的藝術卻企圖把內在的貧困匱乏揭露出來；這兩者之間的懸殊，一定會使來自其他星球的旁觀者大爲驚訝。這個時代畢竟發現並控制了原子，製造了飛得比太陽還要快的飛機，並且將在幾年內（可能幾個月內）擁有原子動力飛機，能翱翔於外太空幾個星期而不需要回到地球。人類有什麼辦不到的！他的能力大過普羅米修斯（Prometheus）或伊卡魯斯（Icarus）或其他後來毀於驕傲的那些勇敢的神話人物。然而如果一個來自火星的觀察者把他的注意力從這些權力的附屬品轉向我們小說、戲劇、繪畫、以及雕刻表現出來的人類形狀，這時他會發現到一種渾身是洞孔裂罅、沒有面目、困於疑慮和否定、極其有限的生物。

無論這種力量和貧困之間的對照多麼令人驚惶失措，總算其中還有點可以使恐懼物質力量過大的人們略感安慰的，就好像發現獨裁者是個酒鬼或有其他凡人的毛病，使他們顯得稍有人性。如果我們想要把我們世界的任何一部分從野蠻的武力競賽中拯救出來，我們可能必須像現代藝術那樣提高卑微齷齪的存在角落的價值。可是，在另外一個層次上，這種強烈的對照也很嚇人，因爲它表現出人類岌岌可危的落在他自己的成就之後；而在這種落後之中有原子彈的恐懼，懸在我們頭上好像即將降臨的夜晚。當然這時候普通人對我們的藝術家跟哲學家在這個時代已經開始認眞探究的空無，也略有所悟。炸彈顯示出，人類的存在乃是完全而可怕的偶然。存在主義是原子時代的哲學。

檢討我們的時代，我們已經看到處處都是與西方傳統或在西方傳統裡決裂的跡象和徵兆。既然存在主義和這些預兆有關，而且事實上它本身就是其中之一，我們還是回過頭來看看這個傳統，好知道存在主義的基礎多麼根深柢固。

Ⅱ
西方傳統中存在主義的淵源

The Sources of Existentialism in the Western Tradition

4 希伯來文明和希臘文明
Hebraism and Hellenism

阿諾德(Matthew Arnold)的《文化與混亂》(*Culture and Anarchy*)是一本討論十九世紀當時英國局勢的書，到現在還很有價值。裡面有一章傳誦一時，它的篇名跟書名相同，其中阿諾德寫道：

以國家而論，我們顯示出很可欽佩的精力和毅力，依照我們最光明的路線前進；但是我們大概還不夠謹慎，以確保我們的光明不是黑暗。換句老話來說，我們的優點及可貴的特質是精力而不是智能，但是我們可以給這個觀念加上更寬闊的形式，使它得有更廣泛的適用範圍。我們可以把這種專致於力行的精力，這種高於一切的責任感、自制感、工作感，這種秉著自己良知昂首闊步的誠實，都當做是一種力量。而我們可以把專致於觀念（它們畢竟是正確行事的基礎）的智能，對隨人類發展俱來的新穎變動的觀念組合的熱切追求，以及要求完全了解並適應它們的不可遏抑的衝動，都當做另一種力量。而這兩種力量，在某種意義上，我們可以看成是敵對的——不是由於它們本身的性質，而是根據人類和他的歷史，而成為敵對——並且把整個世界大帝國因此一分為二。如果依據人類兩個最能表現出此二力量的民族來加以命名，我們可以分別稱之為希伯來文明和希臘文明的力量。希伯來文明和希臘文明——我們的世界移動在這兩大影響力之間。在某些時候世界感到其中之一的吸力比較強大，在另些時候則是另一個；而它應當——雖然它從來沒有——和諧而愉快地平衡於這兩者之間。

希伯來文明，在阿諾德看來，有時候太過份像英國維多利亞中期的反國教人士，一臉嚴肅、滿腮鬍子。自阿諾德之後，我們對希伯來的心智已有更多了解，所以我們對它的描繪將更加複雜。不過，以阿諾德這一段親切扼要的話做開場白也很適當；它將這兩大類型的區別認識得很正確，並且以明澈的文字表達出它們由來已久的鬥爭。

阿諾德說得很明白，它們的分野起於行與知之間的差異。希伯來重實踐，希臘重知識。正確的行爲是希伯來的終極目標，正確的思想則是希臘人的。責任和一絲不苟的良心是希伯來人生活中的大事；對希臘人而言，重要的是能夠自然而清楚的展露智能。因此希伯來人高舉各種道德優點爲生命的內容和意義；希臘人卻把它們附屬於理智優點之下，而且阿諾德說得好：「在亞里斯多德來說，道德優點不過是追求理智的門徑，只有後者才是幸福。」至此，這一切都很淺顯：差異在實際與理論之間，在道德人和理論人或理智人之間。可是阿諾德又繼續談到似乎屬於題外的另外一點：

> 要求擺脫個人的愚昧、認清事物的真象、並從而體認到它們的美質，這便是希臘文化揭櫫於人性之前，簡單而引人的理想；而從這個理念的簡單和魅力，希臘文明以及希臘文明之下的人類生活乃瀰漫著一種無形的悠閒、清澈、和光輝；充滿了我們所謂的甘美與光明。困難被摒於視域之外，倒是理念的美麗與合理盤踞了我們所有的思想。

儘管阿諾德羨慕這種甘美與光明的理想，他還是覺得它可能沒有考慮到人類處境困撓的一面，於是他繼續引述一段或許是卡萊爾(Thomas Carlyle)說過的話：

> 「蘇格拉底，」根據這個說法，「在天堂裡十分愜意。」希伯來文化——而這就是它驚人力量的來源——一向嚴肅地認為在天堂裡不可能愜意；認為人類追求完美的過程中困難重重。而在蘇格拉底說法裡卻變得那麼有希望，幾乎是天花亂墜。說什麼祛除愚昧，說什麼認清事物的真象，說什麼認識事物的美

麗，這一切說說倒挺好；只是，如果有阻撓、破壞我們任何努力的某種東西存在，又怎麼能夠做到這一切？

這個某種東西就是罪。

阿諾德這裡看出，在聖經信徒(Biblical man)內心深處，有某種不安蠢蠢欲動；而這在偉大希臘哲學家對人的觀念裡都找不到。這種不安指向人類存在的另一個更重要的範疇，不只是知與行、理智與道德之間的差異。顯然，阿諾德介紹進來罪的觀念，想要把聖經信徒這種不安跟他的主要論題——道德實踐和理智文化的區別——聯繫起來。然而人在聖經裡經驗的罪惡感——例如在〈詩篇〉或〈約伯記〉裡——不可能僅限於個人存在中和他道德行為有關的一隅。這種罪惡感貫穿了人類整個的存在：他虛弱、有限的裸立在上帝面前的生物罪惡，其實就是人的存在。這種認為人類有限的觀念超出了實際與理論、道德與智識的分野，而把我們帶到造成一切差異的中心。

我們重新思量阿諾德對希伯來文明和希臘文明的區分，就必須由這個中心開始。從阿諾德的時代到現在，我們不僅對希伯來思想而且對希臘人也已有很多的了解；因而我們勢必要把他對後者那種無形的光明和悠然的描繪加以修正。阿諾德筆下光彩而和諧的希臘人是來自他承襲的十八世紀古典主義餘緒。我們現在對希臘的悲觀主義以及隨之而來的消極人生已經大有認識。我們對奧非斯(Orpheus)信念了解更多，它們對人類罪惡和墮落的情況有自己一套強烈的認識，並且深深影響到柏拉圖。柏拉圖說人體是一具墳墓，說做哲學思維無異學習死亡，這話不只是隨便散佈一些無聊的修辭比喻。從他得自奧非斯和畢達哥拉斯的淵源，我們可以看出柏拉圖的整個哲學衝動起於一種熱烈的追尋，想要從世界的罪惡跟時間的崇限中求得解脫。尼采在近百年前首先看出，希臘人並不是無端產生出他們的悲劇。希臘悲劇來自對人生痛苦與邪惡的一種尖銳認識。

不過，阿諾德對希伯來跟希臘之間的區分，在基本上還是對的，那是根據這兩個民族對人類的貢獻而分：希臘人給我們科學和哲學；希伯來人給我們聖經。沒有其他的民族——中國人沒有，印度人也沒有——產生出**理論**科學，而且希臘人對理論科學的發現或發明，一直是西方文明不同於地球上其他文明之處。同樣的道理，西方宗教的獨特性在於它的希伯來淵源，而西方的宗教史乃是希伯來精神起伏盛衰的故事。

希伯來意義的信仰人

然而聖經並不是希伯來文化的眞正中心。這個中心其實是聖經的基礎和依據，如果沒有了它，聖經——即使在最形式化的傳統中——只是個空洞的軀殼。在這裡我們的思維必須超過阿諾德。當然聖經，包括它的儀式和誡律的嚴格拘束性質，在猶太人受苦受難的幾世紀以來，一直是穩固猶太社會，並使這個民族不致滅絕的力量。可是，如果我們追溯到希伯來源頭，追溯到聖經裡顯示出來的人，則我們看得出，這個道德法則的根基裡，隱藏有某種更爲原始、更爲基本的東西。如果要看到這一點，我們需要重新閱讀約伯記——讀的方法要能超越阿諾德而進入我們自己的時代；讀的時候要有一種歷史感，知道著書者的原始生存方式。約伯記的結局，在我們後來讀者認爲是無可逃避的；對前人來說，並非如此。幾世紀的熟稔和遺忘，已經使我們無法感觸到人神衝突的激烈，而這正是故事的關鍵所在。以前的人第一次看到他宗教誡律以外的事物，覺得約伯面對他的造物主並且要求解釋祂的行爲這中間有普羅米修斯式的興奮。在希臘人方面，跟這個可以相比的階段，是開始對諸神及其行徑加以批評式的哲學思維，也是第一次把理性的清醒作爲一種工具，來檢討那傳統而富於儀式的宗教。可是，希伯來人採取的不是理智的方法，而是由激越衝動的完整人——約伯——來和巨大不可知的上帝相衝突。而且約伯最後的辦法，跟在生命中一樣，不是合理解決問題，而是把整個的人改頭換面。約伯跟上帝之間的關係，套馬丁・布伯的話來說，就是一個「我」和一個「你」之間的關係。這種關係要求每個人以完整的身分面對另一人；這種衝突不是兩個理性的心靈互相要求一個能夠滿足理智的解釋。約伯和上帝之間的關係是在存在的層面上，不在理智的層面上。西方後期哲學傳統慣用的「理性懷疑」一辭，約伯就算在反抗之際也從來沒有想到過。他跟上帝的關係從頭到尾一直是信仰的關係；不過，這種信仰出乎反抗、憤怒、沮喪，以及混沌等等形式。約伯說：「他必殺我，我仍信賴他，」但是他還同樣強烈補充了一句，卻是我們平常沒有注意到的。他說：「然而我在他面前還要辯明我的行爲。」約伯在他信仰的許多層次和轉變中頗似那些原始的民族，他們可能打破、辱罵、或吐痰在一個不再受寵的神像上。同樣地，詩篇第八十九首裡，大衛譴責耶和華，爲了祂加諸祂子民的所有痛苦折磨；而無疑地，在歷史的這一階段裡，信仰十分眞實，乃致人可以叫上帝來說明他的行爲。這是個接近原始的階段，卻又跨出原始一大步：因爲希伯來已經加上了一個新的元素——信仰——並且把原先只是原始人對上帝的憤怒向內收斂。信心一旦橫溢，它便敢於表達它的憤怒，因爲信心把整個的人向上帝開放，所以必能包容人類的一切存在模式。

信心是信任——至少最先是我們日常生活中說我們信任某某等等意思。信任也者，是兩個個體之間的關係。信心先是信任，然而才成爲信仰——信仰法條、教條、以及教義；後世的宗教史遂因此掩沒了這個字的本義。做爲一個人向另一個人開誠佈公的信任，信心並不牽涉到有關信心和理智地位的問題。那個問題之起，只不過是後來信心已經變成所謂定理一般，以聲明、教條、制度來表達它自己。信心先是人類存在的具體模式，後來才變成爲對定理的思想上的同意；正如眞理先是人類生存的具體模式，後來才成爲定理式的眞理。尤有甚者，這種信任包含了一個人的憤怒和沮喪，包含了他的骨和肉——一言以蔽之，他整個的人。它並且不允許靈魂自肉體分家，不允許理智自人類沒有理性的另一半分家。在約伯記和詩篇中，人是血肉之軀，而他之為生物的存在，屢屢以軀體的意象描繪出來：

求你記念，製造我如摶泥一般；你還要使我歸於塵土麼？
你不是倒出我來好像奶，使我凝結如同奶餅麼？
你以皮和肉為衣，給我穿上，用骨與筋，把我全體聯絡。

而詩篇第二十二篇談到遺棄感和昏迷感的時候，它使用的不是高貴的內省語言，而是肉身最有力的號叫：

我的上帝，我的上帝，為什麼離棄我？……

但你是叫我出母腹的：我在母胎裡，你就叫我有依靠的心。
我自出母胎就被交在你手裡：從我母親生我，你就是我的上帝。……

我如水被倒出來，我的骨頭都脫了節：我心在我裡面如蠟熔化。
我的精力枯乾，如同瓦片；我的舌頭貼在我牙床上；你將我安置在死地的塵土中。

新教後來企圖恢復人和上帝正面相逢，但是只能製造出蒼白而毫無血色的贋品，不是簡單、有力、而又完整的聖經信仰的原樣。新教的人已經拋棄了他肉體的外殼。他是精神和內在的生物，卻不再是我們在聖經裡面看到的血肉之身。新教的人絕對不敢面對上帝並要求祂解釋祂的法則。這種時代，早在宗教改革之前，已成過去。

由於聖經人是血肉之軀，他和塵土乃深相關聯。「求你記念，製造我如摶泥一般；你還要使我歸於塵土麼？」必歸塵土，所以必趨死亡：是時間的生物，他的存在純然只是瞬時的；在聖經裡，永恆——人類的永恆——的意念比不上強而有力、經常出現的人類必死意象。上帝是恆久不變的；雖然祂和人類正面相對，卻不是人類所能了悟、所能比較的。至於人類，在他的造物主面前不過是個空無；像其他的塵土生物一樣，只有極短的生命，他瞬時性的實質一律被擬爲風和影。

人為婦人所生，日子短少，多有患難。
出來如花，又被割下；飛去如影，不能存留。

希伯來文明沒有包含永恆的本體界；而希臘哲學，透過柏拉圖，卻編造出來，藉此而從時間的惡魔中獲得思想上的解脫。像這一類永恆的本體界，只有對一個超然的知識分子才可能；這種人，用柏拉圖的話來說，變成一個「所有時間和所有存在的旁觀者」。認爲哲學家是最高的人類類型——一個專擅理論的知識分子，他從永恆之點，可以方便的觀察到所有時間和存在——這種理想和希伯來對信仰人的觀念截然不同；信仰人十分熱情地獻身於他自己必死的存在。超然，在希伯來人看來，是一種不能容許的心靈狀態，是罪惡而不是美德；或者可以說這是聖經人還無法想像的東西，因爲他還沒有到達希臘人純理抽象的階段。他的存在受到塵世太多束縛，肩負了太多咄咄逼人的死亡意象，因此不容他去經歷哲學家的超然。聖經人的心靈裡未曾想到靈魂的不朽可以做爲思想的實質（而且那種不朽性還可以用理性證明）。果眞他希望逃避死亡，那也是根據他個人的信念，認爲他的造物主會再度起他於塵土中。

凡此都超出了阿諾德簡單的道德人和理智人的對比，雖然無礙於他基本上的分野，而只是更作深入探討。綜上所述：

（一）希伯來文明理想的人是信仰人；就希臘文明而言，至少表現在它兩位最偉大的哲學家——柏拉圖和亞里斯多德——的哲學上，理想的人是理智人，是哲學家；而做爲所有時代所有存在的旁觀者，他必須超於這一切。

（二）信仰人是完整而具體的人。希伯來文明並不仰望絕對和抽象的事物；它注視的總是具體的、特別的、單獨的個人。希臘人則反是。他們是歷史上第一群思想家；他們發現了絕對抽象的事物，發現了永恆的本質、形式、和理念。對這項發現（這等於是理性功能的最初顯現和分化）的渾然陶醉，使得柏拉圖認爲，人類只有活在永恆之中才算活著。

（三）希臘人後來有一種理想，以爲**超然**是智慧的途徑，只有哲學家能夠涉足。「理論」(theory) 一字源於希臘文的動詞 theatai，意思是注目、觀察，也是劇場 (theater) 一字的字根。在劇場裡，我們是行爲動作的旁觀者，自己沒有參與其中。由此類推，理論人——哲學家或純粹科學家——以超然的態度觀察存在，如同我們在劇場裡注視佈景和形象；因此，用齊克果的話來說，他只生存於存在的美學層面上。

希伯來文明強調的是**獻身**：人和他自己的生命（同時是肉身也是靈魂），和他的子孫、家族、種族、以及上帝發生強烈熱情的關聯。在希伯來人思想看來，一個人如果缺乏這些關聯，必然只成爲眞正存在的人身的蒼白影像而已。

（四）永恆對希伯來人而言，是一個相當晦澀的觀念，除非它存在於可怕而不可知的上帝。希臘人卻認爲永恆是人類可以不斷透過他的理智而獲得的東西。

（五）希臘人發明了邏輯。他把人類界說爲理性動物，其實是說邏輯動物，to zoon logikon；或者說得更確切些，是有語言的動物，因爲邏輯 (logic) 一字源於動詞 legeiu，意即說、講、言談。人類是言談能夠前後關聯、合乎邏輯的動物。

希伯來人認爲，思想的地位可以用約伯朋友們愚蠢狂傲的胡言亂語做代表，他們的爭論從來沒有觸到問題的核心。理智和邏輯乃是愚人的寶貝，沒有接觸到生命重大的問題；這些問題發生在言語無法企及的深處——信仰最終的深處。約伯在該書結束的時候說：「我從前風聞有你；現在親眼看見你。」

（六）希臘人追求美和善，認爲是同一件事物，或至少總湊在一塊兒；事實上他給這兩件事物一個名稱：美善，to kalokagathia。阿諾德提到的希伯來的罪惡感，則對人類生存痛苦難癒的方面太過敏感，乃至無法輕易把善和美看成一件東西。聖經人的罪惡感也就是他對自己強烈有限性的殘缺不全的感受。所以他的善有時候必須戴上醜陋的面具，正如美在他來講也許是邪惡和腐敗的璀璨外衣。

我們不必窮舉這些條目。要緊的是弄清楚它的中心直觀，因爲透過這種直觀，我們得視這兩種對人的看法。讀者們或已發現：希伯來人的特點正是存在哲學一直企圖發掘並帶給我們時代反省意識的特點；現在正是希伯來宗教（也就是西方宗教）對多數人群已經無法保持它絕對有效性的時代。

這個簡單的比較，大概稍微偏重了希伯來文明這一邊。然而，我們有必要糾正阿諾德（他代表了一個至今依然流行的觀念）留下的印象，認爲希伯來文明的主要內涵乃是它偏向道德的力量和意志。我們必須堅持希伯來文明中一項純粹理性的內涵：聖經人也有他的知識，雖然它不是希臘人的思想知識。它不是人類可以光憑理智而得的，或者說，根本無法憑理智獲得。而是得自血肉、軀幹，得自信賴、憤怒、紊亂、愛心、以及恐懼；得自他在信仰中熱切依附他永遠無法用思想去了解的那個存有。這種知識，人只能從生活中獲得，而不是靠推理，而且到最後恐怕他還說不出一個所以然；而其為知識則一。希伯來文明在它的源頭上有這種知識。當然，我們有點偏頗的嫌疑，因為我們討論希臘文明，多少是依據哲學家所說的，尤其依據哲學家柏拉圖；但希臘也產生過悲劇詩人伊斯基勒斯(Aeschylus)和梭弗克里斯(Sophocles)，他們有另一套的生命知識。不過，希臘的確產生了哲學、邏輯、科學——並且還產生了柏拉圖，他把希臘人徬徨於理智和人生無理事物的一切含糊曖昧都加以清結。

希臘理智

「兩千五百年的西洋哲學不過是柏拉圖的一連串註腳。」——懷德海

定居美國的英國哲學家懷德海曾經說過，「兩千五百年的西洋哲學不過是柏拉圖的一連串註腳。」儘管「註腳」一辭具有侮蔑的反諷意思，我們還是可以把這話當做完全正確。柏拉圖以後，西方哲學一切論點、問題、乃至許多術語都是萌芽於他的作品裡。所有後世的哲學家對柏拉圖都顯示一種子女的依賴性——即使反柏拉圖陣營中的偉大英雄亞里斯多德也不例外。而雖然存在哲學是打破這個柏拉圖傳統的一項根本努力，可是說來令人難以置信，柏拉圖的思想竟也有存在主義的一面。這就是柏拉圖做爲人以及哲學家的宏富與曖昧之處。

柏拉圖是因爲思想的改變而開始他哲學的生涯。這當然是一種存在主義式的開端。傳記家告訴我們，他原打算做個戲劇詩人，但是青年時代遇到蘇格拉底以後，他把自己所有的原稿都燒掉，並且獻身於智慧的追求，這正是蘇格拉底捨命以赴的。從此柏拉圖的餘生就跟詩人奮戰；這場戰爭，首先，乃是跟他自身裡的詩人作戰。經過那次跟蘇格拉底改變命運式的會面以後，柏拉圖事業一步步的進展，可以名爲「詩人之死」。然而柏拉圖自身裡的詩人部分沒有完全斷氣，儘管他極力譭謗詩人。甚至到後來他還回到一個創造的大神話——《提米亞斯》(*Timaeus*)——裡，雖然這是以科學和形上學的寓言方式叙述的。他的事業乃是理智之戰勝詩歌和神話的功能，或者說是力圖獲得那項勝利的奮鬥；而特別値得注意的是：這種事竟發生在如此富於詩才的人身上。

然而這不僅是個人傳記裡富有戲劇性的一幕而已：這是西方歷史上最有意義的一件事，因爲這種事情只能發生在柏拉圖這種偉人身上。在柏拉圖身上，理性的意識成了一種特殊的心理功能，這是人類有史以來的第一次。（也許蘇格拉底先他而有這種成就，但是我們對於哲學家蘇格拉底的了解全部得自柏拉圖的作品。）把希臘跟同樣高等的印度和中國文明比較一下，便可以衡量出這種理智的崛起有多麼重大的意義。在接近希臘蘇格拉底以前的時期裡，印度和中國的聖哲輩出；然而無論在印度或在中國，理智都沒有脫離人類的其他心靈實體，脫離他的感情和直覺而完全單獨存在，自成一體。東方人一直是直觀的，而不是理性的。偉大的聖哲如釋迦和老子固然超出神話之上，但是他們並沒有成爲理智的使徒。理智之從無意識的原始深淵中提升起來，乃是希臘人的功勞。自從這種分化，希臘文明乃具備了有別於東方文明的特性。科學本身是純粹西方的產物，完全得力於這種理智的分化以及把理智當做人類至高無上的權力。

我們在柏拉圖作品見到的這種理智之興起，是一次重大歷史事件，貫串了柏拉圖的一生。要計算這一整段時期，我們可以標舉出兩位比柏拉圖還早的思想家，希拉克里特斯(Heraclitus)和巴門尼狄斯(Parmenides)做爲開端，他們大致盛行於西元前四八〇年；這項成就結束於柏拉圖的弟子亞里斯多德，他眞正把柏拉圖在後期學院草擬的理性理想發揚到極致。西元前三九九年，蘇格拉底被處死刑，罪名正是理性主義——在保守的雅典人看來，這種理智的活動推翻了部族的神祇。這些年代可以當做一條曲線上的點，而這條曲線，便是人類在他的歷史中極有意義的一條。從西元前四八〇年希拉克里特斯和巴門尼狄斯的時代起，到西元前三二二年亞里斯多德逝世止，時間上不過一個半世紀。在那一個半世紀的歲月裡，人類步入了理性動物的歷史。

「蘇格拉底以前的思想家對自然具備開闊的直觀看法，在亞里斯多德的身上，已經被科學的嚴謹所取代。」

巴門尼狄斯和希拉克里特斯乃是異象家，是預言家。巴門尼狄斯以詩為文，他的詩一開始就說，所描寫的是女神保證錯不了的景象，因為女神載著詩人在她的馬車裡，遨遊於日夜的宮門之外。希拉克里特斯的話晦澀而類似預言，而其本意就是要人家把它當做預言——以幻想形式透露真實。希臘文「我知道」一詞oida，是動詞「看」的完成式，意思是說「我看到過」。所謂知者，乃是看到過的人，是見過一種景象的人。對先民來說，聖人賢人就是解說預言、夢境的人，是算命的，是僧侶。而且他是個詩人，趁著訴說本族的「重大夢想」之際，透露出它最隱密、最深邃的智慧。在亞里斯多德和柏拉圖生活的一個半世紀結束的時候，這種理想的聖人轉而成為具有純粹智慧的人，它的化身便是理性的哲學家以及理論科學家。蘇格拉底以前的思想家對自然具備開闊的直觀看法，在亞里斯多德的身上，已經被科學的嚴謹所取代。

時至今日，我們已經把理性意識視為理所當然，在日常生活裡我們也十分沉潛於它的作用之中，乃至於我們很難一下子設想出，這件歷史事故在希臘人當中意義多麼重大。儘管我們的時代深受進化觀念影響，我們卻不能輕易自然想到，意識本身也是經過長時期演進而來的東西，甚至到今天還在我們身上繼續演進。一直要到本世紀，透過現代心理學，我們才知道意識對生活的支配力多麼靠不住；而我們也因此更淸楚明白，想研究探討意識需要多少歷史、多少工夫，有時候還必須做某些創造性的跳躍，把它伸展到它素來的領域以外。我們見過人家以寫社會史或經濟史的方式來寫哲學史，或者用各種社會學的觀念來詮釋，然而我們還沒有完全把哲學史當做人類心理進化的一部分而加以掌握。不過，這裡的進化觀念，當然不能拿十九世紀簡易的單線思想方式，例如黑格爾和史賓塞(Spencer)來解釋，而應該注意到它全部的具體性和曖昧性——同時是得也是失，是進也是退。

柏拉圖對理智的讚美最能說明這最後一點。希臘人的發現，代表人類向前邁進了寬闊而必要的一步，但也是一種損失，因爲人類存有的原始完整性因而受到分割，或者至少是被推到幕後。我們從此來看《菲茱斯》(*Phaedrus*)書中著名的靈魂神話；理智是馬車的御者，掌握著白馬和黑馬的轠繩——白馬代表人類勇猛或情感的部分，是比較馴然受理智駕馭的；黑色不馴的馬則代表嗜慾或慾望，必須靠御者鞭撻才肯就範。馬鞭和轠繩只能傳達出強制和羈勒的概念；而唯獨御者具有人類的臉龐，至於人的其餘非理性的部分，都是以動物的形體呈現。理智既是人類神聖的部分，乃和他內在的動物部分分隔——事實上是屬於另一種本性。在這一點上，我們跟中國先民留傳下來的另一種明與晦的象徵相去甚遠。有名的陰陽兩力的太極圖，其中明與晦在同一個圈圈裡並排，晦暗的部分透進一點光明，而光明的部分也透進了一點晦暗，象徵著兩者必須互濟，光明需要晦暗，反之亦然，方能使兩者圓滿。在柏拉圖的神話裡首先出現了理智和非理性的隔閡，成爲西方長久肩負的包袱，直到這種二元論在現代文明中以最激烈的形式震動世人。

對理性同樣超人性或非人性的頌揚，見於柏拉圖另一個神話中——《共和國》(*Republic*)裡洞穴的寓言。這個神話開始是按照實際的人類情況做十分黯淡的描繪：人們坐在洞穴的黑暗裡，上了鎖鍊，背向著光明，所以只看得見投射在他們面前壁上的東西的陰影。有一個囚犯獲得自由，轉過身來看到了先前只見其影的東西，以及造成影子的光明本身；他甚至可以到洞口去看那一頭的太陽。

這個神話代表人類從黑暗進步到光明，從蒙昧到知識，從被棄到獲救。據說，柏拉圖青年時期曾經鑽研過柯瑞提勒斯(Cratylus)的學說；後者是希拉克里特斯的門徒，認爲萬物皆不斷消長，無法逃避死亡和變動。年輕的柏拉圖受到這種見解的折磨，矢志要在永恆中追求一處避難所，以逃避時間的不安和挫折。所以數學對他才有那麼大的吸引力，因爲它開啓了永恆眞理的一片天地。在這裡人類至少可以在純粹思想中找到一種對時間的逃避。永恆形式或觀念的理論也所以才對他具有極大的情感力量，因爲這些乃是人類追求得到的永恆境界。我們不能把柏拉圖的理性主義當做像後世歐洲啓蒙時期那樣的冷峻科學計劃；我們必須把它當做一種熱切的宗教學說，是一種理論，保證人類可以從他一向最畏懼的東西——死亡和時間——中獲得解救。柏拉圖之特別強調理智，本身便是一種宗教式的衝動。

光明和黑暗代表人類獲救和被棄的相對狀態，舉世皆然。見於任何文化中——於印度教、佛教、道教、以及基督教的思想。聖人賢人總是穎悟之士，行走在光明之中的人。柏拉圖的神話，如果只當做一個故事，可以應用在這些宗教的任何一個裡。然而柏拉圖對它的應用卻完全自成一家，跟其他任何宗教的應用方法相去甚遠。因爲結束這個故事之後，柏拉圖繼續把它解釋成一個寓言：神話裡從洞穴到光明的過程，跟國內戰士受教育的眞正階段相符合；而這一教育的主要內容，從二十歲到三十五歲的全部內容，將是數學和辯證法。在這一點上，我們想像得到，偉大的東方聖人如釋迦或老子會有不同的看法：他們追求的穎悟是個人的解脫，不會得自這種嚴格的理性和邏輯訓練。而且根據我們自己對專家數學家觀察的結果，認爲他們是人類中最完整無缺的心理樣品這種說法根本站不住腳。從柏拉圖對數學的格外重視，我們看到畢達哥拉斯學派的痕跡猶在：數學享有神聖的、宗教式的地位。

柏拉圖之強調數學，源於他的觀念理論：宇宙裡「眞正眞實」的事物，ta ontos onta，乃是普遍的觀念。個別的事物只是半眞半假——只有在它們參與永恆的普遍觀念之際才是眞的。普遍觀念是眞的，因爲它永恆；變化不定的個別事物只具有一種實在的影子，因爲它會消逝，一消逝就好像不曾存在過。人性這個普遍觀念要比任何單獨的個人都更眞實。這便是柏拉圖學說傳給一切後世哲學最重要的強調，而當代存在哲學反抗的也在於此。十九世紀的齊克果和尼采首先對換了這種柏拉圖式的價值天平，並且確認個人、單獨的一人，比普遍的觀念更加重要，正因爲他是普遍類型的一項例外。

柏拉圖認爲眞正的存有，「眞正的眞實」，就是觀念；他的其他一切都由此而來。舉例而言，藝術處理的既是感覺的對象，便是個別的事物，因此它處理的只是影像，它本身就是一種虛妄無稽。哲學和理論科學比藝術具有更高的價值，因爲眞理只在它們裡面顯現，而不是在藝術裡。眞理早先的意義還包括詩人所說的話，但是在這裡已經變成一種純粹理智的觀念。從心理學上說來，柏拉圖觀念理論之重要，在於它把重點從感官的實在轉移到超感覺的實在上。在當時，若非如此恐不足以擔負起歷史的任務：要想叫人類進入理性動物的時代，就必須使他確信，他推理的對象——觀念——要比他自己的個體或是構成他的世界的個別事物來得更眞實。邁向理性主義的大步竟也需要它自己一套神話——這大概永遠是人類進化的曖昧之處。

如上所述，柏拉圖的思想認爲永恆比現世、觀念比個體、理智比人類非理性的那一半更有價值（價值便意味著那「眞正是眞實的」）。在這一切衡量中，柏拉圖的思想完全是反存在的——是一種本質的哲學，不是存在的哲學。然而它認爲推理思維的活動在基本上是個人解脫的一種手段，這又是存在的論調。柏拉圖並不認爲形上學就是形上學，是哲學裡純粹理論性的一支，專門鑽研存有之爲存有。他一直到死都是個雅典人，換句話說，他對政治生活，Polis，的興趣最大，人類其他一切的興趣都屬次要。雅典沒有產生形上學者；這些都來自希臘世界的其他各地，來自愛奧尼亞、米里希亞、西西里、南義大利；而且奠定形上學爲一派嚴格獨立學說的是亞里斯多德，他來自馬其頓尼亞首都史塔吉拉。但是在柏拉圖這個雅典人看來，一切形上學的思維不過是人類熱切追求理想國度和理想生活方式——簡言之，追求拯救人類之途——的手段。蘇格拉底栩栩如生的形象籠罩了早期所有的對話，因爲對年輕的柏拉圖來說，蘇格拉底這個人就是哲學之爲一種具體的生活方式，一種個人的內在追求和反覆探尋的化身。齊克果在二千多年以後抬出蘇格拉底——這個身體力行自己思想，而不僅是學院教授的思想家——做他存在思想的先驅，意義也在於此。這一切增加了柏拉圖作品的豐富和曖昧。但是隨著柏拉圖理性主義的發展和系統化，我們看得出蘇格拉底本人的形象經過一些徹底的轉換。在早期所謂「蘇格拉底的」對話裡，蘇格拉底的個性是以明顯而生動的筆調寫出；可是，慢慢他成了一個名字而已，成爲柏拉圖日漸有系統的看法的傳聲筒，而且對話漸成獨白，成爲正式的論文。在《菲茱斯》裡，蘇格拉底仍舊是詩人的朋友：他告訴我們，人類一切偉大的稟賦都得自一種神啓的瘋狂，而繆思窮追不捨的詩人，在人類價值系統的地位上接近哲學家。然而，在後期的對話《詭辯者》裡面，詩人跟詭辯者同樣聲名狼藉，被視爲非存有的販賣人，做著虛妄無稽的交易。這時候蘇格拉底本人的形象，已經從有血有肉的人退縮成一個徒具影子的抽象推理者。到後期的對話裡，他甚至擔任卑不足道的工作：《詭辯者》的主要人物是來自伊里亞的陌生客；《法律篇》的主要人物是雅典來的陌生客；而《巴門尼狄斯》裡，可敬的巴門尼狄斯對蘇格拉底大談錯綜複雜的辯證學。個中一部分原因可能只怪記憶日漸褪色：逝於西元前三九九年的蘇格拉底對年輕的柏拉圖的心靈影響極為重大，因而在此後三、四十年間他確實支配了柏拉圖的生命；然而隨著時光的消逝，即使這位鮮明的人物也逐漸褪色，並且由於不自覺的補償心理，柏拉圖乃到後來必須肯定自己，以便和蘇格拉底相抗擷。那些身分不明的人物——來自伊里亞和雅典的陌生客——乃是柏拉圖他自己，是他個性中無法藉蘇格拉底的嘴說話、但終於迫使自己受到承認的那些部分。由於他和蘇格拉底的會面，柏拉圖不再做詩人，而且到了最後，在他最不具詩意的對話《法律篇》裡面，他建議把那些反對國家宗教正統思想的人處以死刑——這正是蘇格拉底被雅典正統處死的罪名，也正是柏拉圖選擇哲學做為自己事業而起來反抗的原因！到了最後，他不知不覺竟報復了那支配他一生的人。

「西方一直在希臘人的陰影下思維；即使在後來的西方思想家起而反抗希臘式智慧之際，他們也是利用希臘人替他們奠定的方式，來思維自己的反抗。」

始於蘇格拉底以前的一大歷史週期，到了亞里斯多德而告一段落；這時哲學已經成為純粹理論而客觀的學科。我們現在視為學術的哲學，它的主要分科在當時就已奠基。

智慧被視同形上學，或是「第一哲學」，是一種客觀而理論的訓練：存在主義者蘇格拉底的陰魂終於安葬了。（如果我們留心一下華納・耶格(Warner Jaeger)確立的亞里斯多德一己發展的經過，那麼這個歷史大曲線的演進就更爲清晰：亞里斯多德年輕時候還是個柏拉圖主義者，他在當時認爲哲學是個人熱情的追求，想自生死的輪迴中獲得救贖。）西方人所了解的科學已經奠下了基礎；因爲理智已經和神話的、宗教的、詩歌的衝動分家，使這成爲可能；過去它們是混成一體，所以理智沒有它自己淸晰可辨的身分。

西方一直在希臘人的陰影下思維；即使在後來的西方思想家起而反抗希臘式智慧之際，他們也是利用希臘人替他們奠定的方式，來思維自己的反抗。所以我們如果想要了解後來的某些反抗，尤其是現代存在哲學企圖超越它而思想的努力，那就必須了解希臘理性主義的一切深度和廣度。希臘人的理性主義不是對理智漫不經心的讚頌，可以任由今日演說者對學院聽衆隨意發揮。希臘人在思想上徹底、嚴格、而大膽——而當他們把理智放在人類體系的頂點之際，尤其如此。藝術家和思想家，誰比較偉大？創造音樂的莫札特(Mozart)是否不如解釋聲音本質的理論物理學家韓默茲(Helmhotz)？英文世界裡最偉大的詩人莎士比亞和英國最偉大的科學家牛頓(Newton)，他們的生命究竟哪一個比較高超？今天的我們可能躊躇無法回答這些問題；甚至缺乏自信之餘，我們還會認爲這樣問毫無意義而拒絕答覆。希臘人則不然。如果一個希臘青年覺得他喜歡詩歌也喜歡理論，想要選擇其中之一做爲職業，那麼他會要先知道哪一個是較佳的生命；而柏拉圖和亞里斯多德會毫不隱諱地回答說：理論的生命比藝術家或從事實際政治者的生命都更高超——推而言之，甚至比聖徒的生命還高超，雖然他們在當時還不知道這種存在。在他的《尼可馬克士之倫理學》（*Nicomachean Ethics*）一書中，亞里斯多德給我們一幅十分圓融週到的圖畫，描繪人性以及人性所能致力的各種不同目標或善行；然而倫理問題對他來說懸而未決，要到他宣布這一切可能的善行中何者最佳，才算有了定案；而在該書的第十卷也是最後一卷裡，他表示出一己的好惡（卻說成是客觀眞理），認爲純粹理智的生命，也就是哲學家或理論科學家的生命，才是最高的生命。在此我們必須仔細體會他自己的話：

> 看來這（理智）也是每個人真正的自我，因為它是優越而較佳的部分。然則如果他不選擇自己的生命而選擇他人的生命，寧非怪事？……對每個人自然合宜的事物，乃是對他最高超最愉悅的事物。所以，對於人類，這便是理智的生命，因為理智，在最高的意義上說，乃是一個人的自我。（《尼可馬克士之倫理學》，十卷，七。）

亞里斯多德告訴我們，理智是我們個性中最高超的部分：是人類個人眞正存在之所賴。因此，一個人的理智乃是他眞正的自我，是他個人身分的中心。這是說得最露骨最強烈的理性主義——一個人的理性自我是他的眞正自我——而這種理性主義控制了西方哲學家的觀點，以迄於現代。即使是中世紀的基督教，在吸收亞里斯多德學說的時候，也沒有更換這個亞里斯多德原則：它只是把信仰做爲個性的超自然中心，把理智做爲它的自然中心，而把兩者不安的聯繫在一起；自然人仍舊是亞里斯多德式的人，他的眞我是他理性的自我。

亞里斯多德不像柏拉圖那樣，有一個永恆本質的世界（只有這個世界是「眞正的眞實」）來確保理智的首要地位。然而，他也爲這個首要地位找到了一個玄學上的證據，因爲一切存有都是奠定在第一因。亞里斯多德說，要想了解，便要了解這個原因；而人類的理智可以獲知萬物的第一因，也就是宇宙中本身不動的推動者——上帝。只要人類思想窮究整個宇宙的碧落黃泉，以便探明這個宇宙究竟有什麼終極而充份的存在理由而又以這種方式存在——只要思想具有這種目標，則藝術所能給予的一切景像、實際生活中所有世俗的勝利，相形之下，都將有如小巫見大巫。藝術或實際生活的價值，比起如此完美大成的理論範疇，必然自嘆弗如。理論的理智做爲最高的人類功能，和它對宇宙可能完整的觀察，這兩者之間有內在的關聯：後者確保了前者至上的價值。因爲既然可以獲知萬物的終極道理，誰不願意努力追求它？誰願意反而去追求其他那些跟我們可憐脆弱的人類一般有限而且不全的目標？羅馬詩人說過，「知道事物原因者樂」；而最樂的該是能夠知道事物終極原因的人罷。

但是，假如我們認為人類的存在徹底有限——假如人類的理智，乃至它所能產生的知識，都跟人類存在的其他東西一樣有限，那麼認為最高超的人是理論人的這種看法又會變得怎麼樣？這麼一來，人類知識體系就不可能完整無缺，不可能在最後一覽整個存在的實體而無遺；於是人類只好捺下性子踏上無止境的知識之途，永遠得不到結論。就算科學毫不中斷繼續研究上一千年，它也無法把事物的終極理由揭示給我們。由於我們是有限的，所以我們永遠無法接觸到最高的知識目標——上帝；理性的傳統中一向認為這是光彩蓋過其他一切的目標。西方哲學一向置理智於其他人類功能之上，現在這種認為人類有限的觀念卻使它大成疑問。不錯，理論的知識可以當做一種個人的熱愛來追求，它的發現也可能具有實用性；但是它之具有勝過其他一切人類事業（諸如藝術或宗教）的價值，卻不能因為斷言它將可接觸到上帝而有所增益。比方說，假設有一條道路，一定要我們去走；如果我們問「為什麼？」，人家可能告訴我們一定得走，因為走路本身很有意思或者很有用處（有益健康）；然而，假如說在路的盡頭有無價之寶，那麼走路的命令就有難以抗拒的壓力。這個道路盡頭的寶藏已經自現代人的視野消失，只因為道路的盡頭本身已經消失了。

因此，我們在今日必須回到希臘人那些陳腐而似乎幼稚的問題上，只是另換一個角度。尼采開了這個風氣的先河，問道：科學和藝術，哪一項比較高超？誰最高超——理論家或實行家？或是聖徒？或是藝術家？是信仰人或理智人？如果人類心靈的慧眼再也看不到那個存有大鍊，也就是依照理性排列並且可以用理智完全佔有的宇宙，那麼哲學家又能爲自己樹立什麼樣的目標，可以符合古希臘偉大的理想？那個理想便是bios theo-retikos，理論的生命；它塑造了西方人數千年來的命運。

5 和基督教的淵源

Christian Sources

信仰無法解釋給純然理性的心靈，正如色彩的觀念不能傳授給盲人。

信仰和理智

基督教雖然著了強烈的希臘和新柏拉圖派哲學影響的色彩，畢竟還是屬於希伯來精神這一面，而不是希臘精神那一面，因爲基督教的基礎首在信仰，並且認爲信仰人高於理智人。在基督教的初期，聖保羅一再告訴我們，他所傳播的信仰，在希臘人看來不啻愚昧，因爲他們要求的是「智慧」——這在希臘人來說，當然是指理性的哲學而不是指宗教信仰。但是基督教崛起的世界是一個早已透過希臘人而知道理智的世界，這項歷史事實使得基督教信仰有別於舊約的希伯來信仰。古代的聖經人從個人經驗中體會信仰的搖擺不定，但是他還不知道信仰和理智的全面衝突，因爲理智本身要到後來才隨希臘人出現在歷史中。基督教信仰因此比舊約信仰更堅固，而同時似乎又是矛盾的：它不僅超越理智，更且（必要的話）**對抗**理智。聖保羅所說的這種信仰和理智之間的關係問題，不但是後來幾世紀基督教哲學家的根本問題，其實就是後來基督教文明的根本。

我們的現代文明裡仍舊有這個問題存在，不過它當然是以另一種形式出現，跟聖保羅的時代相去甚遠。因爲，信仰是什麼？幾世紀以來，哲學家企圖分析並闡釋信仰，然而他的議論無法在人心中把事實本身呈現出來。信仰就是信仰，鮮活但無法闡釋。有信仰的人都知道它是什麼；而或許眞正痛苦的知道自己缺少信仰的人也略知其一二，因爲缺乏信仰的心會覺得自己乾枯凋敝。信仰無法解釋給純然理性的心靈，正如色彩的觀念不能傳授給盲人。幸而我們在別人身上看到它的時候，還能夠認得出來；比如說在聖保羅身上，信仰已經佔據了他整個人。因此，鮮活但無法解釋的信仰也含藏生命本身的神秘。信仰和理智的對立乃是生命（the vital）和理性（the rational）的對立——而這麼說來，這種對立是今日的重大問題。問題是人類存在的中心究竟應該擺在哪裡才對：聖保羅把這個中心放在信仰裡，亞里斯多德則放在理智裡。而這兩種相去不啻天壤的觀念，顯示出基督教對人的認識從一開始就跟希臘哲學對人的認識大相逕庭，儘管後世的思想家熱心想要銜接這道鴻溝。

從理智的觀點看，任何信仰，包括對理智的信仰，都是令人困思的，因爲信仰和理智根本是人類心靈不同的功能。但是基督教信仰的矛盾由於它特殊的內容而更形嚴重：

上帝的兒子變了人，死掉，而又死裡復活。在這一點上，聖保羅知道反對他的人不僅是希臘哲學家，還有虔誠的希伯來人。他告訴我們，基督教對希臘人說來是愚昧，對猶太人說來是醜聞；若說希臘人要求智慧，則猶太人要求一項飾物——那就是說，要求一個確切的神蹟來證明這個拿撒勒人耶穌眞的是上帝答應的救世主。盤踞保羅心靈的最重要的一次信仰不是上帝的道成肉身(incarnation)——就是說無限的上帝變成了有限的人，這在後來的齊克果認爲是基督教的全然弔詭(paradox)和醜聞——而是耶穌的復活。(事實上，聖保羅究竟有沒有任何明確的上帝道成肉身理論，很值得懷疑。)他憑以信仰的中心事實乃是耶穌的確死而復活，因此克服了死亡本身——這是人類到頭來最熱切想望的事。死亡的問題是宗教意識的中心——郞納慕諾辯解這一點的時候，實在是追隨聖保羅——同時也是許多哲學意識的中心，只是這個意識本身不大能體會到。柏拉圖之相信永恆的觀念，是因爲他怕死。(這倒不是人身攻擊，因爲不怕死的人就沒有眞正活著。)而由於靈魂也屬於永恆的觀念，也能夠永生，所以柏拉圖這個人自己可能長存不死。但是保羅的直覺更爲敏銳：他知道無論柏拉圖式的或任何一類的理智都不能叫我們對永生確信不疑；非有神蹟不足以奏效——而且還得是最驚人的神蹟，好堵住希臘人以及猶太人懷疑分子的嘴。現在我們會說，像復活一類的神蹟根本違背了自然的規律，上帝的道成肉身甚至不合邏輯，但是我們這麼說是從齊克果以來的有利觀點回顧。早期的基督教卻不然；那時候的信仰比較幼稚比較原始，更接近事理的核心。

到了保羅以後一個多世紀，對德篤靈(Turtullian, 150—225)神父來講也不是如此。德篤靈常常被人家舉爲齊克果的一位存在主義先驅。像齊克果一樣，德篤靈是個聰慧的知識分子，也是個有力的作家，他把一切心智的力量和辭藻都用來攻擊思想本身。並且像齊克果一樣，他也堅持基督教信仰的全然弔詭性；但是我們留意一下他《論基督的肉身》(*De Carne Christi*)書中經常被人引用的幾行，他在這裡特別強調，認爲是主要的弔詭：

> 上帝的兒子被釘死在十字架上；因為人們必定會覺得是恥辱，所以我不覺得是恥辱。而且上帝的兒子死了；這是務必要相信的，因為它是荒謬的。而且祂被埋葬以後又復活，這是可以確定的事實，因為這是不可能的事。

與齊克果相似的地方在此告一段落，這也是兩個活在截然不同時代的人物必然的現象；齊克果以前沒有齊克果，尼采以前沒有尼采，而且一般說來，沒有人在他以前先有過他，只因爲在歷史上沒有一件單獨而偉大的事物在它發生以前發生過——在它目前存在的條件來到以前發生過。德篤靈是基督教初期的基督徒作家，那時候的信仰是進取的、擴展的、征服的；齊克果則是在它的末期，這時信仰已經逐漸退卻，已經有一半淹沒在一個日益澎湃的俗世文明潮流裡。

信仰和理智之間的激烈衝突表現在反理性主義裡，表現在德篤靈這類人物身上，到了聖奧古斯丁(St. Augustine, 354—430)的時候，已經緩和下來。他常常被舉爲存在主義的前驅，而他的影響也確實比德篤靈爲大。聖奧古斯丁的存在主義在於他做爲一個宗教心理學家的力量，這在他的《懺悔錄》(*Confessions*)表現得最可觀最精采。自我內在的不安、它的顫慄和脆弱、它的渴望超越自我以獲得愛，奧古斯丁對這一切具有一種近乎放蕩的感性；而且在《懺悔錄》中，他向我們供訴的主觀經驗，是希臘最偉大的文學沒有提供、也無法提供的，因爲這種經驗的內化來自基督教，較早的希臘人聞所未聞。柏拉圖和亞里斯多德問：人是什麼？聖奧古斯丁卻問：我是誰？——而這個轉變乃是關鍵所在。第一個問題已經假設有一個事物組成的世界，假設有一個固定而合乎自然的動物秩序，包括人在其中；而一旦找到人在那個秩序的確切位置，只消再加上理智這個與衆不同的特點。奧古斯丁的問題則是來自發問者內心一個截然不同、更爲晦澀而具有生命的中心：是來自純然個人的一種被棄和失落的感覺，而不是理智用以觀察世界以確定具有理智之物——人類——在其中地位的超然態度。這麼說來，奧古斯丁的問題是來自發問者內心一個截然不同、更爲晦澀而具有生命的中心：是來自純然個人的一種被棄和失落的感覺，而不是理智用以觀察世界以確定具有理智之物——人類——在其中地位的超然態度。這麼說來，奧古斯丁的問題含蘊一種觀念，認爲僅僅確定人在那個秩序中的地位，猶不足以把人界定，因爲人既是自問「我是誰？」的生物，就已衝破了動物世界的藩籬。於是聖奧古斯丁打開了一扇門，展露出希臘思想未曾有過的一種完全不同的對人看法。

他打開了門，但是並沒有眞正走進去。因爲聖奧古斯丁的另一面是新柏拉圖派的奧古斯丁。身爲一個形式宗教學家，他關心的是爲上帝待人之「道」辯解，尤其是爲上帝的宇宙辯解；而就在他這樣必須以宇宙觀點，而非以個人觀點，去思想的時候，他發現柏拉圖《提米亞斯》書中以及新柏拉圖派的普羅提努士(Plotinus)的形上學很方便，而且正合他的意旨。一方面造成了詠頌宗教經驗的存在抒情詩人奧古斯丁，另一方面造成了形式神學家奧古斯丁（他以希臘形上學的觀念來思維）——這個二元性一直潛藏在以後好幾世紀的中古哲學裡。但是直要到現代，它才迸發而爲痛苦的意識，因爲一向勉強維繫著衝突因素不使爆發的教會箝制組織已經不再具備這種功用了。

奧古斯丁本身的對立或二元性可以證諸一個重要論點：邪惡問題。在《懺悔錄》中他頁復一頁極爲生動的告訴我們邪惡的存在，以及我們存在裡的否定性；然而在他的《神學手册》(*Enchiridion*)中，站在形式學家的立場，他必須使否定性從那個存在中消失，或是提升到某種更高的和諧。他告訴我們，所有的邪惡都是一種存在的欠缺，也就是一種非存在；而既然否定的不是眞的，因爲肯定的是，那麼我們還略可欣慰。在這裡奧古斯丁致力的是辯神論，辯論上帝的宇宙之爲完善；奧古斯丁以後，辯神論成了所有基督徒形上學家的中心構想，以迄萊布尼茲(Leibniz)和黑格爾。萊布尼茲的宇宙樂觀主義到了伏爾泰(Voltaire)的小說《贛地德》(*Candide*)中的角色龐固陋博士身上，算是滑稽的收場；黑格爾的，則結束於齊克果的存在主義反動。黑格爾是這一脈絡的終點，因爲存在主義的反動一經出現在現代世界上，我們就勢非站在伊凡．卡拉馬助夫這邊不可；他說「必須婉謝入場券」——而在這張票子准你進去的世界裡，許多邪惡必須存在，以做善良的必要條件。同樣的道理，我們今日非要跟奧古斯丁的《懺悔錄》同一陣線以對抗他的《神學手册》不可，因爲我們認淸了辯神論的眞面目——走入極端理性主義的悲喜劇。辯神論企圖把上帝當做一個形而上的目標來討論，企圖用證明的方式來理論祂以及祂的宇宙，其目的在求這兩者完滿出現，如同理性的確定。在這背後躲著一種人性需要，要在這個人類覺得無家可歸的世界追求安全。然而理智無法給予那種安全；要是它能夠，那麼信仰就既不必要也不會如此困難了。在理性和生命之間的長期鬥爭中，現代對辯神論的反抗(或者可以說是現代認淸了它的不可能)是站在生命這一邊，因爲只有它牢牢把握住我們存在的那些不可攻破的本質；這些本質奧古斯丁在他的《懺悔錄》中有所說明，可是，做爲形上學家的他，卻又企圖以理論排斥。

聖奧古斯丁認爲信仰和理智——生命和理性——終將和諧攜手並進；在這一點上，他也爲日後一千年的中世紀開創了基督教思想的模式。聖奧古斯丁以後的公式成了「尋求領悟的信仰」：那就是說，把信仰當做一種論據，當做個人存在中的一項已知事實，然後儘可能設法以理性方式去擴充它的結構。在一個新柏拉圖式的世界，信心可以很容易找到它自己的解悟，因爲，雖然哲學家他們自己並不知道，那個世界本身的基礎在於信心：假設有一個宇宙，而上帝早就像一個無限的太陽照穿了它，則我們可以隨處找到信仰教條的類比。教義因此更爲可信，儘管它深奧的本質對理智來說依舊是個謎。至於這種教義根本和理智相矛盾，則是中古哲學家未曾發現或承認的。跟德篤靈相反，信仰已經**超乎**理智而成爲信仰，卻不再對抗理智或者不顧理智。大體說來，在整個中世紀裡，理智的地位一直保持不可侵犯——這件事情本身似乎難以理解。

教會在組織上和教義上的確立，大大有助於此。隨著教會用一條條的教義表明它的信仰，中世紀的哲學家想要多麼理性就可以多麼理性，因爲非理性的那一部分已經包含並表明在教會的結構裡，可以照顧它自己了。不信教的史家認爲中世紀教會對當時思想家的自由思想加了難以忍受的限制。從現代俗世的心智（附帶一提的，當時並沒有這類東西）看來，當然一點也不錯；然而中世紀思想家自己對他們信仰的教義卻感到完全不是這麼回事。他們經驗這些教義，認爲是活力充沛的心理液體，由理智本身在其中移動操作，因此可以說是它的泉源和支持。一直要到後世的新教徒哲學家，像康德，才能經驗到理智和教條之間不幸而必要的決裂；使康德得以指出，傳統對上帝存在的證明，其實是根據無意識的信仰。中世紀思想家平常視爲理智的，其實是信仰；而這項錯誤的發生，並不是由於這些思想家缺乏邏輯的敏銳，而是因爲他們的理智本身來自他們歷史的**存在**——簡單地說，就是宗教信仰時期的存在。

誠然，中世紀的和諧裡不時也有亂調的嘈雜。人類生命和理性之間的緊張，需要十分微妙的平衡；甚至當人類完全包容在教會之際，這種緊張也可能迸裂而演成公然的鬥爭。人類的本能十分爲塵世所束縛，因此每當邏輯的進展威脅到它們的時候，它們總能敏銳地覺察出來。所以在十一世紀——純樸美麗的羅馬藝術時代——正當亞里斯多德的作品開始流行於西方之際，我們看得出「神學家」和「理論家」之間正蘊釀著一次激烈的爭辯。這又是信仰和理智之間舊有的衝突，但這一次是因爲純樸不文的時代認識到理智之來本身就是一種威脅，而變得更爲尖銳。在這場爭辯中最值一提的人物是彼德・達緬尼(Peter Damiani, 1007—1072)，神學家這一方面最有力的代言人；他攻擊文法和邏輯（這在我們現代稱爲語意學）的地位提高是魔鬼的誘惑。達緬尼說，魔鬼事實上是第一個文法家，用「你將如同諸神」的保證來誘騙伊甸園裡的亞當，並且就這樣敎他把「上帝」一字貶爲複數。根據這位神學家的看法，邏輯絲毫不能幫助我們認識上帝，因爲上帝本來就是無從理解而又無所不能的，所以祂超越了邏輯的基本法則，超越了矛盾律；上帝甚至還能消滅過去，使發生過的事情不曾發生。邏輯是人造的工具，不能用它的尺度來衡量上帝。這一點和巴斯噶後來的抗議相去不遠：「不是哲學家的上帝，而是亞伯拉罕、以撒，和雅各的上帝。」

然而，啓蒙運動還是不顧這一片嘈雜而繼續下去；亞里斯多德作品中表現的希臘理智在西方聲譽日隆。十二、三世紀的哲學家費盡多少心思，才促成信仰和理智之間最後的中世紀合約。到了十三世紀以及十四世紀初葉雙方綜合的時候，產生了人類捶鍊出的最美麗的文明；不過，跟所有必死的美質一樣，它是瞬時而不穩的東西。從哲學家爲了彌縫裂痕所花的這許多努力，我們看得出生命和理性之間的平衡多麼微妙，也看得出它們之間的和諧不是可以呼之即來的事。中世紀的和諧是花了一番代價得來的：聖湯瑪斯．阿奎那（St. Thomas Aquinas, 1225?—1274?）的思想是這種綜合的結晶，他認爲人——借用伯納．古修身（Bernard Groethuysen）的意象——其實是一個半人半馬的東西，是分隔於自然和神學秩序之間的生物。在自然秩序上，湯瑪斯．阿奎那的人是亞里斯多德式的——是一種以理智爲中心，以理性精神爲實體的生物。亞里斯多德所著《倫理學》（*Ethics*）裡面有一段話，明白說出理智是我們的眞我，是我們個人身分的中心；身爲基督徒的聖湯瑪斯論到這一段話的時候，眼睛眨也不眨就欣然加以同意。我們也許可以解釋說，這不過是做老師的在教學上對自己教材的認同；然而在《神學摘要》（*Summa Theologia*）中，他一再說推理或理論的思想是人類最高的功能，其他一切都是它的附庸。不錯，這個理性動物在自然的秩序上是次於超自然的；但又是透過一種表露並淨化意志的思想視覺——最後的視覺，屬於上帝的本質。這的確是一種綜合體，可是距離聖經人或早期基督徒的經驗，相去不可以道理計！後者感受到的信仰，能夠貫穿一個人精神的內在！

儘管已經熔爲一體，儘管哲學家到了這個時期已經同意信仰和理智並行不悖，然而生命和理性之間的老問題依舊沒有解決；只不過它轉入地下而又在別個地方探出頭來：這回是出現在主意說（Voluntarism）和主智說（Intellectualism）之間的爭辯裡。聖湯瑪斯之後，鄧士・斯哥達斯（Duns Scotus, 1265?—1308?）以及他的門人宣揚一種和湯瑪斯學派格格不入的主張——主張意志重於思想。在一個漫無限制的理性主義時代（這是說在哲學家群中如此：至於當時的眞正具體生活則遠非如此），這種主張雖然是微弱的回聲，卻令人想起原始基督教的呼聲：聖保羅說他的降臨不是要把智慧帶給哲學家，而是要帶給全人類一種拯救的意志。斯哥達斯是聖方濟教徒，所以算是奥古斯丁的信徒；他也是回憶到聖奥古斯丁在《懺悔錄》中存在的呼聲。

主智派的聖湯瑪斯曾經說過，人的思想先於意志，因爲我們要求的必是我們知道的，然則思想決定意志。主意派的斯哥達斯答辯說，意志決定思想轉向的理念，所以到頭來還是意志決定思想所學。這樣看來，這個問題跟先有鷄或先有鷄蛋的問題一樣無法解決。而且事實上，這個思想和意志孰重孰輕的問題，乃是哲學上最古老最麻煩的問題——這個問題其實也就是蘇格拉底不斷追問的：究竟道德是不是眞的知識，而一切意志的乖僻都只是無知的表現？也許這個問題該用另一種說法：不該問意志先於思想或思想先於意志——因爲這些功能到底只是整個人的抽象部分而已；而該說，思想家——從事思想的具體而完整的人——先於他的思想。至少主意派似乎知道，把血液推送到腦子的是心臟，因此它的心臟該是在正確的位置。無論各種主意派的學說是哲學史上如何過份或走入極端，它至少在用意上一直都努力想跨過思想，進入從事思想的思想家的具體存在，這是不容置疑的。

存在和本質的對立

當代的湯瑪斯學派卻不肯這樣比較鄧士‧聖湯瑪斯，因爲他們現在逐漸發現聖湯瑪斯是貨眞價實的存在主義者。存在主義剛出現在法國的時候，馬里丹(M. Jacques Maritan)對它痛加抨擊，可是後來又宣布，存在主義包含的一切，聖湯瑪斯在十三世紀的時候都已經說過了。模仿乃是最眞誠的恭維！

其實，阿奎那跟斯哥達斯之間的問題，由於另一個重大的技術問題，而更形複雜：**本質和存在之間的關係**。爲求對這個問題有一點了解，我們得先提一些後文會詳細討論的東西。

一件事物的本質是該事物所以爲該事物的性質(*what* the thing is)；而存在所指的不過

是該事物確然爲有的一項事實(*that* the thing is)。因此如果我說「我是個人」，這個「我是」表示我存在的這項事實，而述詞「人」表示我是**哪一種**存在，質言之，就是人。

現代的存在主義，特別是在沙特的作品裡，屢次討論過這個論題：存在先於本質。以人爲例，它的意義不難把握。人存在並塑造自己成爲現在的他；他個人的本質或本性乃在他的存在以外；在這個意義上，我們很可以說存在先於本質。人並沒有一種固定的本質，可以現成的交給他；不如說，他從他的自由以及他置身的歷史條件中，塑造他自己的本性。正如奧特加・賈塞說過，人沒有本性，只有歷史。這是人類不同於事物的重要一點；事物具有固定的本質或本性，這些本質本性就是它們的特點。儘管存在主義者對這個論題衆說紛紜，他們都同意這是他們對人的分析的重要一點。沙特宣稱這一點——要注意——只能適用於人；只有在人的身上它才顯得有價值。在一般事物裡——在石頭、樹木或桌子裡——存在是否先於本質，或者其實相反，這個問題根本無關宏旨，因爲一件事物在任何時候都具有確定的特徵，絲毫不差；若問存在和本質什麼時候合而爲一，這沒有什麼意義。

然而，在哲學史上，這個問題不僅討論人，而且涉及所有東西。這個難題分成兩個不同但是相關的問題：(一)存在是否先於本質，或者相反？以及(二)眞正存在著的事物裡，這兩者之間有沒有眞正的區別？抑或它們僅只是心智對同一存在事物採取的不同觀點？

讀者也許要懷疑，像這些聽來抽象而不著邊際的問題，究竟有沒有眞正血肉般的實質。要知道，一個問題不會只因爲它的專門術語而與生活毫不相干，如果術語是用來把所謂生死攸關的大問題載負到思想的最前哨。這兩個問題接觸到哲學上最基本的問題；事實上整個西方哲學史是以它們的答案爲中心。一個人回答這些問題的方式，便決定了他對自己生命以及自然生命的看法。回顧一下西方哲學的鼻祖柏拉圖，我們就可以看出這些問題的答案，給人類帶來什麼樣的結果。

本質在柏拉圖叫做觀念。如我們在前章所見，這些觀念對他來講是「眞正的眞實」，比起因構成觀念而獲得實質的特定事物更爲眞實。這就是說，幾何學家討論的圓是大自然中一切個別的圓共同具有的本質，如果沒有它，個別的圓就無法存在；這比他在黑板上舉例所畫的個別的圓更爲眞實。是故，數學家討論的圓，是他從來沒有在黑板上畫的圓；它是畫不出來的，因爲它永不進入存在；它超乎時間之外，因此是永恆的。因此它也永不進入眞正的物理空間；它是非空間的，一如它是非時間的。在柏拉圖看來，所有的觀念就如此這般造成了一個絕對眞實的世界，超越時間、變化、以及存在；存在不過是本質的影子一般的贋品。一個觀念如果進入存在，必是由更高的本體界墮落（一種原罪）。時間本身——那個看不見卻折磨我們個別存在的工具——僅僅成爲永恆的一個影子般的意象。

我們不需要多少想像力就可以看出，一個採取這種哲學態度的人，他對生命的看法，如何徹頭徹尾著上柏拉圖偏見的色彩。柏拉圖的所有作品，他整個的哲學，其實都是由這個基本信念造成；這個基本信念就是說，本質先於存在，人類各方面：政府、倫理、美學；乃至於軀體生命的定罪，莫不皆然。無論我們如何想法，柏拉圖思想經過這些世紀，已經深深影響到人的想像以及生命；而且面對著那股影響不可思議的創力，我們不能說存在本質相對的問題是個無聊的問題，也不能是說它跟生活毫不相干。

柏拉圖的說法，事實上是我們現在所謂**本質主義**(*essentialism*)哲學的古典說法：本質主義主張本質確實先於存在。存在主義恰恰相反，是一種主張存在先於本質的哲學。西方哲學史乃是本質主義和存在主義之間長期的衝突；有時候是明爭，但多半是暗鬥。而因爲這個歷史的源頭來自柏拉圖，所以本質主義似乎總是佔上風。這也許不完全是由於柏拉圖強大的影響力；或許也該歸因於哲學自身的性質，歸因於人類理智潛在的傾向。對這個問題，我們在後面會詳加討論。

以上所說的區別既已明顯，我們現在回到剛剛暫時擱下的聖湯瑪斯和鄧士・斯哥達斯之間的問題。

論到存在和本質的關係，聖湯瑪斯似乎是個存在主義者。他認爲存在先於本質，因爲構成任何事物存有的主要成分是它的存在行爲(*actus essendi*)。此外他更說，在一切創造出來的事物——除了上帝以外，一切從上帝獲得存在的事物——裡，事物的存在和它的本質之間有確鑿的區別。我不是我的本質，因爲設若我是——假若我的本質即是我的似乎有一道鴻溝。

存在——則我的存在乃是順乎本質，那麼我就永遠不死了。因此對一切偶然的事物，有生有滅的事物而言，存在絕對無法與本質合一。在偶然事物的實體裡，存在與本質之間似乎有一道鴻溝。

另一方面，鄧士・斯哥達斯堅持本質先於存在。至少，在上帝屬性的次序問題上，他首先把上帝的本質認爲是基本屬性，隨後才是上帝的存在。當然，斯哥達斯學派也許會辯說，既然上帝的存有是絕對唯一而不可分割的，跟我們在自然事物中所看到的複雜性和自分性大相逕庭，那麼我們把優先的地位給予本質或存在，並沒有什麼兩樣，因爲這兩個名辭用在上帝的時候代表的是同一件事物——上帝本身。這麼一來，這些神聖屬性的次序，似乎不過是文字安排的問題。然而這個安排卻可以顯示出安排者內心的哲學傾向；並且，即使在這個例子裡，這些屬性代表的是事物中同一的實體，一個人如果依據最嚴格的哲學原則而把本質擺在第一，這是因爲他認爲本質比存在更爲基本。由此看來，斯哥達斯派的哲學顯然比聖湯瑪斯的哲學更主張本質論。

至於我們的第二個問題——在眞正存在著的事物裡，存在和本質是不是眞正有區別——鄧士・斯哥達斯也採取跟湯瑪斯學派不同的立場：斯哥達斯說，一件事物的本質和存在之間，並不如聖聖湯瑪堅持那樣，有眞正的區別：這兩者只是心智用以把握存在中的事物的不同方式。

本質和存在的認同問題，乃是學院派哲學史裡面最糾纏不清的問題；到現在還受到兩派天主教哲學家——耶穌會（Jesuits）和黑袍教（Dominicans）——的熱烈爭辯。斯哥達斯以後，在十六世紀時，偉大的西班牙神學家蘇瓦瑞茲（Francis Suarez）——中世紀學院派的眞正最後一人——支持斯哥達斯派對此一問題的立場。蘇瓦端茲成了耶穌會教士的偉大哲學教師，實際上，還是他們對聖湯瑪斯學說的最佳註釋人。因此才有蘇瓦端茲派跟湯瑪斯派（黑袍教派）之間後來的乃至當代的爭辯；這個爭辯關係重大，因爲討論中的問題，對整個現代思想有意想不到的澄清作用。

這主要是藉著一本傑出甚至可以說偉大的書：《存有以及某些哲學家》（*Being and Some Philosophers*），作者是研究中世紀哲學的著名學者吉爾森（Etienne Gilson）。無論我們是否同意他所說，條條存在主義之路通羅馬——或者，更精確地說，通向聖湯瑪斯傳授存在爲先道理的十三世紀的巴黎——吉爾森至少把斯哥達斯派對十七世紀的偉大哲學家如笛卡兒、史賓諾莎，以及萊布尼茲的影響情形有過高明的分析；透過這些哲學家，斯哥達斯派的學說瀰漫了近三世紀的思想。笛卡兒、史賓諾莎和萊布尼茲都是具有傑出數學才能的哲學家，所以他們自然覺得本質重於存在的哲學很對他們的胃口。數學家沉迷在本質不受時間限制的自我認定，所以總是傾向於某種柏拉圖學說。尤有甚者，十七世紀跟以後的幾世紀重視的，是數學和數學物理非比尋常的擴展；而這兩種學科比其他思想發展更有份量，因爲它們征服了自然，不可輕侮：所以從那個世紀開始，哲學有偏於本質的傾向；這種傾向，幾乎沒有遭遇敵手，直持到十九世紀齊克果的出現。一件事物的根源常常深入地層，我們光看到地表面的植物，實在難以想像得到；因此，我們一旦知道，現代思想的一個決定性的方向是根植於十三、十四世紀神學家的爭論，難免要吃一驚。

我們在稍前提到過的現代天主教哲學家，認爲聖湯瑪斯代表基督徒存在主義眞正而最初類型，已經多所發揮；這種假設使得某些湯瑪斯學派的人對現代的存在主義採取一種過份親切客氣的態度，好像是對待沒落的子孫。其實，聖湯瑪斯的存在主義大有商榷的餘地；而且鄔那慕諾這位教會的孝子——此人的證辭，應該跟任何研究中世紀的學者同樣具有份量，因爲他既是學者也是詩人——曾經反對，認爲聖湯瑪斯表現在《總論》(*Summae*)的精神，純粹是遵法主義的。鄔那慕諾說《總論》辯解一件事；《總論》支持教會做爲一種組織，如同羅馬舊法的法典支持一個帝國一樣；在這一點，我們應該記住，中古的教會承襲了多少古羅馬帝國的精神。現在流行的湯瑪斯派存在主義，有許多看來實在像是事後的特別要求。舉例來說，在吉爾森那一類書裡，齊克果的影響十分強烈（固然它所影響的，是個死硬的湯瑪斯派），乃至我們可以放心說：如果沒有齊克果，這本書就寫不成。眞的，沒有齊克果的話，吉爾森就不會在聖湯瑪斯身上找到他所找到的；而事實上在齊克果的影響力開始普及之前，湯瑪斯派人士的看法見仁見智。進一步說，吉爾森的發現還不夠。無論哲學的問題如何不斷發生，眞理的史實性總無法避免；所以對於任何認爲可以在十三世紀找到現代問題的答案的主張，我們都應該懷疑。就算我們承認湯瑪斯的理論，許可存在的優先，以及存在和本質之間的區分，我們還遠不能解答那些使得現代思想家，如海德格和沙特，重新開啓整個存有問題的疑難。

實則湯瑪斯派對本質和存在的區分，使我們在企圖了解我們自己做人的人性存在之際，十分難堪。在他《論存有與本質》(*De Ente et Essentia*；英譯 *On Being and Essence*)的論文裡，聖湯瑪斯舉出傳統的定義，「人是理性動物，」做爲本質的一個例子。這個本質是整個種屬共同具有的特性。由此便產生了一個問題，也就是著名的共相問題：這個本質做爲一個種屬的時候既然只是一個，如何能以複數存在該種屬的單獨分子裡？這個本質到了每個單獨的個體便特殊化了：我的理性動物性是我的，完全屬於我，並且跟我的朋友彼得的不同，就好比我的血和肉是我的而不是他的。事實上，根據聖湯瑪斯的說法，使普遍的本質個體化的，正是我個人的事物，我的血和肉。阿奎那稱之爲「表徵事物」(signate matter)，並且認爲它是存於確定因次的事物──也就是說：充塞我現在所佔的空間，並且拒斥其他一切物體，使它們不能佔據這個空間的，正是我的這個特別事物。困難就在這裡；我們前面提到過一個古典的觀念，認爲人是半人半馬的東西，人的存有被無可挽回地分成兩部，也是由此而來的。現在他被分出兩部分；一部分是本質，另一部分是在時空中特定他身體位置的個別化事物。這種個別化事物具備的特點或性質，聖湯瑪斯稱之爲「偶有性」，因爲它們未必是本質的一部分。但是我們可以問，拿個別的人類來說，究竟什麼是偶有性，什麼又是本質？我們自己從生到死，個人內心的發展過程中，是不是清清楚楚劃分了一個隔室來塞擠偶有性的某些事故和特點，而在另外一間隔室則容納本質性的其他特點和事故？或者說得確切一點，此時此地的性質——使本質個體化的事物賦予我的時空性質——對我之爲人的存在，是否屬於偶有性？

要是我像胡塞爾講的那樣，毫不隱諱地注視「事物本身」，注視我自己個人的存在，把它當做我生命中眞正操心惦記的，跟現在任何形上學的假設都毫無關聯，這樣的話，我可不可以說，我之存在此時此地，而不在彼時彼地，乃是我們存有中一個偶然事故？我生爲二十世紀的一個美國人，直到現在還是。從個別存在於我，卻又遠離我之存在的本質看來，這些事實眞正是偶然；然而它們卻形成了我的生命負擔和使命；我生命中的每一部分都有它們的踪影。或者讓我們以人類的性別爲例；沙特對這說過很多，既可謂適中，也同時過火。個人的性別是他存在本質的一部分，或者只不過是個偶然？反省一下，我實在無法想像，我哪一樣本質能夠像層層箱盒內裝著的一顆金塊，沒有受到我自出生就是屬於一性而不屬於另一性的這件事實影響。這個議論適用於所有人類存在的實際條件——沙特所謂人的facticity（實況）：假設我們**生存了**我們的實況，則我們**就是**它；而它構成了我們存在的一切本質。這些實際的條件，特別是我們生活在其中的歷史時代，影響到我們存有的每一部分。存在和本質，至少在人類眞正的生活裡，是貫串在一起的。

然則斯哥達斯派認爲本質即存在的論點，從我們經驗的實際事實來看，似乎比較公正允當。但是，話說回來，湯瑪斯學派的說法也巧妙地反擊了這個立場，最後使得存在本身成爲一種發生在本質的「偶然事件」。此外，有了這種看法，我們便難以解釋人類存在的強烈或然性，因爲眞正存在的人，他的本質和存在既是同樣的東西，他的存在爲什麼不因此成爲必要，好讓他長生不朽呢？

然而，如果這兩種中世紀的說法都站不住，如果本質跟存在既非同體，也沒有眞正的區分，卻又如何？

其實這兩種立場都站不住，因爲他們討論的觀念太過抽象、太重格式。中世紀對本質和存在的看法並沒有考慮到現代經驗的全然具體性，尤其是我們對人本身的經驗。中世紀的看法需要徹底修正。海德格所以宣稱這些存有問題必須重新檢討，理由在此；而他也是企圖對傳統本身重新做一番根本思索的第一位哲學家。一個傳統唯有靠這種重整才可保存生機，不能靠機械一般去模仿傳統遺留給現代的公式。不過，說要重整就眞的重整，因此這是一個大冒險。存在主義既是西方思想的主流，難免回顧傳統的問題，然而它得到的結論必定會震驚某些傳統分子；因而這是不足爲奇的。可嘆時間乃是我們本質的一部分；而我們僅僅承認這個事實——這項承認是缺乏歷史意識的中世紀人無法想像的——就已經嚴重得在我們和中古歷史之間造成了一道鴻溝。我們永遠無法完全解答那段歷史，雖然我們已經逐漸了解到它的哲學頗不簡單。

巴斯卡的例子

無論這些歷史淵源有多深，我們現在知道的存在主義，不可能發生在它存在的條件已經存在之前。哲學家孕育觀念；所以如果有什麼事物把他們固定於存在，則那件事物不會是哲學本身，而是來自哲學以外的事物——或者是宗教，或者是個人的戲劇性事件、焦慮、或者是哲學家自己生命的反叛。因此，過去粉碎希臘理性主義古典宗廟的炸藥，乃是希伯來文化或基督教。創造出現代存在主義的可能性之前，必須先創造出它的世界；要做到這一點，唯有透過科學，驟然把人類從中世紀裡投射出來。所以我們談到的偉大科學家巴斯卡（Pascal; 1623—1662），不再是像討論聖奧古斯丁般，討論的只是一個存在主義的前驅。巴斯卡**本身**是一個存在主義者。

最混淆黑白的事，莫過於把巴斯卡和聖奧古斯丁混爲一談，說他們是偉大的宗教心理學家。不錯，他們兩個都關心宗教人的內心生活、他的焦慮與不安。然而聖奧古斯丁所處的世界是新柏拉圖式的宇宙，是個光輝晶瑩的宮殿，它的頂點固定有超乎本質的「善」，像燈塔一般向外照耀，然後沿著這個完美的結構向下照射，光輝漸漸暗淡。巴斯卡的世界卻是荒蕪乾枯的近代科學世界，夜裡聖賢聽不到明亮天體的仙樂，只聽到太空無聲的空虛。「這些無垠空間的寂靜叫我害怕，」巴斯卡道出人心對於十七世紀科學宇宙的反應。在那個可怕而空虛的空間世界裡，人類無家可歸。因此，他就發展出一種自己的意象，這種意象跟居住在希臘或新柏拉圖式宇宙——並且以爲那就是家——的人，當然兩樣。在巴斯卡的世界裡，信仰本身成爲一種孤注一擲的賭博，也是大膽的跳躍。

結果呢，信仰和理智之間的鬥爭，在人的存有內部引起了更爲嚴重的心理失調。儘管中世紀時的神學家對信仰和理智的問題有過許多辯論，那一時代的人畢竟沒有經歷過這種人類自身的分裂。在《神曲》裡，但丁由象徵人類理智的維吉爾(Virgil)帶著，走過地獄的深淵，攀上煉獄的斜坡；但是到了遊歷天堂——唯有上帝恩寵的選民才能居住的境地——的時候，維吉爾消失了，改由象徵神明啓示的貝德麗采(Beatrice)來做嚮導。一言以蔽之，理智引導我們走到信仰，信仰在理智消失的地方取而代之——這就是但丁井然有序的宇宙中，人類幸福而和諧的命運。然而在巴斯卡的宇宙裡，我們看不到上帝無數的肖似和類比；而中世紀哲學家憑以懸附他們信仰，如同懸附在許多釘子上的，正是那些肖似與類比。在巴斯卡的宇宙裡，人必須更加努力追尋任何能夠引導心靈走向信仰的指標。而巴斯卡找到的指標，正是在人類自身極爲痛苦可憫的狀況。這一點深具意義。比起其他的生物乃至大自然本身，人這個動物在各方面都顯示出與衆不同的偉大與力量；然而在同時卻又如此虛弱如此可憐。這究竟是怎麼回事？巴斯卡說，我們只能下這個斷語：人類像是一個沒落或被廢的貴族，被人家從應該屬於他的王國中逐出。因此被廢者的形象成爲他的基本前提。

「那些讀了沙特作品，認爲他的心理過於病態、過於不潔，因而可能只代表當代巴黎頹廢學派的人，最好去看看巴斯卡的作品。」

所以巴斯卡心理學有別於聖奧古斯丁心理學。巴斯卡對人類處境的觀察，是歷史上最「消極否定的」。那些讀了沙特作品，認爲他的心理過於病態、過於不潔，因而可能只代表當代巴黎頹廢學派的人，最好去看看巴斯卡的作品：他們會發現，巴斯卡對我們普通人命運的看法，在每一方面都跟沙特的同樣病態。「我們短暫的生命，脆弱處境的自然劫數，」巴斯卡說，「可憐極了；如果仔細想想，沒有一件東西可以安慰我們。」人類借助於「習慣」和「旁騖」這兩帖無上的鎮痛劑，來逃避對這問題的仔細思索。人類或追逐跳躍的皮球，或狩獵奔逃的野獸；不然就利用迷宮般的社會各種機謀娛樂，來達到他的目的；什麼事情都可以做，只要他能逃避自己。或者，這位安於習慣的善良公民已經有室家之累，工作又很安定，他無須注意他的日子是怎麼打發的，不必看每一天如何把遺忘的希望或夢幻埋葬，而第二天早晨醒來，他依樣葫蘆昨天的生活，不管這種生活如何變得越來越萎縮，越來越呆滯。習慣和旁騖這件事，只要有效，都能叫人看不到「他的虛無、他的孤絕、他的欠缺、他的無能以及他的空洞。」對付我們平凡必死的存在，宗教是唯一可能的藥方。

古典的哲學家討論到人性之際——例如亞里斯多德在他的《倫理學》或是聖湯瑪斯在《神學總論》第二部分討論人類——他們的談話在今天的我們看來，帶著教科書的味道：這些思想家討論的生物也許是人，但是他跟我們一點也不相像。然而，在巴斯卡論到人類處境的文字裡，我們十分痛苦地辯認到自己。做爲一個心理學家，他屬於我們這個時代。

也許巴斯卡比起那些哲學家來說，是比較高明的心理學家，因爲他本人並不是哲學家。他留給我們短短一句話，表示他對哲學本身的最後判斷：他告訴我們，哲學「值不得一個鐘頭的努力。」如果考慮到巴斯卡心靈的特質，以及他做爲一個人的最深興趣，這乃是完全合乎情理的判斷。說得玄一點，他的思想太過發達，以至無法成爲專業哲學家。要他經歷任何學院式哲學訓練的遲緩艱鉅的課程，將會大大束縛他驚人的思想；再說，他也沒有必要這麼做，以求得他做人需要的知識。在這一點上他類似齊克果和尼采；這兩位哲學家都能超越哲學，從宗教和藝術的觀點而自外界觀之；巴斯卡則是從科學的觀點。齊克果和尼采確實具有哲學的學識基礎；巴斯卡的教育卻屬於科學和人文。他讀過一些古典的哲學家，例如斯多噶學派（the stoics）；但是他顯然只想知道他們對人類處境的看法，而不是去追隨他們的形上學；他對後者的興趣索然。他青年時代的狂熱在於科學；他也是最早成熟的科學天才之一，不到二十一歲就在數學上有重大的發現。

他的父親逝世以後，年輕的巴斯卡承繼了一筆相當富裕的財產，能夠在社會上有一點地位。至少，我們知道他一度擁有六馬大車，這就足夠奠定他在上流社會的紳士地位。要想了解巴斯卡的心靈，我們必須設想他進入路易十四時代的巴黎社交界；在當時，聖西蒙(Saint-Simon)以及拉・羅西富國(La Rochéfoucauld)這類入世而敏銳的心靈最熱衷的，正是對人的觀察與研究；巴斯卡必然要承認，這裡的資料跟他數學和物理學研究的不一樣。而且不僅是材料不同，還須要一種完全相異的才智方能了解。跟史賓諾莎不同，巴斯卡太過睿智，必然明白幾何學的研究和人的研究完全是兩回事。

從這種體認，發展出他對數學心智與直觀心智——l'esprit de gêometrie跟l'esprit de finesse——之間著名的劃分。如果說，柏格森的整個哲學其實已經包含在巴斯卡討論這一基本差異的薄薄幾頁之中，也不算過甚其辭。法國文化在這些事物上有一種驚人的保存意識。它雖然是屬於最自生的文化之一，卻也是最豐富的，因爲它把自家裡的東西加以保存並且發揚光大。這也是法國烹調的精神，他們不拋棄任何東西，卻把它存起來做材料——艾斯高飛(Escoffier)告訴我們，這是烹調的基本要件——或者投進一鍋pot au feu(牛肉湯)，可以一直燉下去。因爲它注意到了巴斯卡的區分，所以法國文化不曾完全屈服在笛卡兒清晰分明的概念之下。至於所謂數學心智，據巴斯卡的說法，重視清楚分明的概念，由此可以推演出無窮的邏輯結果。然而直觀心智所處理的材料則十分具體而且複雜，無法濃縮成清楚分明的概念，用幾個簡單的公式表示出來。在人類的情境裡，水通常是泥濁的，空氣也有點潮濕；而一個具有直觀的人——無論他是政客、是廷臣、或是情人——在那個情境裡看到的，決不是得自明確的邏輯觀念。恰恰相反：這種觀念反而容易阻撓他的視覺。因此，巴斯卡之能夠做出這個區分，他眞正看見的是：人類本身是個矛盾而衝突的生物，純粹邏輯永遠無法了解。這一點卻是哲學家當時還不能了解的。

巴斯卡既已劃定了一個直觀的範疇，來和邏輯的範疇對抗，當然就限制了人類的理智。也許他運用他自己的直觀心智最高明的地方，是在他批判理智價值的時候；而且恐怕沒有別個作家，對理智的正反兩面，做過更公允的平衡：身爲一個數學天才，他已經遍嘗理智的一切權威與榮寵；但是他也看出它相對的脆弱和限制。海德格經過窮心鑽研，引經據典的一番註釋，才說明康德的人類理智有限理論其實是根據我們人類存在的有限性而來；但是早他三個世紀之前的巴斯卡已經清楚看出，我們理智的脆弱乃是我們整個人類存在處境脆弱的一部分。最重要的，理智並沒有進入宗教經驗的核心。巴斯卡不喜歡形式哲學，他更厭惡形式或理性的神學，因爲後者的首要工作就是爲上帝的存在編造理性的證據。巴斯卡認爲這種證據是節外生枝：今天似乎有理的，明天又不然；要是我們把救贖拖延到這些證據都令人滿意爲止，我們豈非要永遠蹉跎下去？巴斯卡說：

現在有些極富智能的人覺得上帝存在的證據十分可信，也有具備同樣智能的人認為它們是錯誤的，或是無法確定的；而任何一方都懷疑對方居心叵測。其實呢，這些證據可以說服那些願意信服的人，不能說服那些不願信服的人，所以根本算不得眞正的證據。至少，把上帝當做精確證明的對象——就算我們假設這種證明總有一天做得到——跟實際的宗教需要，乃是風馬牛不相及的事。這麼一來，上帝就會跟幾何學家討論的抽象圓圈或三角形一樣，成爲中性的東西。在此，巴斯卡提出了他著名的呼籲：「不是哲學家的上帝，而是亞伯拉罕、以撒、和約伯的上帝。」

他本人有過一次宗教經驗，跟他自認爲是奇蹟的病癒有關；這次聖恩對他影響極大，他甚至把它記錄在小紙條上，縫進衣服裡，好像這是他的一個秘密，必須盡可能地保留在身邊，無時或忘。不管我們對這個經歷的看法如何，對巴斯卡而言，這個來自天上的閃光無須證明：它屬於生命本身的秩序，不屬於理性的神學。他的生命從此以那次不尋常的經驗爲中心；他還把那個生命獻給宗教，特別是盡力爲基督教做一個偉大的闡發與辯解，這是他未竟的事業，我們只有那些靈光閃爍的斷簡殘篇：《沉思錄》(*Pensées*)。另一次同樣重大的經歷——這回是否定性大過肯定性——對他的思想具有同樣的決定作用。有一天，他在塞納河畔駕車，他的馬車突然滑出道路，車門陡地衝開，巴斯卡險些沒衝出去摔死在河堤上。這樁驚險意外事件的毫無道理與突如其來，對他而言，成了另一道啓示的閃光。此後，他認爲空無可以說是一個潛伏在我們腿下的可能性，是我們隨時可以摔進去的鴻溝、深淵。沒有哪個作家比巴斯卡更生動描述過暗藏於人類存在核心的極端偶然——一種隨時可以把我們好端端投入非存在的偶然。死亡不會準時依約前來。在巴斯卡以前，西方哲學裡根本就沒有空無觀念的角色。巴門尼狄斯警告過世人，不要踏上非存有的道路，因爲，他說，非存有是無法思想的。在學院哲學的時代裡，空無，nihil，已經成爲一種純屬觀念的東西，是思想最邊遠區域的一個抽象觀念。然而對巴斯卡來說，它不再是個抽象的觀念，而是一樁實際經驗。在他存在的某一時刻，空無曾經驟然出現，給他極大的影響。自此以後，巴斯卡到處尋求人類存在之中的偶然事例——如改變了安東尼(Mark Anthony)及羅馬帝國命運的柯麗奧派茱(Cleopetra)鼻子的長度，結束克倫威爾(Cromwell)軍事獨裁的腎臟結石。並且早在海德格跟沙特介紹出界定人類偶然性的各種詰屈聱牙的名稱以前，巴斯卡已經看出，對個人而言，出生這件事是第一樁偶然，因爲它表示出生在**這個**時候、**這個**地方、**這對**父母以及**這個**國家——凡此都屬冷酷的既定事實，而他的生命必須建立在這上面。

在巴斯卡來說，虛無似乎向上向下兩面張開。他生活在顯微鏡和望遠鏡的時代，正當亞里斯多德和中世紀思想家緊密、整齊、有限的宇宙，向無窮小和無窮大兩方面擴展之際。我們可以向下研究事物與空間，在越來越低的層次上，發現微小不可相信的生命組織；而在這些之外，還有因爲太小我們無法了解的東西。或者我們走到外面的空間，在偉大宇宙相形之下的我們，顯得多麼微渺。根據巴斯卡的看法，人類因此在宇宙中的極小和無限之間，佔著中間的地位：對空無而言，他是一個「全體」，對「全體」而言，他卻是個空無。這種中間的地位，便是人類處境的終極而且重要的事實，這是巴斯卡留給我們的；它也明白說出，我們能夠對人類理智的範圍與能力有什麼指望。它同時也是人類存在的有限性的最適當圖像，兩端都好像是受到空無的入侵。人就是他的有限性。如果我們在這主要是空間和物質的圖像上，再加上無垠時間的考慮，便可以得到巴斯卡對人類存在性質的最後判斷：

> 我一想到我生命的短暫，前後都被永恆吞沒；想到我佔有以及眼睛所見的小小空間，包圍在我不認識、而也不認識我的無盡空間裡；這時我嚇壞了，並且奇怪為什麼在這裡而不在那裡，為什麼是此刻而非彼時？

讀這一段話，我們不再是處於德篤靈或是聖奧古斯丁那種基督教擴展征服的狂熱世界裡；也不處於天眞美麗彼德・達緬尼或聖伯納創造的天眞美麗基督教藝術世界裡；更不是處於鄧士・斯哥達斯辯論聖湯瑪斯立場、以及基督教信仰勢力大得可以跟亞里斯多德奇蹟般結合的世界裡。不；巴斯卡描繪的乃是我們的世界，現在世界；讀著他的作品，我們進入那個世界，有親切如歸的感覺，因爲我們在那裡跟他當年一樣，無家可歸。

巴斯卡逝於一六六二年。接著來的是一世紀令人目眩的光明——啓蒙時期——因此他的榜樣似乎不受需要，就此遭到遺忘。啓蒙時期的光明於是乃成爲它自己的黑暗。我們不能低估這一傑出時代的成就。在那個世紀裡，數學和物理學的成就愈加擴充；牛頓的宇宙成了一項確鑿的勝利，並且，利用極爲豐富而具有驚人創力的數學分析，似乎可以解答大自然的一切難題。理智在數學以及物理學上獲得的偉大勝果，自然而然顯示出它將伸展其他一切人類的經驗範疇，以便驅除古老迷信的陰影：進入法律、習俗、政治、以及歷史。「進步」的概念不僅成爲一項事實，甚且還成爲一種歷史法則。人性的完美將可藉著理智的普遍應用而達到。哲學家貢底亞克(Condillac)撰寫宇宙史的大綱，它的主線就是人類從黑暗到光明的進步歷程——這項進步歷程在過去一直穩定地前進，並且會永遠這樣繼續下去。哲學家成了批評家，攻擊他們四周社會中古時期的野蠻未開。本世紀的象徵和高潮，發生在法國大革命沸騰時的一段奇異插曲上：一位著名的女演員扮演著「理智女神」，在聖母堂加冕。我們的理智女士竟在天后的廟堂裡——任何稍稍了解女神個性和歷史的人，但看這一招反諷就知道暴風雨的天氣不遠了，不僅法國如此，整個歐洲文明莫不皆然。

可是，在這屬於牛頓以及理智女神的世界裡，也還有些不幸的靈魂；所以我們現在必須聽他們一訴怨曲。可以預料得到，首先要聽的乃是詩人的聲音。早在哲學家能夠思想存有之前，詩人就已目睹到存有。而且今番這幾位詩人力圖表現的，正是我們今日的存有處境。他們以詩歌的言辭，唱出我們這個時代的前奏曲。

早在哲學家能夠思想存有之前，詩人就已目睹到存有。他們以詩歌的言辭，唱出我們這個時代的前奏曲。

6 逃離飛島勒普達
The Flight from Laputa

任何人只要讀過史威福（Swift）的《格列佛遊記》（*Gulliver's Travels*），大概都不會忘記遊歷勒普達的那段插曲；這在那本偉大而富於幻想的書中，是最奇妙怪誕的一段。勒普達是一個浮游空中的島嶼。它藉著一股巨大磁石的力量推動，並且由磁力線導航，這在我們後世人來說，大概是像雷達裝置一類的東西。史威福的科技知識還不夠進步，所以他無法想像讓這個齊伯林飛船（Zepplin）似小島上的居民跟地球一刀兩斷：用來駕駛的磁力線還是地球的，所以就此而言，勒普達人與地球不可分割。然而，在格列佛漫長而多采多姿的旅途中，他們要算是最接近空中生物的東西，他們的性格十分接近虛空飄渺的元素。

他們本性之中這種飄渺的性質是由什麼組成的，我們很快就發現了。遭遇海難的格列佛被搭救到這個島嶼的時候，發現這些居民是他見到過長像最怪的東西。他們的眼睛並不注視他們面前的人或物；而是一隻眼睛朝上，好像永遠在思索著星辰，另一隻則向內，做空洞茫然內省狀。他們的衣服飾有日月星辰以及各種樂器的標記。我們會猜想這些飄渺的傢伙從事數學或數學天文學的研究，因爲這些是頂抽象的學問，跟世俗最不相干。可是爲什麼有音樂這個最需要直接感情的藝術呢？音樂的感情這一面當然不是史威福當時心理想到的；在他的意思裡，勒普達的音樂具有的意義，應該是畢達哥拉斯或柏拉圖傳統中音樂的意義，只當做一門純粹數學的研究，一門應用算術。因此勒普達可以稱爲正牌柏拉圖信徒的王國，而史威福的想像力賦予這個民族一個實際居住的地方，以配合他們的柏拉圖精神：一個飄浮於藍天的島嶼。史威福的粗野不馴，形之於他替這個地方取的名字（按：西班牙文la puta意爲娼妓）令人想起路德(Luther)同樣粗獷的呼喊：「理智，那娼妓！」

由於他們控制著底下大地的空氣，勒普達人乃左右了凡俗的世人。可是，凡俗的世人似乎比他們的主子快樂得多。事實上這些勒普達人雖然擁有權力，卻是悲慘的一群。這些專用大腦的人，無法享受普通人談話時的交流。他們參加集會的時候，必須有個侍童帶著一根棍子做伴，棍末有個袋子裝著鵝卵石或是晒乾的豆粒；主人跟另一個勒普達人交談的時候，侍童就根據實際情形敲打主人的嘴巴或耳朵，棍子卡拉卡拉做響，示意主人什麼時候說話，什麼時候傾聽。否則這個心不在焉的智者可能陷入其他沈思，而把他眼前那個人忘得一乾二淨。在勒普達吃飯的時候，格列佛發現端上來的食物都切成各種幾何圖形。裁縫師來替格列佛量製衣服，他帶了六分儀、四分儀，以及其他精確的工具來測量；然後帶回來一套極不合身的衣服。幾何學顯然無法正確衡量有機的人體；一個普普通通的卷尺可以隨人體的外型而調整，反而更管用。格列佛訪問了他們的科學院，發現這些勒普達人正從事各種異想天開的研究計劃。其實，這些研究在我們今天看來，可能並不那麼荒唐；它們的確跟現代的科學發明有類似之處。顯然，我們朝勒普達看齊的程度，已經超乎史威福的想像。

我們不必詳細討論史威福如何瞧不起這些空洞抽象的心智。事實上，格列佛在這個島上經歷的大小事，都不如這些人自己可怕的容貌那樣令我們難以忘懷。不過，有一件小事情可以提供這整個插曲一個人性的觀點。勒普達人的太太跟她們柏拉圖式的丈夫相處得並不快樂；而就在格列佛到達這個王國前不久，宮廷裡鬧過一次醜聞，因為宰相的夫人不顧一切勸阻，逃到下界，情願受一個酗酒並且揍她的老僕役虐待。身為自然生物的女人喜歡熱情而不喜歡純粹的理智，即使這種熱情伴隨著酗酒和毆打。一頓揍至少是對某人個體存在的一種承認。

在格列佛遊記的這一段裡，史威福似乎毫無做預言家的意思。他的脾性十分乾脆、積極，並且極為現實，所以沒有戴上預言家的頭巾。能夠今日事今日畢就很夠了——而他要處理的事也太多，既要承受英國政治的愚昧，還要容忍愛爾蘭單調沈悶的生活；照他自己的說法，上天遣他到愛爾蘭去，像老鼠在洞裡一樣死去。話雖如此，《格列佛遊記》（一七二六年問世的書）裡面這段插曲可以視為此後一百五十年的西歐文化史——

或者至少是其中一大段——的預言。預言家的影響跟他的性格成比例；正因史威福是這樣一種人，所以他的見證更有力量。要是史威福具有任何浪漫主義偏激的、異國的色彩，那麼我們可以認爲他預言式的酷評乃是一個由不幸過早誕生的浪漫脾性產生的怪物。然而史威福是個偉大的散文家，因爲他寫的是散文，不是別的東西；他的散文大概是英國文學史上簡單明瞭、直截了當的散文最佳範例；而且這個人的脾性跟他的文字很相稱。他從來沒有贊成過任何不合理性的人生態度；他一再歌頌理智的優點，不過他指的都是世俗的、現實的理智。他對理智的抽象活動沒什麼興趣——也沒什麼能力：《格列佛遊記》裡勒普達飛島的那段插曲，幾乎可以當做是史威福對三一學院主試官的最後報復；那些人曾因他邏輯成績欠佳而給他不及格。勒普達飛島的意象既是來自這麼一個個性平直而不浪漫的人，它大概是我們找得到的最有份量的預言了。這個預言代表的人物和運動，有時會發現自己處在宰相夫人的極端困境，隨時準備投入酗酒僕役的懷抱，如果此外別無其他辦法可以脫離荒瘠的理智王國。畢竟，在追求戴奧尼色斯式(Dionysian)的生活之際，我們不能要求個人謹守雅趣。

那麼，史威福預言的這些人物及運動是誰呢？

浪漫主義者

史威福的作品問世後不久，浪漫主義運動就在英國萌芽；這整個運動，追究起來，乃是想逃離飛島勒普達的一種企圖。無論我們愛怎麼認定浪漫主義——說它是個人對古典主義絕對法則的反抗也好，或是感情對理智的反抗也好，甚或是代表自然抗議工業社會的入侵也好——有一點很清楚：它努力尋求存在的完整和自然；這在現代世界裡卻有漸被湮沒遺忘的危險。浪漫運動並不局限於一個國家；像精力與熱心合成的一陣強烈震波，它傳遞了整個歐洲——英國、法國、德國、義大利。各個國家的表現容有差異，總能保存相同的特質。英國方面的代表人物裡，有三位詩人——布雷克(Blake)、華滋華斯(Wordsworth)、和柯立芝(Coleridge)——值得在此一提。

布雷克很容易就被認做是**反抗**工業革命的詩人。輪子、工廠，熔爐、煙霧、以及撒旦式的磨坊——這些意象散見在他的詩篇裡。艾略特早年寫了一篇相當自以爲是的文章，使我們當時的學界以爲布雷克沒什麼思想，其實他是頗具思想的詩人。布雷克不僅批評當時的工業社會，並且批評造成工業主義的那種特別的心智態度：

以及牛頓的米粒子
是以色列帳篷閃亮之處
紅海岸上的沙粒。

在布雷克眼裡，磨坊跟熔爐都是罪惡，因爲它們代表抽象而機械化的心靈，意味人類的死亡。葛瑞夫茲(Robert Graves)在他預言式的書裡曾經辯說，布雷克想要使源於基督教以前的不列顛的古老詩歌傳統復活。這很可能是事實，但是我認爲我們不該忽略：布雷克說他的詩集是「預言的」；而預言跟未來相關；做爲一個眞正的預言者，布雷克關心的是人類可能變成什麼模樣。這些集子裡有一本叫《天堂和地獄的結合》(*The Marriage of Heaven and Hell*)，具有特別意義，因爲在許多方面它預示了尼采，正如它在許多方面預示了我們這個世紀的心理學家榮格一樣。一心想要追尋古代英國「蒼綠怡人之土」的人，寫不出「在屍骨上犁田」這個警句。布雷克認爲如果人結合他的地獄和天堂、邪惡和善良，他就會變成世界得未曾有的生物。尼采把同樣的見解說得很詭譎：「人類必須變得更善並且更惡。」

論到布雷克，值得在此一開始就加以強調這一點，因爲浪漫主義的確在許多方面都好像是振興或回到古代，回復哥特人的時代或荷馬的希臘、或是回復富有吸力而又似乎能擺脫現代俗氣的任何過去年代；有些人對這個運動幾乎就是如此解釋的。但在基本上，即使浪漫主義者有時候自己蒙在鼓裡，推動他們的其實是一種未來的幻景、是人類可能性的幻景，而不是過去的景象；是人類可能成爲的景象，而不是他過去曾經是的景象。此所以認爲詩人是眞正預言家的傳統，在他們身上活潑而有生氣。

由於華滋華斯是這麼令人尊敬的人物——我們幾乎可以把他看成爲穿著長靴、仁慈的英國牧師——我們不致誤以爲浪漫主義的內在意義可以在異國情調、在絢麗的采風以及濃厚的傳奇裡尋找。除了德國詩人何德林（Höderlin）以外，華滋華斯大概是浪漫主義之中最富哲理的詩人了；而居然沒有一個英國哲學家對他的詩加以評論，像海德格之於何德林的詩，實在很令人抱憾。懷德海自己的哲學得力於華滋華斯對大自然的感情之處頗多，所以在他的作品裡偶有精彩的旁白，但也僅此而已。華滋華斯是個富於哲理的詩人，原因不在他略懂一點柏拉圖學說，又從柯立芝那裡拾得德國超越主義（Transcendentalism）的皮毛，並且把這些零星的哲學，像箴言一般寫進他最有名的詩篇。他的哲學深度的極限也不在於他的批評理智——而且批評得十分正確——認爲它切斷了我們對大自然的直接感受：

人的理智多管閒事

破壞事物的優美形狀：

我們謀殺以求解析。

華滋華斯最富哲理的時候，不在他寫出精簡格言之際，也不在他導出一個明顯教訓的當兒。一種更深沉的哲學存在他的某些詩歌裡；在其中他幾乎以奇蹟般的手法，能夠把人確定在大自然裡，顯示出他的存有是一種內存有（being-in）。因此，〈決心與自立〉（Resolution and Independence）這首名詩劈頭就是下列兩行偉大的詩：

徹夜狂風聲似吼，
雨水猛襲落如洪。

詩人徘徊荒野，遇見一位老者正在湖邊採水蛭，聽了他的遭遇，有感於老者的榜樣，做了一番斯多噶式的結論，認爲必須以勇氣面對生活。然而令人難以忘懷的，是他用神奇的筆法，寫出採蛭者，還有石頭、樹木、荒漠，在大自然之中的地位。懷德海管這種特質叫事物一體性；他還說，是因爲研讀華滋華斯一類的詩人，才偶然獲得這種認識。可是懷德海的話還不夠透澈；並不是說，人在本質上跟大自然裡的其他東西一體；而是說，在他是個東西以前，他是個內存；他的存有，在成爲事物的存有以前，是個內存有。

華滋華斯自己從來沒有用概念表達出這個意見；也許他還欠缺用概念把握的功力，也許這種存有的意義很難用概念把握。然而它總是在那裡，表現在他的詩篇；也因此才使得他另外一切的詩具有積極的意義；在那些詩裡他僅僅發出勸誡，說都市人——他的意思是指現代人——由於自絕於大自然，也就自絕於自己的存有根本。

柯立芝的哲學素養雖然比華滋華斯高深，可是，這方面柯立芝的作品在哲學上卻沒有那麼重要。他最成功最著名的詩篇——例如《古舟子詠》（*The Ancient Mariner*）、《忽必烈汗》（*Kubla Khan*）、《柯麗絲德貝》（*Christabel*）——表現的主要是浪漫主義「傳奇」的一面，運用自由的想像力，在新古典主義嚴格的範疇以外尋找它的材料。但是在一首詩、一首十分偉大的詩，《失意賦》（*Dejection: An Ode*）裡，柯立芝創造出極為現代的東西，我們甚至可以稱之為存在主義式的，儘管它寫在存在主義者以前。這首賦是傷嘆他逐漸凋敝的詩才；詩才乾涸，因為柯立芝已經無法在大自然中間找到樂趣。這種才能和接觸大自然的才能是一樣的。柯立芝對這事的描寫所以如此感人，乃是因為他親自體會到這個感覺；華滋華斯抗議人類和自然的隔閡，傷嘆的是他被隔斷的同胞，不是他自己——他自己和自然接觸的力量似乎安然無恙。然而柯立芝因為他本人就是倒霉的一個——疏隔、孤獨、可憐、被棄——所以成了從內部探討這個純然現代情緒的第一個人。人類這樣隔絕了自然，後果如何？在此，柯立芝全然以存在主義的形式，遭遇焦慮本身。他無法找到這個焦慮的癥結，無法將之固定在任何確鑿的東西、事情、或人身上；焦慮來自空洞或非存有的顯現。

一種無聲的痛苦，空洞、漆黑、而沈寂，
一種窒息、乏味、缺乏熱情的痛苦，
尋不著自然的出口或慰撫，
於文字、傷嘆、或淚珠裡——

可憐柯立芝滿腦子的德國觀念論，對這種經驗卻隻字未提；它甚至無法提供必要的術語，以期對它做哲學上的了解。齊克果還沒有把不安的分析介紹哲學裡。但是，詩人柯立芝比哲人柯立芝更早看到、更早了解。

這時柯立芝憂鬱的處境，正是浮士德在歌德(Goethe)劇本一開始的處境。兩個人都處於或瀕於崩潰的情境，陷入感情的癱瘓裡，一切都成灰塵，包括多管閒事壓迫他們兩人的理智。柯立芝已經斷送在德國形上學的手裡：

藉著玄奧的研究
從我的本性中竊取一切自然人；

浮士德則因妄想精通人類一切學問而送命；歌德在最後解除理智之蠱的聲明裡，拋棄了這個念頭：「**灰黯的是所有理論，青翠的是生命光耀的樹。**」柯立芝的詩裡，個人味道極爲濃厚，我們不能把這跟歌德相似的地方，當做一種文學上的效顰：無寧說，這是緣於一種對當時人們極爲重大的經驗，至今仍舊。歌德在他中年——他的命很長——的時候，堅決要脫離浪漫運動。如果說這一項表示，是對早期作品如《少年維特的煩惱》（*Werther*）的傷感而發，那當然很有道理；可是浮士德的主題，在歌德早年就已盤踞他的胸次，那時正當他最浪漫的時期，而且這個主題繼續使他記掛了一輩子。由於他最偉大的作品討論的是浪漫主義的中心問題，所以任何有關浪漫運動的敘述都少不了要談到它，而且眞正說起來，歌德在詩中對這問題的處理，乃是他青年時期一切浪漫主義經驗的頂峰。

在此我們之所以特別注意《浮士德》，是因爲它處理的問題，正是尼采後來在他自己生命以及他的哲學裡全力以赴的問題：人類如何才能從當代的絕望中，誕生爲歷史上前所未有的更爲完全更有活力的存有？歌德沒有使用尼采的超人一詞；然而我們在《浮士德》的第二部分（完稿於詩人逝世之前不久）裡遭遇到的正是歌德自己對一種超級生物的概念，說穿了就是超人，這一點不容置疑，因爲老年的浮士德，幾乎已經超越了他的人性。這齣戲一開始，浮士德因爲生命的泉水已經在他的心中乾涸，決心要自殺；而毒杯剛剛舉到唇邊，他又因爲街上傳來慶祝基督復活的頌詩而停了下來。千鈞一髮之際，基督教的回憶插上了手：浮士德歌德依舊和人類的集體存有深相聯繫；對他們來說，復活的象徵當然是基督。既然他不要自殺，那麼浮士德要怎樣才能重生？梅菲斯托斐勒斯(Mephistopheles)出現了;浮士德跟魔鬼簽約,於是從乾癟的老學者搖身一變,成爲容光煥發的美少年。這和布雷克主張的解決人類精神問題的辦法一樣:天堂和地獄的結合,和自己的惡魔簽約;或者,套用尼采的話,結合自己的善與惡,以期達到超乎善惡的境地,因爲它成爲善惡兩者的源頭——渴盼生與長的自我。

原來的浮士德是個改行窮研魔法和妖術的中世紀老學究;到了馬羅(Marlowe)寫的《浮士德博士》,浮士德成爲瘋狂的術士,想要尋找超乎教宗和皇帝的權力。歌德內化了浮士德的追求,實際上把他變成跟他同時代的人物;不過,原先陪襯的法術仍舊環繞著這個角色。歌德自己有一陣子讀過許多煉金術的書;而且當初浮士德這個歷史人物所以會吸引他,部分是由於他那法術的黑色光暈——一種企圖超越普通人性的象徵。說來,魔法和煉金術用來象徵我們對自由的想望,實在極爲恰當。在日常生活裡,自由意志的問題並不表現在哲學冷靜枯燥的抽象概念。要想解放自己,所謂打破約束自己的環境枷鎖,無論是內在的或外在的,都等於經歷類似能夠爲所欲爲的魔法一類的事物。魔術師的形象,可以說,就是人類自由的原始形象。學者告訴我們,在中國某些古籍裡,有些通常譯爲「君子」的字,如果譯爲「術士」反倒恰當些;而且事實上聖賢是君子,能夠自律律人,所以在古人看來,一定以爲他是有特別本事的術士。總而言之,魔法和煉金術出現在整個浪漫運動的過程裡,一直是根基深固的原始象徵,代表追求更高更全的存在層次的熱望。甚至老年的歌德(那時已經冷靜、古典,像奧林帕斯山上的諸神),在

《浮士德》第二部分裡，也還引進一場煉金的戲，其中有一個小人homunculus——他大概是未來的人類？——被浸泡在蒸餾器裡面。

到了後期法國浪漫主義轉入象徵主義的時候，詩人對法術的這種精神追求，變得更加值得注意。波特萊爾(Baudelaire)是本運動在這一時期裡的最重要人物，是我們所謂「現代詩」的開山鼻祖。他是第一個城市詩人，正如他以前的都是鄉村詩人。所以，他唱出人類疏隔的曲子，曲調新穎，更趨極端。華滋華斯是個鄉下人，觀察都市並譴責都市，但總是從外面來描寫它；波特萊爾卻是置身於都市，置身於陌生而沒有臉的人群蟻丘裡，他在他們的街道上是個異鄉人。浪漫主義的憂鬱，如我們在柯立芝身上所看到，正是人類發現自己脫離了存有；到了波特萊爾，憂鬱成了**怨氣**，並且採取了反抗的形式。它不僅對布爾喬亞社會的物質主義做一種社會的反抗，也對現代實證主義與科學主義造成的世界做一種玄學的反抗。詩人在這種世界裡面找不到眞實，他必須到某種另外的存有領域裡去尋找。因此，波特萊爾才有「對當」(correspondance)的理論；根據這種理論，詩人必須在大自然中尋找神秘晦澀的意象，頗有點類似古代的占星卜卦者。從此詩不僅是創造詩行的藝術，同時也是一種法術，用來達到某種更眞更實的存有領域。詩成了宗教的代用品。

當然，由於抱著最後這一項態度，波特萊爾和他的門徒頗受到一些法國天主教徒批評家的攻擊。這些批評家認爲：如果人類繼續留在他的歷史容器——基督教信仰——裡的話，詩歌也就不會發展出這麼多怪名堂。這話當然不錯。可是妄自尊大對這些詩人說教，好像他們是逃家的不良孩童一般，這是行不通的。其實，根本就沒有家可以讓他們留宿。十九世紀他們投入的人類處境，並不是他們自己創造的；他們不過把它當做自己的乖舛命運來經歷；至於其他比較魯鈍的人，他們還懵懵懂懂不知道世界上發生了什麼事。我們在此討論的不只是一種美學倒錯(aesthetic perversion)，而是一種眞正的人類反抗——這一點在詩人韓波(Rimbaud)身上已經無庸置疑；他的反抗何其眞實，乃至詩人竟爲此而喪命。把浪漫派詩人看成過度的、自溺的唯美論者，這是一種錯誤；對他們來說，美學態度的價値總是形而上的，並且關乎整個人類的處境。

從華滋華斯的平和寧靜到韓波的狂猛激烈（他預告出「刺客的時代」），似乎是十分漫長的一段。然而這種淵源是直接的；只消有些情勢變得稍爲劇烈，便產生了後期浪漫主義，取早期的而代之。別人可能無法接觸到大自然，但是華滋華斯，我們說過，一直確信至少他自己還保有天糧，接觸自然。他的確保有那天糧；而就算保有的時間不久，華滋華斯也因太過自滿，永遠看不到自己在什麼時失去過它。因此他從來沒有分嚐到其他浪漫派伙伴的沮喪。可是詩人一旦失去了那天糧，或者失去那種自信永遠不會失去它的安全感，他就會發現自己分享到其他人類孤獨被棄的命運。他的沮喪一旦變成絕望，只要配合上一種猛烈的權力意志，就會在必要時使用最極端的手段重新光復存在的失土，因爲他是從那裡被攆出來的——就產生了韓波這種人物。韓波一直忠於他的理想：

他結果放棄詩歌，離開了歐洲——他認爲是無可挽回的文明——跑到阿比西尼亞弄槍去。他認爲詩是對一種未知眞理的啓示，這種要求太過嚴苛；到後來他每談到詩，便厭惡的說是「我的一樁傻事」。總之，它變得跟他鍛鍊自我的最後目標毫不相干。對企圖超越人性的人來講，詩是不夠的：它只會引起派系文人的爭辯或是枯燥教授的註釋，而且詩人會再度被羈絆在一個陳腐機械的文明之網。韓波像一顆飛彈，竄起法國詩歌的蒼穹，並且藉著彈道的力量，超出了它的範疇。但在這光輝璀璨的飛行過程中，他揭露出浪漫主義一切潛在的問題。

舉例來說，韓波跟西方文明——白色人種的文明——的全面決裂，象徵著這個文明一種**內部**的破裂。因此，在宣稱以原始主義爲藝術及生活目標的創作藝術家群裡，韓波是先導人物。從高更(Gauguin)到勞倫斯(D. H. Lawrence)，原始主義在現代藝術裡的材料十分複雜而豐盛，所以學院派人士或理性主義者如果只把它當做「頹廢」的象徵，棄而不顧，那就大大失策。至少我們可以問，頹廢的莫非是文化自身，而不是那些處在文化裡面，極力重尋人類生命泉源的創作者。在韓波看來，原始主義絕對不是精神的一種傷感裝飾，不是對南海以及穿著草裙的南洋少女的一種非法渴望；相反地，它是一種熱切而眞誠的努力，想要回到存有以及理想的原始、基本源頭。我們承認他這項努力爲有效，爲必要，並不一定要贊同韓波所採取的特別方式。韓波最後屈服在強烈的行動意志下，因此證明出他自己是西方文明之子。他似乎沒有找到其他可能的途徑。然而，在順著這條途徑走的時候，他把貯存於浪漫主義自身、富有爆炸性的精力和行動的巨大潛能都展示出來。浪漫主義的憂鬱並非沉悶或沒有生氣的東西；它也不是少數個人神經、無能、或疾病的迸發；它其實啓示出現代人已經陷入的人類處境——這個處境便是對存有本身的疏隔。不過，人類一旦失去和大自然的接觸，卻能暈眩醺然把握到人類的可能性，把握到人類未來的變化；相形之下，法師術士古老的神話實在是太蒼白沒有血色了。韓波就是這些可能性的詩人，正如尼采是它們的思想家。

俄國人：杜斯妥也夫斯基和托爾斯泰

從巴黎到莫斯科或到聖彼德堡是一段漫長的旅程；從後期的浪漫主義和象徵主義，到偉大的俄國作家的寫實小說，似乎是更長的一段。這實在是文學環境的全面轉變。我們認爲，俄國作家最了不起的，是他們直接把握了生命，他們十分鄙視文學形式和象徵的技巧與造作——而這些是法國詩人最關心不過的。在《何謂藝術？》裡，托爾斯泰(Tolstoy)有幾頁猛烈抨擊波特萊爾和那一派，說他們是頹廢是矯揉造作的作家。不過，儘管他們對文學本質的看法差之千里，我們還是可以在俄國作家裡，發現他們對現代人具有同樣的眞知灼見。就存在主義而言，我們現在處於更豐滿的土壤上。

十九世紀俄國的處境，逼得俄國作家不得不面對人類生活的終極問題。因此，無論其文學筆調如何寫實，俄國小說在骨子裡完全是形而上的，是哲學的。東西方之間的差異，當年跟現在一樣尖銳，但是它爲十九世紀作家結出的果實卻豐盛得多。俄國當時正在以極爲危險的速度吸收西方文化，這種過度吸收的結果，在她整個社會裡，產生了一種十分緊張而對峙的局面。這個國家的落後不文，固然在受過教養的俄國人裡造成嚴重而鬱積心中的自卑感，但同時也使他們面對西歐以及它的一切文明，而產生狂妄的優越感。不錯，西方代表啓蒙，可是俄國——以她廣闊的空間、泥土、不識字的農人、和古老的教堂——至少還跟孕生萬物的土地保有聯繫；而且那些斯拉夫民族至上的俄國人既然確信他們的國家負有救世的使命，便能夠像他們今天這樣，揚棄西方的頹廢。「知識分子」（intelligentsia）一辭源於俄國；這個字的造成，證明知識分子，無論他們原來的社會或經濟階級如何，感覺到他們是俄國的一個特殊文化集團，因爲他們在本質上和社會其他人隔離了。除了莫斯科和彼得堡文化圈子放射出來的小股光芒以外，俄國乃是一片無涯的荒原，居住著落後的農人以及顢頇的上流人士。知識分子確認自己是一種階層，這是因爲在他們的國度裡，社會的頭顱跟社會的軀體隔得太遠。一九一七年共產主義的出現，是整個俄國發展的一部分，萌芽於十八世紀彼得大帝激烈的強迫西化。社會和政治的改革由上壓下，新的方式壓迫舊的，必然會造成尖銳的脫節與緊張。十九世紀的俄國作家有機會（現在的作家沒有了）把這種人類的大動盪至少形成一種精神啓示，如果不是形成一種社會批評。

由於他們處在西方文化之外——一方面貪婪地吸收它，做為他們自己文學行業不可或缺的工具；另方面勢必站在一旁，以便確立他們自己的身分——俄國作家的地位乃特殊而有利，他們看得到西方眼睛看不到的這個文化的一面。身為知識分子，他們自己的存在和俄國其他廣大、散漫、落後的社會體之間積不相容；矛盾之大，使得他們看出，這是事關整個啓蒙潮流的重大衝突。知識分子這個階層受苦的程度，視他們跟其他人類隔絕的程度而定。然而知識分子是理智的化身，而理智自身要是脫離了一般人的具體生活，勢必頹毀。頭顱如果距離身子太遠，它就會乾癟——不然就發瘋。整個歐洲啓蒙運動，在這些作家眼裡，正面臨這種威脅。假如把托爾斯泰和杜斯妥也夫斯基這種感覺只當做俄國民族主義的表現，或當做俄國自卑感化為優越感，那就錯了；應該說，俄國的處境，使得這些人能夠看到一個確鑿的威脅。

一個處於錯置和動盪或革命過程之中的社會，勢必為個人帶來痛苦，但是這種痛苦本身能夠使人更接近他自己的存在。習慣和常規是掩蓋我們存在的大紗縵。只要它們安穩篤定，我們便無須考慮生命的意義；它的意義似乎已經十足表現在日常習慣的勝利中。然而，社會結構一旦崩散，人猝然被拋到外界，離開他一度自動接受的習慣和標準。到了外界，他開始追問。俄國人被拋到西方啓蒙運動的冷冽空氣中，再加上它的理智、進步、以及自由主義種種的理想，他發覺自己古老的宗教是個燙手的問題。上帝、自由、跟永生不是專業哲學的論題，而成為每一個人的論題。我們聽人說起俄國青年過去如何辯論這些問題，徹夜不眠。這種稚氣和熱情在西方正逐漸消失，雖然同樣的辯論，在一世紀以前也曾有過。正由於俄國在這方面是個落後的國家——因爲它還沒有形成專業或學院式的哲學傳統——所以，在這些問題以及這些問題勢必引發的熱烈情緒之間，沒有絕緣板。然而，沒有哲學傳統並不一定表示缺乏哲學的啓示：俄國人沒有哲學家，但是他們的確有杜斯妥也夫斯基和托爾斯泰；而這種替換恐怕並不完全是損失。到了下一個世紀，一位專業哲學家海德格開始檢討死亡的意義，他就是以托爾斯泰的一篇小說，《伊凡・伊里奇之死》（*The Death of Ivan Ilyich*），爲出發點；伯第葉夫和謝斯德夫之類的思想家也曾寫過整本整本的巨册，討論杜斯妥也夫斯基的存在主義式創見。

杜斯妥也夫斯基從西伯利亞監禁回來以後的第一部小說，是《死屋手記》（*Memoirs from the House of the Dead*）。由於這本書是他經歷過他的生命中最重要的事件——幾乎被行刑隊槍斃，以及他在西伯利亞的徒刑——之後寫的，所以可以看成眞正杜斯妥也夫斯基的開始。構成本書第二部分的敘述，也是小說的正文，我們很可以略去不讀；但是第一部分描寫在西伯利亞的牢獄生活，如果要了解杜斯妥也夫斯基對人性最深刻的認識，這是極其重要的文字。像他在西伯利亞牢獄這種經歷，是整個西方文化人文傳統無法想像的；因此由它而產生的對人的認識，必然是那個傳統前所未有的。亞里斯多德界說人是理性動物，但是，任何一個古典主義者或唯理主義者，在經過這場人性大混亂以後，也不能保持他的舊有信念。杜斯妥也夫斯基在跟他一同生活的犯人身上看到的，正是他最後終於在人性中心看到的：矛盾、衝突、沒有理性。這些犯人除了有一種獸性和殘暴以外，也有一種稚氣和純眞，跟小孩子幼稚的殘忍沒什麼兩樣。他認識的那些人不能劃爲罪犯一型，而和其他的族類——人——分隔；這些犯人不是「類型」，而是完全個人的生物：猛烈、精力充沛，活生生的正統後裔。跟他們處在一起，杜斯妥也夫斯基面對著人性惡魔的一面：也許人類不是理性的動物，而是惡魔的動物。一個看不到惡魔面的唯理主義者無法了解人類；他甚至無法了解我們現在的社會新聞。

在《死屋手記》裡，哲學的主題一直沒有點出；它只是表現在小說家討論的人性材料之中。可是，在《罪與罰》(*Crime and Punishment*)裡，杜斯妥也夫斯基開始了他專擅的主題小說(thematic novel)。主人翁拉斯克尼可夫(Raskolnikov)是孤立的知識分子——同時隔離了集體的人類以及他自己的存有。旣饑餓又孤獨，他就利用自己的理智，設計出一套超人的理論（在尼采之前）；這個超人以自己過人的勇敢和力量，打破了一切普通的道德規範。之後，爲了試驗他的理論，他殺死一個年老的典當商。然而，這個犯人承擔不起他的罪過：拉斯克尼可夫的理論並沒有考慮到他的自我；犯罪感帶來了崩潰。抑壓在這個知識分子裡的情感——一般人對奪取生命的恐怖——全部都迸出來復仇。驅使拉斯克尼可夫犯罪的，根本不是他向自己編造的理由：他推理說，「我很窮，這個開當舖的老太婆是個吸血的蝨子；我若是殺死她，把她搶了，就可以解除我媽媽供養我讀書的重擔」；其實呢，正如他最後向蘇妮亞(Sonia)這個女孩子承認的，他殺人是爲了證明自己不跟其他普通人一樣是個蝨子。因此，要求權力的意志——這種惡魔的意志——在尼采用來做他的主題以前，就已經被杜斯妥也夫斯基發掘。不過，跟尼采不同，杜斯妥也夫斯基並沒有忽視這種驅力的純粹辯證的或對立的本性：要求權力的意志不但是力量，也是脆弱；而且它愈是離開了人格的其他部分，就會因爲脆弱而愈變得不顧死活。因此拉斯克尼可夫的殺人是出於不安與脆弱，不是出於權力過剩；他殺人是因爲他很怕自己是個無名小卒。而實際上他是無名小卒，因爲他的心智已經跟他的其餘部分脫離得太過，乃至我們很可以說他不是個自我。

理智有這些破壞甚至犯罪的可能性，乃是杜斯妥也夫斯基變調中不變的哲學主題。在《卡拉馬助夫兄弟們》(*The Brothers Karamazov*)裡，具有吸引力的伊凡・卡拉馬助夫由於理性執著的驕傲，起而反抗上帝；他最後得了一種醫學上含混不清的「腦熱」而告崩潰，眞是最恰當不過的了——天罰利用冒瀆的器官來擊倒它的犧牲者。在《受蠱者》(*The Possessed*)裡面，我們看到一群政治上的智識分子受到魔鬼的蠱惑，爲了進步、理智、社會主義這些空泛抽象的理想，隨時甘願陰謀、欺騙、甚至殺人。在三〇年代馬克思主義時期裡，我們自己的知識分子當中還有些人認爲這是癡人說夢；然而由於最近二十年來政局的變動，《受蠱者》不再給人那種印象了。話雖如此，有些自由派人士仍舊覺得杜斯妥也夫斯基說得過火；覺得儘管他對五、六十年以後俄國政局發展的預言有驚人的正確性，他的訊息有太多是受到古代救世基督教的束縛。

當然，做爲思想家的杜斯妥也夫斯基，並非絕不出錯：他的思想太明顯地沾染上思想者的存有，因此常常具有一種瘋狂而且歇斯底里的性質。可是，做爲心理學家、或者更說是做爲表現人類某種心理層面的藝術家杜斯妥也夫斯基，如果我們忽視他擺在我們面前有關人類處境的資料，便是愚昧得可以。弗洛依德論起他的時候，冷淡地說，「他原可以成爲人類的解放者，可是他卻選擇了做爲人類的獄吏。」言下之意，杜斯妥也夫斯基若是弗洛依德的信徒，當更能爲某種現代人接受；可是那樣一來，他將不成其爲心理學家。杜斯妥也夫斯基對啓蒙思潮的攻擊表現在他的作品中，最能使現代讀者信服的，似乎是《地下室手記》(*Notes from Underground*)這個中篇小說。說來奇怪，這本書對人性的晦澀攻擊所以能夠造成影響，主要是由於我們的耳朵受到近代心理分析學家的訓練，已經頗能適應了；另一方面，因爲在這本書裡，杜斯妥也夫斯基的心理探索跟他的基督教信仰之間，沒有顯著的關聯。我們似乎已經到了一種地步，願意相信對人性的最惡劣批評，只要它跟任何宗教救贖的希望都不相關。

《地下室手記》發表於一八六四年。這個作品的第一部分是世界文學裡出奇的獨白：地下室人——俄國官僚政府裡面一個微不足道的小吏——道出了他的怨氣、憤慨、和他對自由的執著渴望。在洋洋灑灑的長篇議論裡，他多次提到「宏偉的水晶宮」，象徵啓蒙運動，以及它追求一個純粹合乎理性的人生秩序的夢想。一八五一年，倫敦世界博覽會會址的興建，使這個水晶宮有了具體的形式。在這個博覽會裡，布爾喬亞世紀慶祝它自己的物質進步；而博覽會在領導工業革命、領導自由議會政制的英國舉行，實在是最恰當的事。杜斯妥也夫斯基的地下室人，乃是俄國人對供奉在水晶宮裡這一切迷夢的當頭棒喝。地下室人就是每一個人，或者至少是每個人內部的一個層面；他反對那座宮殿以及自由的十九世紀代表的一切。他大聲疾呼：在一個理性的烏托邦裡，人可能無聊而死，不然就會爲了逃避這種無聊而開始刺戳他的鄰人——原因無它，只想伸張他的自由。如果科學能夠了解一切現象，以致最後在一個純然理性的社會裡，人類跟機器上的齒輪一樣成爲可以預測的東西，那時候，人類在這種想要知道並伸張他的自由的需要驅策之下，會起而把機器打個粉碎。啓蒙運動中，改革派因爲夢想一個完美的社會組織而忽略的事實，杜斯妥也夫斯基以他小說家的法眼看得一淸二楚：也就是說，隨著近代社會組織的日益繁複，在它的銜接處乃堆起許多像地下室人一樣的小人物；這些人雖然毫無表情，骨子裡卻是充滿沮喪和仇恨的怪物。跟他後來的尼采一樣，杜斯妥也夫斯基也是個偉大的探險家，探討仇恨這一人類內心強而有力，有時無法解釋的動機。

杜斯妥也夫斯基是個太複雜，太猛烈的人物，實在一言難盡。他的身上除了聖人以外，也帶著點犯人的味道。批評家史查可夫(Strakhov)在他傳記式的短評裡，對這位小說家的攻擊可能太過份了些；然而杜斯妥也夫斯基的性格確乎有令人厭憎的一面。不過，也許正是由於這些人性的矛盾表現得極爲刻毒，才使杜斯妥也夫斯基成爲人類存在眞理最偉大的見證人。至少，他認爲虛無主義是現代生活的基本事實，這種理解本身絕對不是虛無的。這一點我們從《白痴》(*The Idiot*)裡面一段話可以得知。在此杜斯妥也夫斯基透露出一向主宰著，並且將繼續主宰他生命的東西。米錫金親王——基督的弄臣，也是杜斯妥也夫斯基的另一個面具——講了一個故事，僞托是從一個身分不明的人那裡聽來的；但是我們當然知道這是杜斯妥也夫斯基的親身體驗。底下就是米錫金講的故事：

> 這個人一度跟其他人被帶到斷頭台，聆聽死亡的宣判。……二十分鐘後，又聽到向他們宣讀了一道特赦令，另外換一種處罰。可是在這兩種判決之間，有二十分鐘或至少一刻鐘之久，他全然相信自己在幾分鐘之後就要斃命。……神父輪流走到每個人面前劃十字。他只有五分鐘可以活命。他告訴我，這五分鐘對他來講，好像是永恆，是無限的財富……。可是他說，那時候最可怕的就是一種不停的念頭：「我要不死該多好！我若能回到生命——該是何等的永恆！而且它會完全屬於我！我要化每一分鐘為一百年；我決不浪費任何東西，

我會計數每一分鐘的消逝，我決不浪費一分鐘！」他說，這個念頭變成極其激烈的憤怒，使得他到後來希望快點被槍斃。

這個故事敘述的，是杜斯妥也夫斯基自己被判處死刑以後又得到寬赦的經驗；其中有最後的斷言：在死亡面前，生命具有絕對的價值。死亡的意義正在於表明這種價值。這便是本故事的存在主義觀；後來托爾斯泰在他的《伊凡・伊里奇之死》裡、海德格在一整套哲學體系裡，都曾加以闡述。

從杜斯妥也夫斯基轉到托爾斯泰，有點像從某個地下工廠的陰森氣息走進光明的白晝。有人說過，每個人生下來若不是柏拉圖的信徒，就是亞里斯多德的信徒；我們也可以同樣有道理說，他生來若不是托爾斯泰的信徒，就是杜斯妥也夫斯基的信徒。如果說杜斯妥也夫斯基的小說描寫的是人類最深最廣精神的失常、病態和騷亂，相較之下，托爾斯泰乃是正常與有機體的最佳刻劃者。托爾斯泰深深感到自己跟對方這種脾性上的敵對，並且有許多年一直認爲杜斯妥也夫斯基不過是個「病態的庸材」。然而，後來那個看法改變了；到他的晚年，《卡拉馬助夫兄弟們》成爲托爾斯泰的床頭書，讀了又讀。這兩個作家之間的和解其實是理所當然的，因爲他們創造出來的文學和人性氣氛雖然大相逕庭，帶給哲學心智的啓示卻是一般無二。

我們可以從托爾斯泰的《安娜・卡列尼那》(*Anna Karenina*)選出一小段，做爲開啓他的存在主義的簡便鑰匙。卡列尼那這個做丈夫的，突然無緣無故嫉妒起他的妻子安娜。這種嫉妒在他來說，乃是對他的妻子以及對他自己道德修養的一種侮辱，因爲人家教過他：「一個人」應該信任他的妻子。卡列尼那是個十足理性的類型，是個枯燥無味、盡忠職守的知識分子；他的整個生命建立在「一個人」(沒有個性的、集體的一個人)應當如何如何之類的理性觀念上。話雖如此，意想不到的、活生生的事實卻是，他的嫉妒心瞪著眼正視著他：

他覺得自己正面對著某種不合邏輯、不能理解的東西，而不知道該怎麼辦。阿力克西・阿力山卓維區正面對著生命，面對著自己妻子愛上別人的可能性；而這在他看來十分無法理解、無法領悟，因為這就是生活。阿力克西・阿力山卓維區這輩子都是生活、工作在公家機關，接觸的是生活的影子。每當他跌撞進真正的生活裡，他都要退縮出來。如今他經歷到的感覺，就好像一個人橫過懸崖上面的橋樑之際，突然發現橋斷了，而底下就是深谷。那個深谷便是生活本身，那座橋樑是阿力克西・阿力山卓維區一向過慣的虛假生活。破題兒第一遭的，自己妻子可能愛上別人的問題向他湧現，於是他嚇壞了。

無論是做爲小說家或做爲人，托爾斯泰的大目標就是這種「面對生活」。眞理本身——人類需要的眞理——正是這種面對生活。這種眞理無法獲自理性，因爲理性事實上還可能把它蒙蔽，使我們像卡列尼那一樣，處在不具人格的地帶，只能透過各種觀念、概念、一切社會常規的抽象公式，來認識「生活的影子」；其實，眞理是關乎整個的人。在他晚年的短篇論文裡，托爾斯泰再三告訴我們，他追求的眞理，不是他光靠理性認識而來，是以他的整個存有認識而來。不過，給人印象更爲深刻的，是他眞正把這種眞理觀實現在他偉大小說的結構裡。

這些小說簡單自然的平舖直敘，使我們覺得不像是經過一般所謂文學技巧和運用的構思，而是生活本身偉大有機系統裡的部分。然而，在這平易有機的生活大範疇附近，總有一種托爾斯泰式的次要結構跟它平行發展：人們生、愛、婚、苦、趨向死亡；可是在這不斷推展的全景當中，有一個角色是托爾斯泰的使者兼精神代表，在這一切其他的自然發展中，他的故事乃是追求眞理的故事——追求他自己的眞理，還有生命本身的眞理。所以我們在《安娜．卡列尼那》裡面有李文（Levin）、在《戰爭與和平》（*War and Peace*）裡面有畢耶（Pierre）。在這些小說當中，他們經歷過的事情——際遇、愛情、婚姻、痛苦——不過是精神追求其眞理過程中的那些階段。到最後，托爾斯泰讓他們都找到這個眞理。那又是什麼？我們已經看出，那不是一種理性的眞理。李文和畢耶兩個人跟城裡的知識分子都合不來；後者不但沒有找到他們追求的答案，更由於他們生活的虛僞以及脫離大自然，反而比純樸的農人距離眞理更遠。（在這一點上，儘管托爾斯泰採用寫實主義，他其實是站在浪漫主義最深厚的傳統裡發言，好像一個忠實的華滋華斯信徒；不過他的勁力和大膽超乎華滋華斯之上。）畢耶和李文後來獲得的眞理不是理性的；此外，也沒有他們能夠斷言的命題——也沒有命題體系——足以表達出他們苦難得來的一切教訓。他們的眞理不是理性的，是存在的。這個眞理，恰恰在於他們現在更直接「面對生活本身」。他們坦然接受存有的事物；如果我們想替它物色一個哲學上的名稱，最接近的應該是海德格爲眞理下的定義：向存有開放(the openness toward Being)。

把握了托爾斯泰的眞理意義，就把握了他所有作品——小說、論文、自傳——的統一性，這種統一性之強烈，使得他的作品與衆不同。其所以如此，也許因爲托爾斯泰本身遠不僅是一個作家而已。但是任何人只要面對生活自身，必然也面對死亡，因爲死亡是生活裡無可逃避的一部分。在此，托爾斯泰對眞理的熱切追求，遇到嚴厲的勇氣考驗；而他果然經得起考驗。他對死亡的全神貫注不是病態的憂思、不是沒精打彩的虛弱、也不是畏懼怯懦，反而可以衡量出他對生活的熱愛。他的《伊凡・伊里奇之死》這篇故事描述面對死亡的意義，是任何文學當中最有力量的，原因就在於此。伊凡・伊里奇是個十足平凡的布爾喬亞——實際上，就是「每個人」；他跟普通人一樣獲得了成功、跟普通人一樣尋找到愛情、婚姻和家庭——也跟普通人一樣缺乏愛情：一言以蔽之，是個和藹可親的傢伙。他從梯子上摔下來；不過這個意外似乎微不足道，因此他對腰部的痛苦毫不在意。可是痛苦沒有消失，反而增加；他開始遍尋醫師，卻都罔效。然後他想到自己可能快要死的可怕念頭。死亡的實體並不在於軀體的組織——接受醫學檢驗的器官；它是伊凡・伊里奇自己的存在**內部**的實體；

對伊凡・伊里奇而言，只有一個問題是重要的；他的病況嚴重不嚴重？但是醫師忽略了那個無關的問題。從後者的觀點看來，這不在考慮之列，真正的問題是要在游離腎臟、慢性黏膜炎、或是盲腸炎之間做一個決定。這不是伊凡・伊里奇生或死的問題，而是游離腎臟和盲腸炎之間的問題。

死亡的實體也不在於它是一種外在的社會事實——發生在每個人身上的事件：

他從基茲威特的邏輯課學來的三段論式：「凱約斯是人，人會死，所以凱約斯會死，」適用在凱約斯身上時，似乎總是對的，可是應用在他自己身上當然不一樣。凱約斯——抽象的人——會死，一點也不錯；然而他不是凱約斯，不是一個抽象的人，他是跟其他一切大有區別的生物。

死亡的實體在於它把伊凡・伊里奇和其他人類隔離，使他回到他個人、自我的全然孤獨，並且破壞了曾經使他失去自我的社會和家庭組織。不過，死亡的出現儘管很可怕很無情，畢竟它向垂死的人透露出他一生中唯一的眞理，雖然這項透露的內容，主要是說他過的生活方式多麼沒有意義。

要不是他自己一度面對過死亡，托爾斯泰絕不可能寫出這個故事。高爾基（Maxim Gorky）有一陣子跟托爾斯泰很熟；在他的《憶托爾斯泰》（*Reminiscences of Tolstoy*）裡，對這個老人有相當生動的描寫：十分熱愛塵世、把自己曬得像蜥蜴、並且雖然年紀高大，有時迸出淫猥舉動會把高爾基——他自己已經相當強壯——弄得尷尬臉紅。然而，這樣的老人，有一天竟對高爾基說：「**如果一個人學過思想，那麼無論他想什麼，總是想到自己的死亡。所有的哲學家都是這樣。而既然有死亡，還會有什麼眞理？**」不幸，並不是所有的哲學家皆然；托爾斯泰自己要是聽了史賓諾莎的話，也一定會既嘲且怒的大聲咆哮。後者的話是哲學傳統中對這個問題的一個典型看法：「自由的人從來不考慮死，只考慮生」——好像一個人不必考慮死就可以考慮生。《我的自白》（*My Confession*）描寫的是托爾斯泰中年時候自己的精神危機，也是最偉大的存在主義文獻之一；在這本書裡，托爾斯泰訴說他自己如何遇上那可怕的、最後且嚇壞伊凡‧伊里奇的妖魔。一個幸福的人；有家、有錢、有名；擁有完全充沛的體力和智力：可是他突然認識到死亡的可能性在他的腳下張開大口，像深淵一般。他無限的精力以及對生活的掌握，使這個啓示益發顯得可怕；居然會出現這麼一個深淵，在他來講乃是荒謬不可理解的事。他回憶自己如何企圖安下心來、思想、透過科學和哲學來尋求這個荒謬奸猾事實的答案。但是理智對這個死亡的難題沒有答案：解決的方法總是一樣，好像在零等於零的等式裡。聖賢——蘇格拉底、釋迦、舊約傳道書、叔本華(Schopenhaur)——的智慧只告訴我們說，面對著死亡，生命毫無意義，並且是一種罪惡；在這同時，對這些聖賢思想一無所知的芸芸眾生卻不斷生活下去、生兒育女、傳宗接代。托爾斯泰說，生命的意義——如果有這麼一個意義——必須在這些普通靈魂裡面去找，而不是在人類偉大的理性裡。無論有什麼最終的意義，它總是屬於生命，不屬於理性。無知的村夫比聖彼得堡的博學鴻儒還要明白。

《我的自白》並不是專業哲學家的論證，但它卻是一個有力的思想行為（是無法摘要的），同時也是一件偉大的藝術作品。在那裡面，跟在他的偉大小說裡一樣，我們會碰到托爾斯泰特有的力量，打破一切虛僞和混雜，直探問題的核心。說這種力量不僅屬於藝術，也屬於思想，難道不對？而且，以它做為探求眞理的工具，恐怕跟任何哲學家深思熟慮的辯證同樣有效吧？

以上所述這一切逃離勒普達的難民，他們的脾性和文學技巧雖然各有千秋，但是批評到近代生活以及它替人類存有帶來的特殊威脅，卻十分一致。他們構成了一群令人印象深刻的證人；而他們的證詞，也只有那些已經把詩歌從理想國中剔除的柏拉圖派（或勒普達人），才會看成是詩人精神失常的囈語，不加採信。思想史家已經對標記有一種魔術般的信仰，跟古代對咒語魔術般的信仰初無二致；他們似乎認為，只消派上適當的標題——「浪漫主義」、「非理性主義」、「象徵主義」、「俄國心靈」等——就可以袪除這些作家討論的事實，正如中世紀的主教認為他只要把壞人逐出教會，就可以消除他們一樣。所有這些作家的作品指向某一件發生在西方人身上不可遏阻的事；它的力量之大，使它終於迸入哲學本身。這種迸發出在存在主義的哲學家，我們現在就要找上門去。詩人近一百五十年來的不滿，絕對不僅是個人的神經病痛，而是敞開了人性的空氣；哲學家，無論他們知道與否，也在同樣空氣中呼吸。

Ⅲ
存在主義者

The Existentialists

7 齊克果
Kierkegaard

「要是讓他來雕刻自己的墓誌銘，他說他只要選擇一個簡單的詞：個人（The Individual）。」

「就是**才智**，」齊克果在《日記》裡寫到他自己和他的使命的時候說——「**就是才智，不是別的，應該受到反對。大概因爲如此，所以我這個任務在身的人才會擁有驚人的才智。**」這是天才論到自己的老實話，沒有誇張也沒有作僞的謙虛。齊克果並不詆毀才智：正好相反，他以尊敬乃至崇仰的態度討論它。話說回來，在歷史上的某一時刻，這項才智必須受到反對，而且是受到一個驚世才華的全力反對。總結齊克果應該做的和已經做的，這是最好的結論。

他的才智極爲廣博，這是無庸置疑的。每次我們回到他的作品，總要震驚於他心智的豐沃。在他寫作之後的一個世紀，我們還在蒐集、摸索、試圖把散在篇什裡面的精闢見解理出一個系統來。他的寫作速度快得驚人，他的心智彷彿處於一種烈焰，靈思四射，有時候只有其中跳躍的一閃登上書頁。所以他的許多作品裡面會有中斷和轉變話題、會有調向、轉折、旁白、比喻；讀者比較遲鈍的心智，有時還眞會如墜五里霧中。但齊克果近乎熱病似的才智，大到能夠把每一件經驗化做思維，吞噬掉它主人的生命。但是，有別於許多偉大的心智，齊克果曉得自己這一點，所以事先警告自己的思想，莫做滑稽貪婪的劫掠。他知道，他的思想能力就是他的十字架。沒有了信仰（這是才智永遠無法供應的），他會死在自己內心裡，成爲一個虛弱、癱瘓的哈姆雷（按：舊譯哈姆雷特）。

隨著十九世紀的消逝，過去在特寫鏡頭裡顯得龐然的山丘，現在都降回適當的位置；同時，眞正巍峨的高山乃更顯得挺拔。在我們今日看來，齊克果愈來愈淸楚可見，超乎他的時代，是一座孤峰，但也是整個連鎖不可或缺的。這種遲來的盛名，出現在距離他幾乎像距離中古世紀一樣久遠的現代，是令人費解的弔詭，就跟他的人一樣。齊克果的某些德國先驅也曾企圖批評過才智；還有早期反對唯理主義的人，例如哈曼(Hamann)和其後的謝林(Schelling)，也曾大聲爲本能、爲直觀、爲神話呼號，以反抗一個甚至不了解這些東西的時代。比起德國的浪漫主義者，齊克果的作品裡依循的軌跡狹小得多；但是軌跡愈狹小，我們愈接近中心，而浪費在外周的精神也愈少。大法官何慕斯(Justice Holmes)有一次說，偉大律師或法學家的天才標記，在於他排除專門術語而直探問題核心的能力。齊克果唯一的論題以及唯一的熱愛就是基督教，但是他既不以思維的方式、也不以浪漫的方式皈依基督教；他眞正關心的，乃是個人做了基督徒會有什麼具體的意義。十九世紀最重要的史實，在齊克果（以及他後來的尼采，從完全相反的角度）看來，就是這個一度是基督教的文明已經一去不再。它曾經是以基督為中心的文明；現在呢，用尼采的意象語來說，卻像一個疏遠自己太陽的星球；而且這個文明還渾渾噩噩不知道有這件事。這是重大的史實，是整個人類的岔路，而不只是屬於少數學者；相較之下，哲學家爭辯的大多數問題——感覺資料的性質、知覺作用、判斷、歸納及演繹的規則，等等——實在只是玩偶而已。然而，大思想家卻總能配合當代最迫切的問題，雖然他的時代本身並不了解。拿何慕斯的爽快話來說，齊克果（跟他以後的尼采一樣）直探核心。他現在對我們之有影響力，這是一項解釋。

他這個人

當然，齊克果從來沒有像這樣思維的、客觀的考慮到他自己跟時代的關係。他之決心研究基督教問題，並不因為它關係到歷史、文明、以及西方人。那些該是專業思辯家、飽學的教席和哲學教授的事。在齊克果看來，這個問題自始至終都是個人的：他選擇做一個基督徒，而且他必須以他的存有的全副精力和熱情，來不斷更新那項選擇。他的一切思想和作品都顯示出這種個人的傾向。他說他的《恐懼和戰慄》（*Fear and Trembling*）是「一篇辯證的抒情詩」，事實上這句話差不多可以說明他的一切作品。他的思想是齊克果這個人的抒情詩：是一種坦然無隱的自我表達。不過，儘管它富於抒情性質，它也有它自己的巧妙、精確、以及犀利的辯證。說眞的，這位「主體性的思想家」（齊克果自稱）的思想，常常具有它自己一套的嚴格精密，和客觀理論家的截然不同。齊克果不僅告訴我們說，存有先於思想，或是說，一切思想都是某種具象存有的表達；他把這種眞理幾乎是活生生表現出來，因爲他給我們看的思想乃是毫無隱諱的一種存有行爲，也就是說，屬於他自己個人的、熱切的存在。他從來沒有打算做一個哲學家。事實上他主要目標在於告訴世人做爲基督徒的意義，而他的一切哲學只是附帶收穫；正如同他個人生活使命在於成爲一個基督徒——而闡明做基督徒的意義，也只是它的副產品。

「巴斯卡：我們打開一本書，希望遇見一個作家，卻遇見一個人。」

想要了解齊克果的讀者，應該先讀他純粹虔誠的作品，例如《基督教訓練》（*Training in Christianity*）或是《愛的作品》（*Works of Love*）之類，他都是署用眞名而非假名；他的生命以及他的作品的中心盡在於此。齊克果今日所以對我們有影響力，其終極原因既不在他自己的才智，也不在他對才智帝國主義的反抗——且用我們開始時的老套——而在於他這個人虔誠且人性的熱忱：從那裡，才智借來火種並且獲得它的一切意義。這仍舊可以促使今日的我們，注意我們自己主體的問題。如巴斯卡所說，我們打開一本書，希望遇見一個作家，卻遇見一個人。即使對有些人而言，基督教只是一個已逝的哀悼回音，齊克果還是能夠，拿雅斯培的話來說，訴諸他們的存在。到底，做一個基督徒是一種做人的途徑——齊克果個人認爲這是唯一的途徑——而照亮這種途徑，應召來從事它的工作，等於應召來做人，無論我們自己選擇的途徑多麼分歧。

然而，齊克果這個人並不是人人心目中討好的角色。在他有生之年，他遭受過敵意的壓力，就算在今天也好不到哪裡去。當然，他是個奇異反常的人物，而他的代表也於事無補；在他的故鄉哥本哈根，街頭的頑童常愛跟在他後面大叫「或此或彼！或此或彼！」他的眼睛很漂亮，但迷人的外表止此而已；細長的身材，駝背、以及滿頭亂髮，使他看起來反而像個稻草人。不過，他似乎逆來順受接受了他缺陷的身體；這是他第一次學習到喜劇的反諷，後來在他的思想軍火庫裡成爲極其重要的一項利器，因爲這個脆弱醜陋的形體和它所含蘊的無限精神太不相稱，而這正接近反諷的根源。此後他總是能夠把喜劇和哀痛都看成宗教人性的同一面。

若說他同城鎮的人取笑他怪異的外表，那麼可以說後世批評家對待這令人起反感的外型背後的個性人格，幾乎也是同樣殘忍。「齊克果這跛子！」這句話不單用來嘲弄他的身體，也用來批評他的精神。近代精神分析派的批評家，曾經笨拙地揮動他們的外科手術刀，想要把他切割成適當的身材——顯然是爲了切割他的思想。若非一椿決定性的事件，他的生命原來只屬於奉獻式的平淡無波；就爲了這樁人性的、感情的事件，帶來太多太多的神秘和誤解。這件事就是他先跟瑞吉納・歐森（Regina Olsen）訂婚，後來又解除婚約。設若齊克果不是一個存在主義的思想家，那他破裂的婚約現在只會是閒聊的話題；可是在他這種情形下，人和思想家合而爲一，所以這件偶發事件的確有助於了解他的思想，也値得加以探討，即使是爲了澄淸一些誤解也好。

齊克果何以打破婚約，實在不該成爲這麼大的謎團，因爲他自己已經把這樣做的理由，說得相當詳盡了。把它弄得神秘兮兮，說是唯有拿他個性中某種未經說明，無法說明的陰影才解釋得通，這無異是懷疑宗教性格這回事；宗教性格和普通的婚姻家庭生活格格不入，只因爲它具有其他使命。這種宗教類型，在我們世俗的、自然派的人看來，或許不太正常；然而它的確存在，而且上下古今俯拾皆是例證。唯有十分狹隘、獨斷的人，才會連這種類型存在的最起碼心理權利都不承認。當然，齊克果的例子相當複雜，因爲他自己渴望著婚姻、家庭——普通人的幸福和無聊；他的作品充滿了對這些事物的頌讚。他描寫一個平凡的布爾喬亞家長沉緬在家庭情趣之中，這是他對「信仰人」所做最感人的圖畫。所以，失去瑞吉納自然是他的終生遺憾；對他而言，這個犧牲之大，猶如亞伯拉罕犧牲他的長子以撒；因此齊克果在《恐懼和戰慄》裡發揮那個古老的聖經故事，除了宗教動機以外，還有個人的因素。在他的《日記》裡面憂鬱的一刻，他甚至還說：「假如我有信心，我應該留在瑞吉納身邊。」——這句直接而暫時的傷心話，曾經給某些懷疑心重的批評家口實，使他們得意揚揚說，齊克果的信心缺乏誠意。其實他的話只表示失去瑞吉納是一項痛苦的損失，因此不要她的選擇乃是一項重大的選擇，實際上已經把這個人一分爲二，這個選擇最後應該算是他的自我選擇。這段插曲的哲學意義和私人意義合而爲一。

若是說他放棄了這個女孩，而後淪入毫無目的、輕視宗教的生活，那麼我們可以振振有詞，說他的棄婚只是一種無能神經機能症的行爲。事實上，在棄婚之際，齊克果的心靈前面閃耀著另一組抉擇：一種放蕩不羈的荒淫生活，或是一種絕對虔誠的宗教生活。我們現在既能看到他整個的生命展示在眼前，實在難以相信前項選擇對齊克果會是眞的可能。他一開始就獲得那個使命——當然，那是一項混合、痛苦、而且曖昧的使命，但也是一項勝利的使命。他選擇了他注定的事業。這絕對不是說，它不是一項自由的選擇；相反地，在他的餘生裡，每天每天出乎自願的更新，這項選擇才有意義。也就是說，齊克果成了他勢必成爲的人；但是，他必須每天自由選擇去更新那一項選擇，才能達到目的。馬丁・路德(Martin Luther)在履行他生命中最高自由行爲之際說過，「我別無其他選擇。」如果一個人想要結婚，但是不能，於是把捨棄化爲一種奉獻，我們豈可就拿神經機能症的種類來判斷他生命的價值和意義——包括現在這個捨棄行爲？

齊克果既已熬過婚約的破裂，永遠無法成爲黑格爾的信徒。「或此或彼」的重大抉擇已經像一把利刃，切進他的生命，具有決定性；沒有一個哲學家的膏藥能夠解除損失的痛苦。這個人既然做了絕不反悔的選擇，而這項選擇使他永遠脫離了他自己以及他生命的某一種**可能性**，他就因此被擲回那個自我的**實在性**，不僅必死無疑，而且十分有限。他不再是自視爲僅僅一個可能性的旁觀者；他是那個實在的自我。損失的痛苦可以補償，卻永遠無法解除。對一個被迫做過這種抉擇的人來說，「實在」就是他自己必死、有限、淌血的自我的眞實性；而且這種眞實性永遠無法被納入一個把那種有限的痛苦變爲虛假的整體。黑格爾的絕對者（Absolute）籠括一切「實在」，呑沒每一矛盾以及每一有限的邪惡。它就像是那座偉大水晶宮的哲學對應部分；我們日常的人類「實在」的每個陰影或黑點，都從那裡投射出來。李爾王喊出那句令人震怖的「絕不，絕不，絕不，絕不，絕不！」這時，他正是指出我們這些有限而必死的人無所逃避的那種否定的「實在」。然而，在黑格爾的哲學裡，否定最後並不是眞實的，因爲「絕對的實在」(Absolute Reality)是純粹而肯定的存有。當然了，齊克果既然徹頭徹尾是人，他希望他的損失會得到補償，希望能夠重獲瑞吉納；但是他知道這唯有透過信仰的神蹟才辦得到。黑格爾唯理主義的宇宙觀會對他說，他的損失並不是一項眞實的損失，而只是損失的表象；然而，這對他的痛苦將是一種莫大的侮辱。

這一切齊克果都已經知道，只是婚約破裂的經驗使它更爲堅定。因此，訂婚的插曲成爲一場人類戲劇，它的終極意義是宗教的，也是哲學的。對思想家而言，一如對藝術家而言，生命之中重要的不是他遭遇過多少稀奇精彩的經歷，而是那種生命的內在深度；具備了那種深度，即使最平凡最瑣屑的事情也可能變得偉大。

曾經有人指摘齊克果太過憂鬱、過於內傾、甚至是病態的——是比原來那丹麥人更憂思的哈姆雷王子。他當然是憂鬱的，而且《日記》裡面多的是嘆氣、眼淚、以及自苦。可是，日記如果不是用來減輕自己的負荷，還有什麼用呢？一個受過良好教養的人應該避免公開流淚嘆息；然而，在他寫日記的時候，難道還要戴著社會面具？齊克果了不起，因爲他嘆的氣和他流的淚並沒有把他蒙蔽，使他看不到自己追求的目標：從來沒有人能像他那樣心無旁騖追求他的眞理。再說，他的憂鬱，透過幽默、反諷、以及對恬淡生活美感的體認，已經沖淡不少。齊克果實在是衆人乃至作家群中最激烈內向的一個。但是，心理學家榮格提示我們：內向和外向完全不是由我們選擇的；而且最樂觀的外向者會被有效地禁錮在他自己的自我中，一如內向者囿於他的向心自我中。齊克果能夠把握住他病態內省的傾向，善加利用。他深知自己的自我禁錮，也比他以前的任何宗教作家更能看清它的處境。

以尼采的話來說，齊克果成功的做了他那一類的個人；如果對他的分析是想要藉一種白日夢來把他變成另外一個截然不同的人，那不會增進我們的了解。與其企圖巧飾把齊克果，不如現在讓他來現身說法。

蘇格拉底和黑格爾：存在和理性

在《非科學附筆結語》(*Concluding Unscientific Postscript*)書中有一段極爲生動、純粹齊克果式的文字，是他對自己從事思想工作的起點加以解釋。一個星期日下午，他照例坐在哥本哈根弗瑞基克基堡花園，抽著雪茄，多少事情在心頭打轉；這時，他突然想到，自己四週的儕輩已經成名，做了赫赫的人類大施主，而自己卻直到現在還沒有拿定方向。說那些人是大施主，因爲他們努力的目標在使其他人類的生活變得輕鬆些：或是在物質方面建造鐵路、汽船、電報線；或是在知識方面刊印大衆知識文摘；或者——這是最大膽無恥的了——在精神方面告訴人家，思想本身如何能使精神的存在有系統的愈來愈簡化。雪茄燒盡，齊克果點燃另一根，思潮盤踞著他。他想到：既然人人處在努力把事情弄簡單，或者需要一個人來把事情再弄艱難；也許生活變得太輕易，以致人們想要回復困難的東西；而這可能就是他的事業、他的命運。

這個反諷有趣得很，而且是十足蘇格拉底式的；這倒很適當，因爲它爲齊克果指出的任務，正跟蘇格拉底的相彷佛。古代的蘇格拉底爲他的雅典同胞扮演牛蠅的角色，刺激他們了解自己的無知；同樣的，齊克果告訴他自己，他的任務在替一個時代的淺薄良知提高難度；這個時代洋洋得意，對它自己的物質進步以及知識普及深具信心。正如蘇格拉底曾經是一隻古代不信教的牛蠅，齊克果要做一隻現代信仰基督教的牛蠅。

「在蘇格拉底說來，哲學是一種生活的方式，而他存在於那個方式裡。」

至於齊克果在沉思他的終身事業之際想起蘇格拉底，並不是一樁意外。這位古代的希臘聖賢特別受到他的喜愛，不僅是爲了蘇格拉底性格的力量，而且還由於基本的哲學原則。在對蘇格拉底的評價上，跟在大多數其他問題上一樣，齊克果是尼采的死對頭；他們兩人只有在認定這個雅典牛蠅的重要性上是一致的。蘇格拉底在柏拉圖若干作品裡面，只是柏拉圖學說的傳聲筒，齊克果對這麼一個蘇格拉底毫無興趣；他親近的其實是蘇格拉底這個人，這個具體的血肉之軀，這個說自己沒有體系沒有教條可以教人，說自己本身實在沒有知識，而只能擔任產婆，替別人原有的知識接生的人。近代哲學家黑格爾聲言自己擁有整個實在的知識，或者至少能夠在他的體系裡面替每一事物安排一個位置；兩相比較，老蘇格拉底實在太微不足道了。然而，果眞哲學根據字源的意義，是愛智，那麼蘇格拉底便是貨眞價實的哲學家——愛智者——儘管他並沒有說，「**關於**」這個愛他知道多少。一個人即使握有**關於**愛的一切知識，我們也不會說他是個情人，除非他確實去愛。而且，說眞的，他愛得愈多，對任何**關於**愛情的理論大概愈少信心。在蘇格拉底說來，哲學是一種生活方式，而他**存在**於那個方式裡。由於他不曾宣稱擁有任何哲學理論，所以他也沒有以哲學教授的身分，接受任何酬勞。他只能以身爲教，而齊克果從蘇格拉底身教學來的東西，變成他自己思想中重要的部分：就是說，存在和關於存在的理論是兩回事，正如印出來的菜單不能像眞正的飯菜一樣，做爲有效的營養方式。不僅如此；擁有了一套關於存在的理論，可能使擁有者十分陶醉，而把存在的需要忘得一乾二淨。情人迷戀在關於愛情的理論，可能更甚於迷戀他的心上人，而後就終止了愛情。簡單地說，存在和理論之間有一項基本的差異；這項差異齊克果繼續探討下去，所用方法之徹底，在西方思想上史無前例。

在這個探討的過程中，他無法不對黑格爾的哲學展開一場全面的論戰。然而，我們如果認爲這只是反對一種怪異過時思想的局部衝突，我們就完全誤解了這場論戰。齊克果跟他當時的黑格爾學風作戰；但是終結的論題既不局限於一地，也不局限於一時，因爲在這些論題裡，黑格爾只不過是整個西方哲學傳統的發言人。黑格爾並不如現在有些人所想是個怪僻的瘋子，而是一位非常偉大的哲學家；不過，齊克果是更偉大的人，就憑這一點（如果沒有別的原因），他能夠「觸殺」黑格爾，逼他「出局」。黑格爾學說中有些在我們今日認爲是極端、大膽、乃至瘋狂的議論，常常只是因爲他把自希臘以來西方哲學含藏的假設大聲張揚出來。黑格爾說，「凡實在的就是理性的，而理性的便是實在的」。我們聽了這話，最初可能認爲：唯有不著邊際、忽視現世存在的德國觀念論者，才會把我們日常經驗裡的一切傾軋、隔閡、以及缺陷忘得這麼乾淨。然而，對一個完全理性宇宙的相信，卻深植在西方哲學傳統的背後；在這個傳統的最初期，巴門尼狄斯就在著名的詩中說過，「思想與存有，一也。」凡是無法被思想的，巴門尼狄斯認爲，便不可能是眞實的。如果存在不能被思想，而只能被生活，那麼理性勢必要把存在劃出它的實在圖形之外。正如法國科學家兼哲學家愛彌兒・梅耶松（Emile Meyerson）說的，理性只有一種方法可以對付不從它衍生的事物，就是把那個事物化爲空無。這正是巴門尼狄斯的作法，也是他以後的哲學家追隨奉行的。這辦法如今還在繼續，不過形式上比較複雜，打的是科學和實證主義的招牌，根本就不必勞動黑格爾大駕。

黑格爾的特別罪愆不在因循傳統，置存在於他的體系以外；而在他開始時拒斥了它，後來又企圖把它拉進來。在法律上，我想，這應該算是私下和解。他以前的所有哲學家（或者幾乎是所有的）都犯過竊盜罪，但是可憐的黑格爾卻是在想把倘來之物歸還原位的時候被當場拿獲。他採取的方式最笨：他企圖用邏輯帶回存在。理性已經無所不能，竟要從它本身造出存在！即使在這一點上，黑格爾雖然像是反抗傳統，其實並不；幾乎所有較早的哲學家專擅的，就是誇大渲染理性和它的力量，黑格爾不過是更大膽表達出來罷了。要像從帽裡變出兔子一樣，用唸咒喚出存在，黑格爾憑藉的是他著名的辯證法，就是馬克思（Marx）後來使用、而在社會以及經濟史上造成極大破壞的工具。黑格爾說，我們以「存有」的觀念爲起點，這是沒有存在的空洞概念；它產生出對立的「空無」；而從這一組裡又產生出由兩者合成，擔任聯絡協調的概念。這個過程不斷進行，直到在辯證的適當階段，我們到達「實在」的層次，也就是說，到達「存在」。演變的細節我們不必在這裡詳加討論；我們關心的是黑格爾辯論的一般結構，因爲思想透過它而產生存在。無須多少想像，我們就看得出這個黑格爾辯證法的樣品，在人性上會產生怎樣的推論。

齊克果駁斥黑格爾，打了一場十分精彩而熱烈的仗；他效命的那種存在並沒有什麼深奧之處。它其實是我們日常的人類存在——具體、個人、並且有限——而齊克果看到理性正要把它吞滅。對齊克果而言，理性的侵略是宗教性的，因爲基督教在他眼中是徹底個人的宗教，全憑歷史上的肉身顯現以及歷史上的小啓示，不能以純粹的永恆觀點來了解。在另方面，黑格爾自稱爲基督徒；但是他相信哲學統攝宗教，並且使得宗教的眞理成爲哲學本身象徵式的近似値。如果黑格爾看出並承認自己已經完全走出基督教，那麼這件事情就會改觀，而我們也會毫不懷疑的把整個黑格爾的體系當做精彩的智力遊戲，是辯證技巧的卓越表現。然而黑格爾學說比任何公開反對基督教的哲學都更使基督徒憂心忡忡，因爲這種體系只會使人混淆並誤解基督教的眞義，以致使得有些其實不是基督徒的人繼續相信自己是。寧可做個有自知之明的非基督徒，也不要做個不自知的非基督徒——任何一位誠實的蘇格拉底門徒必然會指出這一點。

設若齊克果只是反對黑格爾，主張存在不能由理性推演得來，那他就跟某些近代哲學的學派一樣，囿限在邏輯的圈子裡了。但是齊克果確實是遠超出這界限；而我們要知道他對理性存在之間關係的看法，就必須從一個比較寬闊的哲學脈絡上看，超出他跟黑格爾的特殊關係。

在黑格爾之前，康德(Kant)已經就存在與理性這個問題發表過聲明，成為近代哲學的決定性文獻。事實上，康德宣稱存在絕非理性能夠想像的——雖然他從這個事實推演出來的結論跟齊克果的截然不同。康德說，「存有顯然不是一個眞正的述詞，或只是事物的某種概念，可用來加進一事物的其他概念裡。」那就是說，如果我想到一件事物，然後又想到那件事物存在著，則我的第二個概念對第一個的特點決定性沒有絲毫增益。康德以一百元的概念為例：如果我想到一百元眞實的錢以及一百元可能的錢，我的概念仍舊屬於一百元，一分不多，一分不少。當然，在存在的次序上而非概念的次序上，眞實的和僅屬可能的兩者之間有天壤之別：一百元眞實的錢會使我富上一百元，但是一百元可能的錢使我的經濟狀況和原來沒有兩樣。這是生活，不是思想。就思想而言，沒有一個確定的特點，可以在概念裡用來表徵存在本身。

康德這種立論，是（或企圖）從他哲學的比較實證而科學的一面說話。從理論知識的觀點來看，存在是可以忽略的，因為知識要求了解**關於**一件事物，而某件事存在的事實並沒有告訴我**關於**它的任何事。結果，關於這件事物，我要知道的就是使它具有特色的確定而**可察得**的性質；存在則根本不是一種可察得的性質，事實上是太過籠統、模糊、而又稀鬆的東西，以致無法表現給心靈。此後，所有近代實證主義都模仿康德學說，忽視一切關於存在的思想（這一派稱之爲玄學），以爲毫無意義，因爲存在無法表現於概念，所以思考存在絕對不能導致觀察上的任何確定結果。近代哲學的岔路就在這裡；齊克果採取的路線跟實證主義採取的正好南轅北轍。他說，如果存在無法用概念表示，那並不是因爲它這個東西太籠統、模糊、稀鬆，而應該是因爲它太濃密、具體、而又豐厚。**我在**（I am）；而我存在的這項事實，是個咄咄逼人、包含極廣的實在，因此無法以我任何心智概念淡淡的重現出來；但它顯然是生死交關的事實，沒有了它，我的一切概念都將成爲空虛。

康德堪稱近代哲學之父，因爲幾乎所有現在流行而互相競爭的哲學派都是從他發展出來：實證主義、實用主義、以及存在主義。實證主義和存在主義（且只談這兩者）之間的差異，可以簡單看做對康德論點——存在不可能是一種概念——的不同反應。

由於這個不同，導致一切差異。齊克果以前的哲學家思維過「我存在」這個命題，然而只有齊克果注意到他們忘記的重要事實：就是說，我的存在對我來講絕對不是一件思維的問題，而是我個人熱切介入的一件事實。我不是在心鏡上看見到這個存在的反映，是在生活中遭遇到它；它是我的生活，是一條環繞我所有心鏡流動的流，卻看不見。然而，若說存在並不在心裡映成一種概念，則我們究竟在什麼地方才能把握到它？對齊克果來說，這種跟自我的重大遭遇，在於「或此或彼」的抉擇。他放棄瑞吉納，從此永遠放棄他渴求的日常生活的慰藉，這時候，齊克果遭遇到他自己的存在，是個比任何概念都來得強勁有力的實在。同理，無論是誰，只要他做（或被迫做）關乎終生——也是關乎永恆，因爲我們只有一生——的重大抉擇，就經驗到他自己的存在是超乎思想之鏡的某種東西。他遭遇到他的「自我」，不在思想的**超然**(detachment)裡，而在選擇的**介入**(involvement)和痛苦中。

美學的、倫理的、宗教的

爲了說明他的論點，齊克果殫精竭慮，建構出存在的三個層面——美學的、倫理的、以及宗教的；而他對這三個層面的澄清工夫，乃是他對哲學最有意義的貢獻之一。

用這種區分來說，孩童是十足的美學家，因爲他完全生活在即刻的快樂和痛苦中。有些人長大了還保持一點這種孩童式的直接感或反應，這種在即刻中生存的能力。這種即興的人，齊克果說，有時候看到某種單純而美麗的東西，就會發乎本性至情欣然而喜——這也是美麗悅人的事。假如他們喜歡的花朵凋謝了，他們也會同樣迅速而直接的陷入沮喪之中。嚴格一點說來，美學家是選擇完全爲這種特別、可喜的時刻而生活的人。

齊克果十分小心而同情的探討這種美學態度；但是，他說，這種態度到最後一定會崩潰爲失望。古代的享樂主義(Epicureanism)便是明證，因爲它企圖擺脫的失望意象反而纏著它的思想不放。希臘和羅馬最美麗的享樂派詩歌總是揮不去悲哀：花朵的背後，總有露齒的骷髏。享樂派的最偉大詩人盧克里西斯(Lucretius)具有瘋狂的熱情，而據說他垂死之前確實變成瘋子。生命的花朵旁邊長滿蕪草，誰要是冒險以他的一生來追求歡樂的時刻，必然會變得不顧一切，一如唐璜(Don Juan)在追求新歡的過程中，變得不顧一切。美學家惶恐的想要逃避枯燥無味，而這種逃避——其實是逃避自己——變得不顧一切，而後變成絕望。

齊克果擴大這種態度的範圍，使它也包含思想上的「美學家」——企圖站在生活之外，把生活當做一種景色來欣賞的冥想者。這時，他對美學的處理有新穎而徹底的轉變。「美學的」(aesthetic)一詞源於希臘動詞，其意爲感覺或看出；它的字根和「理論」(theory)或「劇場」(theatre)相同。在戲院裡我們看到自己並未介入的景物。景物可能有趣，也可能乏味；而「有趣」和「乏味」便是美學家用來觀察一切經驗的主要分類。以超然態度注視事物的知識分子，自稱爲旁觀一切時間與存在的哲學家——這兩種人的態度，在基本上都是美學的。在此，齊克果攻擊過去西方哲學視爲最高價值的東西——思想家觀察式的超然生活。這樣一來，奠定以後一切存在哲學的重點。柏拉圖、史賓諾莎、以及其他諸人都是不自知的美學家。

美學的態度只可能是一種偏頗的，而不是完全的，生活態度。齊克果並沒有揚棄它，只把它保存在更完整更全盤的態度裡；我們嚴肅的加強和我們自己以及我們生活的關聯以後，這種態度必然要取代前一種態度。因此，齊克果所謂的「生命歷程的三階段」，不應被視爲一幢建築物的不同層樓；如果我從美學的層面升到倫理的層面，這並不意味我已經把較低的一層完全拋在背後。應該說，這兩種態度都是我們從圓周到自我圓心須經歷的階段；即使我們已經能夠稍爲接近我們的圓心，那個圓周還是保留著。其實，美學家在他選擇美學的生活方式之際，就自相矛盾而進入倫理的層次。他選擇他自己以及他的生活，毅然而清醒，不顧必然會降臨的死亡；他的抉擇既是毅然而清醒的，面對著伸展在他生命前後的巨大空無，實在是一種有限的悲哀。美學家也許不希望多追究他的抉擇帶來的陰鬱背景，然而那個背景卻必然存在，即使我們(套句托爾斯泰的話)無法正視它。因此，我們藉著一樁勇敢的行爲，乃開始倫理的**存在**。我們把自己和自己的終生緊接在一起。

齊克果這麼一來，有沒有爲哲學家對倫理的傳統討論添增了什麼東西？我想是有的；哲學界也許要費很長的時間，才能把他論到倫理是我們人類生存的一個層面所說的內容全部吸收。傳統的倫理學裡，哲學家關心的是分析好、壞、是、非的觀念，並決定這些屬性可以加在哪個或哪類事物上。這純粹是形式的分析；事實上，近代哲學家已經轉而研究倫理學文字的分析了。這種語文上的分析根本不要求創說倫理的人以合乎倫理的方式生存。因此就可能——而且實際上常常發生——有這麼一個哲學家：他精研出一套完整的抽象價值體系，卻還過著幼稚或道貌岸然的生活，而從來沒有感覺到倫理的要求。這樣子，一個人的價值僅是紙上談兵，實際生活裡卻好像倫理毫不存在。一種形式上的倫理理論，如果不是為了實踐倫理存在的基本行為（價值從此進入我們的生活），就會變得完全空洞。最重要的抉擇，齊克果說，不是在好與壞的相對價值之間做一抉擇，而是我們為自己召來善與惡的抉擇。沒有這種抉擇的話，一套抽象的倫理體系不過是沒有實力做後盾的空頭紙幣。

齊克果常常提到倫理宗教（the ethico-religious），好像這兩個存在層次合而為一；而對像他那樣猝然有力的心靈來說，從美學到宗教無疑只需一躍即過。對於一個已經拋棄享樂生活的熱切脾性而言，倫理的安慰頂多也只能算是一種陳腐的代替品。既然我們將死，而且一死百了，又何必用良心和責任來加重自己的負擔？尼采說，「上帝死了，可以為所欲為。」齊克果一定會同意這話背後的感覺；而且他自己也很嚮往唐璜那種勇敢而非道德（amoral）的角色；這種人雖然私底下沮喪，至少還熱切的過活。齊克果不憚其煩告訴我們：基督教最要緊的，是我們自己永恆的幸福，而不是維持一種社會需要（或至少贊同）的道德。

倫理和宗教之間的眞正差異，齊克果在他的《恐懼和戰慄》一書裡有所劃分；這跟個人的特殊性、獨自一人的單獨性、以及教會人士的職業都有關係；他必須和他的同胞所贊同的普通道德法則絕裂。他拿亞伯拉罕犧牲自己兒子以撒爲例，但是從頭到尾他心裡想的，是他自己以及他的犧牲瑞吉納。他說，倫理規則是以全稱命題的方式出現的：處在如此這般情形下的所有人都應該如此這般。然而宗教人士卻可能應召而從事違反一般標準的事情。所有人都應該珍惜並保護他們兒子的生命；亞伯拉罕卻應上帝之召要犧牲他的兒子以撒。這種召喚是焦慮，因爲亞伯拉罕既害怕違背上帝，又懷疑這個召喚不是來自上帝——他覺得，這也許反而是驕傲的邪惡聲音，要求做不必要的犧牲——因而猶豫不決。所以，齊克果打破婚約而肩起他宗教生活的十字架之際，絕對無法確定他到底是做了正確的抉擇，還是順服了某種邪惡的自大。這種跟倫理的決裂，和杜斯妥也夫斯基筆下的拉斯克尼可夫以及尼采（他說優越的個人——超人——可以隨意打破任何道德規範，以便增進自己的力量）所主張的決裂，究竟有什麼區別？區別在於齊克果並不否認倫理的有效；受到召喚而背離倫理的人，必先屈服於倫理的一般概念；當他應召而背離的時候，內心充滿的是恐懼和戰慄，不是權力的高傲。只有一個原則可以保證這種背離倫理的有效性；這個原則不僅關係到齊克果的基督教信仰，同時在他的存在哲學中也十分重要。那便是：個人高於普遍。（這也意味著個人的價値總是高於集體。）普遍的倫理規範，正因爲它是普遍的，所以不能整個包含個人的、具體的我。因此，只要這個抽象的規範支使跟我的最深自我（必須是我的最深自我，此所以抉擇有恐懼與戰慄）相衝突的事，那我就會發自良知——一種超乎倫理的宗教良知——覺得非超越那個規範不可。我不得不例外一次，因爲我自己是一個例外；也就是說，一個具體的存有，其存在永遠無法包攝在任何普遍概念乃至普遍概念體系的名下。

當然，亞伯拉罕和齊克果兩人都是處在例外的情勢裡；我們大都沒有應召做如此重大的犧牲。但是，就連最平凡的人，偶然也必須做攸關他們自己生命的決定；在這種危機中，他們對齊克果所謂「倫理擱置」必能體會一二。在這種人類情勢裡的抉擇，幾乎永遠不在善與惡之間，因爲這兩者涇渭分明，理性可以十分肯定選擇；抉擇是在敵對的善與惡之間，無論你怎樣做，勢必犯一些惡，而且最後的結果以及——更重要的——我們自己的動機都不是我們看得清楚的。一個人在這種情勢裡面對自我實在十分恐怖，因此多數人驚惶不已，企圖隨便找個合用的普遍規範做掩蔽，但求它保佑他們不必自己去做艱鉅的抉擇。不幸得很，在許多情形下，根本就找不到這種普遍規範或方法，於是個人只好自己掙扎、自己決定。生活的本意似乎就是如此，因爲還沒有哪一本道德藍圖無所不包，讓我們確知某種情況應根據某種規則。存在是如此具體，以致一個狀況可能同時屬於好幾條規則，迫使我們自我們以內，在任何規則以外做一抉擇。包羅最廣的道德藍圖是天主教會的道德神學體系，然而教會還必須用決疑論和懺悔加以補充。

當然，大多數人不願承認在某些危機裡，他們被迫面對他們存在的信仰中心。這種危機實在太痛苦，必須盡快輕鬆的通過它。那麼，為什麼這種宗教發現之來，要在我們感覺最離散孤單的時候，像亞伯拉罕在摩利亞山上那樣，或像齊克果面對他自己的損失那樣？齊克果對這問題的回答相當墨守傳統：聖經上說，「恐懼上帝是智慧之始」；而對現代人來說，在那種恐懼之前先有一道門檻，就是我們憑以發展成為「自我」的恐懼與戰慄。

身為一個宗教經驗的心理學家——在這方面他首屈一指——齊克果對恐懼和戰慄、焦慮或不安、以及絕望這一類的感情討論得太多，常常有人據此認為他的脾性過份病態。無可否認的，齊克果確乎對這些情緒有所偏好，或者至少我們可以說，他在討論它們的時候最能淋漓盡致。無論是在劇力方面或是辯思方面。不過，重要的是他對這些情緒的處理並沒有病態，絲毫不帶誇張或渲染。這些情緒是生命的一部分——超乎我們現代人所願相信——而齊克果決定面對。要說近代社會的空洞抽象引起所有情感的壓抑，那麼受到壓抑最深的，當然是我們所謂的「負面」情緒。「正面」的情緒，諸如愛情或喜悅，出現在流行藝術的各式各樣濫情誇張中，這對心靈的破裂，大概比直接壓抑這些情感還要嚴重。可是什麼愛情沒有嘗到恐懼的痛苦？什麼喜悅不沾一點懊惱？現代人比原始人更不能體會到他自己的眞正情感。我們如果驅除害怕時的發抖、恐怖時的毛骨悚然、或是震驚時的顫慄，那就會完全失去神聖的情感。

齊克果純粹心理學論文中最有力的，大概是《致死之病》這本研究各式絕望的書。絕望是致死之病，病中的我們想死卻死不了；因此，這是一種極端的情感，我們企圖逃避自我。正因爲有後面這一層，才使它成爲如此有力的啓示，說明個人存在的意義。根據齊克果的說法，我們或有知或無知，都在絕望之中；而對付這個絕望的任何方法，如果少了宗教，不是無法成功，就是很邪惡。齊克果進而推出兩條通則，幾乎領先所有的現代心理學：（一）歸根結底，絕望絕不是爲了外在事物，而總是對我們自己。一個女孩失去她的情人，於是陷入絕望；她不是爲失去的情人絕望，而是爲「失去情人的她自己」：也就是說，她不再能從她自己逃避到愛人的思想或人身裡。各種的損失，無論是金錢、權力、或社會地位，率皆如此。無法忍受的損失，並不是它本身無法忍受；我們被剝奪了外在的東西，赤裸裸站著，看到難受的自我深淵在我們腳旁張著大口，這才是我們無法忍受的。（二）我們所謂某些人生病的狀況，其實是一種罪惡。我們現在習慣把道德欠缺的人稱爲病態、心理病態、或神經機能症。要是我們從外面注視神經機能症病人的話，這是正確的：他的神經機能症眞是一種病，因爲這使得他無法正常做爲——有些是完全失常，有些是生活的某些方面。但是，我們愈接近任何神經機能症病人，我們愈受不了他態度的人性倒錯、冥頑不化。如果他是個朋友，我們可以在某種程度以內把他當做無法正常做爲的一個**客體**（object），但只能在某種程度以內；超過了那個程度，如果我們之間還有個人關係存在，我們就必須把他當做一個**主體**（subject），這一來，我們一定會發現他道德錯亂或是冥頑不可理喻。假如這種關係還要保持它的人性成份，而不化做純粹醫療關係，我們勢必要當著他的面，採取這些道德判斷。心理的病源是精神疾病。當代的心理分析學將來一定會同意齊克果這個觀點的；某些學派現在已經有些不安的朝著這個方向移動。

齊克果在這方面之有卓越的見解，因爲他是個「主體性的思想家」。他把自己植入個人的主體性裡，而且他關心的是人類的「內在」(inwardness)。不過，爲了明白這個「內在」的意義，我們現在必須討論眞理自身的問題。

主體性與客體性的眞理

如果把存在的宗教層次當做人生道上的一個階段，則宗教關心的眞理顯然迥異於教條或信仰的客體性眞理。宗教並非思想的命題系統，由信徒知其爲眞(true)，例如一套幾何學爲眞，而相信它；從個人他自己的存在觀點看來，宗教最終的意義只是**要虔誠**。爲了說明怎樣才算虔誠，齊克果不得不重新檢討眞理的意義。他對這個問題的嚴格重估，是繼第十三世紀聖湯瑪斯‧阿奎那在劃時代的《論眞理》(*De Veritate*)一書中爲其後五百年哲學確定眞理意義以來的第一次；而跟那次一樣，齊克果對這個問題的立場很可能已經成爲歐洲哲學的轉捩點。

客體性的眞理很容易辨識；而且，老實說，它今日幾乎已經變成我們運用這個語彙的唯一意義。如果我知道二乘二是四，這個知識是極度與個人無關的；一旦我知道它，我就知道它，無須不斷努力把它變成我的；它是心智樓閣裡面一塊結實的木材，我需要的時候，隨時可以加以利用。然而宗教的眞理卻完全不是那麼回事：這個眞理必須穿透我自己私人的存在，否則它就一文不値；而且我有生之日，每一天都必須努力去更新它。這裡的問題，齊克果說，是個人他自己對眞理的**私用**(apropriation)——「私用」源於拉丁字根proprius，意思是「一己所有」。一個淵博的神學家也許懂得一切所謂理性神學的眞理，能夠證明或駁斥各種命題，而且自己總是站在辯證上最有理的一邊；可是在他的心裡，上帝可能已經死掉，或者根本不曾活過。反過來說，一個目不識丁、對於形式神學毫無所知的村夫，或許無法正確說出他的教義，然而在虔誠這方面卻很成功。套句俗話，他身在眞理；而且相識的人只要見到他、或從他的舉止、他的生活方式裡，都可以一眼看出。在東方的宗教和哲學傳統中，眞理從來沒有被界說爲基本上屬於思想的東西；夫子要知道他的徒弟是否已經領悟，根據的是他的行爲舉止、看他已經成爲何等人物，而不是聽他如何引經據典。這種眞理不是思想的眞理，而是整個人的眞理。嚴格說來，主體性的眞理不是我**擁有**的眞理，而是我**成爲**的眞理。

十三世紀的時候，聖湯瑪斯排斥奧古斯丁的學說，或者至少把它貶到次要的地位；他說，最嚴格的眞理屬於思想的範疇，尤其是當理性形成命題，應乎事實的時候。以這種對眞理的了解爲起點，後世遂能發展並確立我們今日所謂的科學。但是，如果現在重新檢討這個問題，如果哲學家回到比較古老的對眞理意義的哲學了解，去尋找他們的答案，會怎麼樣呢？如果我們要重新（以這種古老的意義）去了解眞理，我們的基本態度豈不要大大改變，使得我們整個的文化變得截然兩樣？我們將可看出，這些正是海德格哲學的中心問題。從海德格起，哲學家才開始思考齊克果分辨主體性和客體性眞理的眞正含義。

棒打基督教界

齊克果說，我們從美學的存在層次跨進宗教的存在層次時，就變得眞正嚴肅了。這種嚴肅和布爾喬亞或官場的一本正經沒有關係——沙特在〈可厭的傢伙〉(salauds)裡曾對這種穿硬領襯衫階級的僞作氣味極盡冷嘲熱諷。齊克果所謂的嚴肅，是指一個人終於接觸到自己中心、也因此終於整個兒參預自己生命，接受其後果。這個人生存在永恆的注視之下，因此他此刻所做所爲都是絕對眞實的。所以，齊克果一生最後的行爲完全是存在主義式的，也是相當合適的：他攻擊祖國丹麥的基督教；推而言之，也是攻擊整個近代世界公開的、公認的基督教。這本論集曾經用《棒打基督教界》(*The Attack upon Christendom*)爲題 以英文發行，但是其中有許多是齊克果用「瞬間」(The Instant)爲題發表過的一系列論文。在這些後期作品裡，思想實際上已經成爲一種存在的行爲，具有拳擊般的力量；它們的標題很有意義，因爲它告訴我們，這個思想家決意屹立在他的環境中。家不但是我們的出發地，也是我們必然的歸宿。等到他完成最後一篇論文的時候，齊克果不支了；他眞的是燃盡了自己。他死於兩個月以後。他已經做完他的工作。

不過，齊克果發表這些論文之前，已經在一本較早的論述——《今世》（*The Present Age*）——裡，批評過他的時代；這些批評後來證明極有先見之明。這本論述幾乎已經成爲一切存在主義對近代社會批評的源頭——包括雅斯培、奧特加、伯第葉夫、以及馬塞爾的批評。齊克果的預言如此切中事實，甚至連當代在新聞社會學方面的努力，如里斯曼（Reisman）的《寂寞的群衆》（*The Lonely Crowd*）或是懷德（White）的《組織人》（*The Organization Man*），還在炒他的冷飯。齊克果認爲，現代的主要動向，是朝著大衆社會流去；換句話說，隨著生活日益集體化外象化的結果，個人遂告死亡。目前的社會思想，他說，是根據所謂「多數法則」（Law of Large Numbers）而定；只要我們有足夠的個人湊成一個多數——也就是湊成群衆——就行，至於每個個人的素質則無關緊要。而群衆之所在，眞理在焉。——現代世界相信如此。當然，在這種社會觀察的背後，是齊克果的終極信念：基督教只跟個人有關。這個信念，做爲他對近代批評的基礎，一直到他後來抨擊當代基督教界的時候，才算闡發無遺。《今世》這本書儘管才華橫溢，也只是《棒打基督教界》一書的前奏曲而已。

在現代世界奢談基督教國家、甚或基督教民族，實在毫無意義，甚且是欺世謊言：歸納齊克果攻擊的內容便是如此。但是他的表達十分直截有力，他對這一個題目做了多種發揮，使得《棒打基督教界》在最偉大的辯論文字中佔有一席之地。它的風格和他最初美學作品的複繁幻想迥然不同；在此它的表達直接、有力、乃至粗獷。齊克果已經變得嚴肅，極其嚴肅。現在看來，齊克果對抗他那沾沾自以爲虔信基督的時代，無疑他是站在對的這一邊，而且他的論戰也獲得勝利。可是，除了對它當時造成的歷史衝擊以外，《棒打基督教界》還討論到宗教完全制度化的可能性的最嚴重問題，也因此使齊克果就虔信基督的意義，發表最後的聲明。依我看來，他在此違背了他早期對自己的警告。他說過：那個「例外」、「唯一」或特殊的個人，雖然必須遵循他自己存有的法則，不遵循集體的法則，但是，他無法期望其他每個人也遵循他的方式。現在齊克果卻好像要求普通人也信仰跟他的一般嚴格的基督教。

宗教制度化的問題，另一個存在主義者杜斯妥也夫斯基也曾在以宗教大審判官爲喻的偉大寓言中，加以處理；他跟齊克果之間的差異十分發人深思。在理智上說，杜斯妥也夫斯基當然是跟齊克果站在同一陣線；他把那個宗教大審判官描寫成邪惡的人物，極權的人主：他給人們麵包與和平，並解脫他們做爲自己的痛苦。但是小說家杜斯妥也夫斯基奮力追求的眞理，和知識分子杜斯妥也夫斯基的眞理卻不一樣：身爲一個**小說家**，他無法創造一個角色而不把自己獻給這個角色，從內而外創造出來，以便賦予這個角色它自己的眞理。而杜斯妥也夫斯基（透過伊凡・卡拉馬助夫的嘴）敘述這個寓言之際，無疑地，宗教大審判官有**他的**眞理；這個眞理是基督本身下凡後認可的，因爲祂在大審判官的頰上賜了最後一吻。然而論文家在必要闡明他的論點之際，可能忽略到小說家的眞理。大審判官說，人是綿羊，並且需要從自性(selfhood)的苦悶中解救出來。他不能像齊克果那樣，說他並不代表相對於基督寬恕的基督嚴格，而只代表一種基督的誠實；因爲，還有什麼比誠實更嚴格？何況這種誠實告訴綿羊說，他們只能像綿羊般過活。艾略特(T. S. Eliot)說，人類無法忍受許多眞實；而他們能否忍受人家這樣告訴他們，實在很可懷疑。宗教大審判官——教皇之皇——使人們免去做基督徒的負擔，卻在同時給他們相信自己是基督徒的安寧。

尼采這個熱情而虔誠的無神論者，堅持必須由一個宗教組織——教會——來維護綿羊的安寧，因此和齊克果處在相對的極端；杜斯妥也夫斯基在他的宗教大審判官的故事裡，可以說是在辯證上採取了齊克果和尼采這兩個極端。眞理存於基督和宗教大審判之間永恆的張力裡。沒有基督，宗教的組織就變成空洞而邪惡；但是沒有組織做爲緩和的工具，則自性沙漠中的苦悶又會使大多數人活不下去。

尼采說過，「最後一個基督徒」死在十字架上。稍稍改變一下態度，我們可以把這話用在齊克果身上，說他是最後一個基督徒，或者至少是最後一個基督徒作家。這話聽似詭論，因爲現代的新教神學家還在靠齊克果的老本吃飯。卡爾・巴特(Karl Barth)和艾彌兒・卜仁納(Emile Brunner)一類的神學家代表一種嚴格的新教，反對放任；他們步齊克果之後，強調無法解釋的信仰。但是，在這些人的作品裡面，我們聽不到齊克果作品的那種個人語調；他們兩個人都沒有像他們的前輩那樣，把基督教到頭來只關乎自己這個問題提出，也沒有質問自己：究竟自己能不能成爲一個基督徒？至於保羅・田立克(aul Tillich)的神學，任何一個自然主義者，只要心理方面不太愚鈍，而又有興趣把宗教當一種象徵系統的話，都會接受的。魯道夫・保特曼(Rudolf Baltmann)的神學，則不過是海德格的哲學，攙上基督教的感情。實在是齊克果毫無保留道出基督教的問題，並且十分執著的以個人以及他追求自身的永恆幸福爲中心，才使得他以後的所有宗教作家，相較之下，似乎都成了象徵派、組織派、或比喻派——一言以蔽之，直觀派(gnostic)。或許是因爲齊克果毫無保留的宣示信仰，使現在的基督教捨直觀之途，別無其他方向可循。本世紀信教的存在主義者，如伯第葉夫和馬塞爾，他們跟新教牧師一樣，都及不上齊克果的熱情，也及不上他那樣熱切排除萬難，直探問題的核心。唯一的例外應該是米蓋爾・鄔納慕諾；他的熱情可以和齊克果的相媲美，並且他確實把整個宗教問題繫於個人對永恆幸福的渴求——沒有還價的餘地。於是，死亡的問題成爲整個宗教思想的核心，至於宗教奮鬥中的其他部分都成了它的附屬品：「如果沒有長生不老，上帝有什麼用？」鄔納慕諾引述一個老農的話，似乎很表贊同。拿這些宗教作家來跟齊克果比較，並不是想侮蔑前者；他們，在他們的範疇以內，都相當銳敏、有力、淵博。這項比較的意義，其實是要提醒大家，這些作家的基督教和齊克果的，有歷史上的差異。而湊巧他們又是遜於齊克果的人物，所以任何比較可能都失之不公。無論如何，對齊克果的最簡單、最深刻的讚語出自鄔納慕諾的筆下，卻是很恰當的：Y que hombre——「何等人物！」

齊克果說，要是讓他來雕刻自己的墓碑，他只要選擇簡單的一詞：**個人**（The Individual）。我們現在還不知道，然而歷史也許已經替那個個人（齊克果差不多是最後一個替他說話的）掘好了墳墓。

8 尼采
Nietzsche

「到頭來，一個人只經歷到他自己。」——《查拉圖斯特拉如是說》

我們已經看出，到了十九世紀中葉，人的問題開始在某些人心中以一種嶄新而更爲激烈的形式出現：看來，人對他自己是個陌生人，並且必須發現，或重新發現，他是誰以及他的意義爲何。齊克果主張重新發現自我的宗教中心，這在歐洲人來說必然是指回到基督教；不過他的意思卻是指一種徹底的回返，超越有組織的基督教界以及它的教會，回到跟最初的基督門徒同時的狀況。尼采的解決辦法則回歸到更遠更古的過去：回到早期的希臘人，在基督教或科學傷害到人類本能的健康之前。

尼采命中注定要以一種特別個人的、病毒的形式去體驗人類的問題。二十四歲在德國學術界本來是一個不甚了了的年紀，他卻成了巴塞爾大學的古典語言學教授。他的老師黎其樂（Ritschl）爲這件事替他寫了介紹信，對這個投效巴塞爾的文化怪傑幾乎嘆服不已。除了精通古典語文以外，尼采展露出不凡的文學潛力，同時還是個天才的音樂家。不過，這個怪傑卻也是個十分脆弱多病的青年，視力衰弱、胃部過敏。尼采無疑是從遺傳得來這副虛弱的身體，可是後來他滿懷厭憎的認為，這是由於過度用功求學的結果。至少，專心致志的研讀於他的健康無補。他從而直接體認到文化與生命力之間的衝突：事實上，他自己就是這兩者之間的戰場。十年之後，他因為健康不良而被迫辭去教職。從此他成為流浪人和他的影子（借用他一本十分精確描寫自己生活的書名），周遊南歐，冀求他永不復得的健康。那一段頹唐孤獨的歲月裡，他這一切閃耀的文化特質對他沒有絲毫幫助；實際上，文化是一張布幕，隔絕了流浪者和他拚命想要恢復的自然人。身為一個學者式的蛀書蟲，他還不曉得自己不了解自己；但是等到他的眼力太差，不能讀書的時候，他終於開始閱讀自我：在此之前，這本教科書受到文化的輕視。

尼采原先在研究希臘悲劇的時候，接觸過戴奧尼色斯（Dionysus）這個神。戴奧尼色斯是希臘悲劇祭典的保護神，所以崇拜這個神的一派乃受到高級文化的一切惠澤，因為它跟人類藝術中最偉的、形式最美的產物有不解之緣。另一方面，對戴奧尼色斯的崇拜追溯到希臘民族最原始最古老的年代。因為戴奧尼色斯是葡萄之神，是酩酊狂樂之神；祂令葡萄在春日復甦，並使眾人共享陶醉之樂。這麼說來，這個神把高高的文化和深深的本能奇蹟似溶於一身，把分裂尼采的敵對雙方兼容並蓄。如何調和這兩個對立的東西，乃是後來勞倫斯（D. H. Lawrence）、紀德（Gide）的《背德者》（*Immoralist*；一本根據尼采生平而寫的小說）、以及弗洛依德最後也是最有意義的作品之一，《文明與其缺陷》（*Civilization and Its Discontents*）等書的主題。它至今還是我們二十世紀——這個心理分析的世紀——裡最不容忽視的問題。尼采認爲，重生的戴奧尼色斯可能成爲全人類的救主，因爲人類處處顯示出凋蔽衰亡的徵兆。這個神的象徵愈來愈使尼采折服，以至於最後竟迷住了他的心竅。——唯獨象徵才有這麼大本事。他獻身爲戴奧尼色斯神服務。

然而戴奧尼色斯不僅是個曖昧的神，也是個危險的神。古時候誰要是惹了他，就會被撕成碎片。當他掌握到自己從衆的時候，他就驅迫他們到毀滅的瘋狂。古希臘人對祂的稱呼包括「長角的」以及「公牛」；而且在他的崇拜之一裡，把公牛當做他來供奉，並依照儀式加以屠殺、撕成碎片。根據神話記載，戴奧尼色斯也曾經被泰坦巨神族(Titans)撕成碎片；泰坦巨神地下世界散漫的部族，總是跟奧林帕斯(Olympus)的文明神祇交戰不休。尼采之神的命運降臨到尼采身上：他也被黑暗世界的黑暗勢力撕成碎片，在四十五歲的時候，害了精神病。說他的毀滅像是祭典的犧牲，爲他的神祇而被屠殺，這話或許是一個比喻，但絕非過甚之辭。

說尼采之毀滅是爲了他立志解決的人生問題，這話同樣正確，而且或許是同一事情的兩種說法。在古代原始社會裡，以犧牲爲祭，據說可以替其他族人帶來福佑；可是尼采帶來的不是和平而是干戈。自他死後，他的作品已經使讀者爲之分裂、震驚、並且迷惘；在他死後聲望最低的時候，他的名字因納粹黨徒的一種尼采崇拜而玷污。然而，這個犧牲沒有白費；他的犧牲可以做爲其他族人的重大教訓，如果他們願意以他爲訓。尼采的命運，是人類了解自己的歷史努力當中偉大的插曲之一。從尼采以後，人類的問題絕對無法完全回到它在尼采以前的層次。充分表現出人性嚴重問題的，正是尼采：人類絕不能當做動物自然秩序裡面的一種動物來了解，因爲他已經脫離了自然，並且因此把他自己的意義問題——以及自然的意義問題——當做他的天數。尼采的作品是一座巨礦，富含對人類狀況的觀察，我們至今還在不斷開採。

此外，在一種雙重的意義上，尼采的際遇像是對人類的嚴重警告：我們必須留意，以免像戴奧尼色斯那樣，也遭受到被撕成碎片的命運。誰要是探身下界，他就有屈服於原始人所謂「害魂」（the perils of the soul）的危險。害魂是指我們自我內部暗藏的泰坦巨神信仰成份。要想從黑暗的獄中再走上來，正如拉丁詩人告訴我們的，是件困難的事；所以想要下去的人最好確保他跟上界的聯絡。聯絡需要團體，因此深入底層的人最好在人類團體裡根深柢固，甚至在他的本性中，還要帶一點腓利斯丁的氣質。尼采欠缺這些聯絡線，因爲他自絕於人類團體；他是有史以來最孤獨的人之一。相較之下，齊克果看來簡直像個世俗的靈魂，因爲他至少是深植於他的故鄉哥本哈根；而且儘管他可能和他的同胞有過齟齬，他還深愛他的故鄉，他的故鄉就是他的家。然而，尼采卻是完完全全的沒有歸宿。想要下去的人固然必須和上界保持聯絡，但在另一方面——這是尼采警告的另一意義——近代人即使不打算下遊地獄，他仍舊可能被他內心的泰坦力量撕成碎片。我們現代的人類應該再度接觸他在古老的無意識生活，這不僅是心理學上的好奇心，這是關乎生死的重大問題。沒有這種接觸，他可能變成自戕的泰坦巨神。尼采說，人是最危險的動物，如今人的手裡握有把他自己以及他的星球炸成薤粉的力量；而且，這個可疑而複雜的生物是否眞的精神正常，到現在還不淸楚呢。

瞧這個人！

「到頭來，一個人只經歷到他自己，」尼采在他的《查拉圖斯特拉如是說》(*Zarathustra*)書中說過；而在別處他也類似的說過：如果我們眼睛敏銳，應該看出哲學家的一切體系，都只是各種個人的自白。根據他這種認爲思想家和他的思想密不可分的信念，尼采比他前後的任何哲學家更能把自己完全表現在作品當中。因此要想認識他，最好去讀那本自傳性質的小書：《瞧這個人！》(*Ecce Homo*)；這是他對自己以及自己一生的嘗試估價。我們見到的尼采並不是最可愛的人，因爲在這本書中，他顯然已經中了心理疾病的邪，而在三年後導致他的崩潰。不過，他是一個偉大的人物，所以經得起人家從他最脆弱的部分來討論他。而且他自己不是說過，我們必須揭開哲學家的面具，學習在思想家的思想裡看出他的陰影？說來費解，如果要得體的讚美尼采，我們就只能說些他的最壞的話。這倒符合他自己的原則：在任何個人裡，好壞是不能分開的一體，而且相對的性質愈是極端，情形愈是如此。尼采的一切——極端的好與壞——都總結在《瞧這個人！》裡面；而這正是他自己看不見的一切。

一個沒有偏見的心理觀察家，看到了《瞧這個人！》裡面寫的，會覺得既有趣又可怕。自我誇張的程度已經超過我們平常所謂的神經機能症。這種誇大還把事實加以莫名其妙的歪曲：尼采神氣活現地說他是「一個老砲手」，好像他有過一段了不起的砲手生涯；其實我們當然知道，他在砲兵部隊服務的時間極短，幾乎等於沒有存在，並且因爲也墜馬得病而告終止。他跟羅・莎樂美(Lou Salome)的關係其實沒什麼，可是他加油添醋，使人家以爲尼采對付女人眞有一套。這些不是一個老謀深算者的無聊謊言，而是精神病理學分類上所謂的幻想：也就是說，這個人已經開始生活在虛幻的境界。他大肆抨擊德國，而他自己卻是個地道的德國人。雖然他自稱超乎一切怨憤，可是我們很淸楚，他因爲在德國沒有讀者，也不受重視，而十分氣惱。尼采說他自己是有史以來最偉大的心理學家；雖然他這樣吹噓不無根據——他眞的是一個偉大的心理學家——他的書給人家帶來的最大疑團就是：爲什麼這個心理學家這麼沒有自知之明？我們猜想，他的眞我大概太過可怕，使他不敢面對。各種幻想和自大都只是保護他的工具，叫他不要看到他自己的另一面——羸弱孤單、感情饑餓的尼采，像個飄泊的遊魂，無家可歸——換句話說，就是他吹噓的那個巨人的侏儒面。尼采有計劃地規避自己的另一面，這和他對上帝之死的解釋很有關係：他說，人殺死上帝，因爲人無法忍受有個人注視著他最醜陋的一面。他還說，人必須不再有犯罪感；然而，我們在他自己瘋狂大話背後，感覺到一種潛伏的罪惡，以及自卑感。不過，雖然顚狂的風可能已經由《瞧這個人！》吹起，可是尼采心智的力量卻同時正處於顛峰狀態。他大膽而扼要地勾勒出他的主要思想，文筆活潑而犀利，不下於他的最佳作品。正因爲既瘋狂又能首尾一貫，才使這本書費人尋思。這個人的心智怎麼能夠如此和他的其餘部分割裂——何況這個人是個思想家，又超乎其他哲學家，似乎已經接觸得到潛意識的範疇？

這本書的名字，*Ecce Homo*——《瞧這個人！》，是彼拉多（Pontius Pilate）指著耶穌說的話——提供了一個很明確的線索。幾乎沒有一個從小受過基督教薰陶的人能夠避免模仿基督，雖然表現的形式可能很不相干而且毫無意識。（貝克特的《等待果陀》*Waiting for Godot*裡面的浪人喊道，「我一輩子都在拿自己和基督比較。」）尼采系出新教牧師，生長在十分虔信的氣氛裡，他自己小時候也非常虔誠。孩提時代的宗教影響最難根除，跟豹子無法改變牠的斑點一樣。尼采若是失去他的基督教的信仰，或者僅僅在理智方面攻擊它，這些行爲就已經足夠在他內心構成衝突；何況他更進一步，企圖否認他內心的基督，於是把自己分裂成兩半。理智上，戴奧尼色斯的象徵盤踞著他；他自比於這個異教的神（在《瞧這個人！》裡面有一處，他眞的自稱是戴奧尼色斯），而且從此以後，他竭盡心智，致力鑽研戴奧尼色斯和基督之間的對立。可是，結果證明基督的力量比較大；而他的潛意識終於無可救藥地爆發爲公開，這時掌握尼采的就是基督——這一點我們可見於他崩潰以後寫的信件（署名爲「被釘在十字架上的那個人」）。

在充滿這麼多徵兆的生命裡，他竟能記錄下其中一個——出現於十五歲時在普弗達做的一場夢——預言出他爾後憑以寫作，憑以生活的中心衝突。夢中的他在夜裡漫步於陰暗的森木；被「附近瘋人院傳出來的一聲淒厲尖叫」嚇了一跳，然後他碰到一個「相貌猙獰」的獵人。在一個「週遭長著濃密矮樹叢子」的山谷，獵人把他的笛子湊近嘴邊，吹出如此「令人毛骨悚然的調子」，竟把尼采從惡夢中驚醒。有趣的是他在夢中本來正前往艾斯勒本（Eisleben）——路德的家鄉；但是遇到獵人以後，變成該去德楨多（Tentschenthal；其意爲「日耳曼山谷」）了。換句話說，這兩條路岔了開來，一條前往路德派基督教，另一條前往原始非基督教的日爾曼土地。身爲一個古典學者，尼采倒希望讓他流浪的日爾曼神祇扮演希臘的戴奧尼色斯。如果這只是一個單獨的顯示，那麼我們對這個夢大大加以推敲就未免牽強附會；然而，它實際上跟尼采注入作品中的其他夢景幻象是不可分割的一體。就連這個夢裡發生的可怕瘋狂預兆，在《查拉圖斯特拉如是說》的意象中也有回應。尼采的一生具有心理失敗者的一切特徵。

可是我們討論的這一切自我顯示，似乎可以說，只不過反映出一種病理過程，因此我們在討論這個思想家的哲學觀念時，最好把它擱在一旁。不幸，人生裡面沒有一件事是「只不過如此」；它總是不只如此。我們前面所說的確實是一種病理過程，但它同時也是發生在一個天才思想家身上的病理過程，因此這個過程乃具有重大意義。詮釋尼采的人，如果忽略尼采病態這整個問題，就跟腓利斯丁因爲震攝於他的觀念，而只把它們當做瘋子的胡說八道一樣，同屬嚴重的錯誤。或許正如近代對這個問題的某些討論的結果，天才和神經機能症牢不可分。神經機能症，甚至比神經機能症更嚴重的病，也能夠為其他人類揭示眞理；至少尼采就是一個主要的例子。事實上，要想了解尼采企圖躬行的無神論的哲學意義，必須對尼采的病理過程（我們在此只有簡單討論過）有所認識。尼采開始掙脫他的心理根源的時候，西方人也正都這麼做——只是後者並不自知。在那以前，人生活在他的神祇或上帝所造的孩童庇護地裡；現在既然諸神已死，他乃開始邁向成熟。這對尼采說來，是近代史上最重大的事件；相形之下，尼采預言：十九世紀乃至即將來臨的二十世紀一切社會、經濟、以及軍事上的騷亂動盪，都將屬於次要地位。人類能夠對付這種變為成人而無神的挑戰嗎？能夠的，尼采說，因為人是最有勇氣的動物，即使他的神祇都死，他還是活得下去。擺脫意識根源的過程（這在《瞧這個人！》書中無可避免的演變成誇張的自大），尼采自己認為正是代表勇氣的一種高超行動。他在一封信上寫道：我沒有一天不削除一些寬慰的信仰。人必須不依賴任何宗教或玄學慰藉而生存。假如人類注定要變為無神，那麼他，尼采，是選來做先知的，來做必要的勇氣榜樣。從這一點上看，我們必須把尼采當做一個文化英雄：也就是說，他情願忍受他的文化之中最尖銳的衝突，終於被它撕裂。

不過，有各式各樣的無神論者。舉例來說，羅素(Bertrand Russell)溫和的無神論預先假設信仰者的存在，以便他在辯論當中加以攻擊嘲弄，施展出最佳的辯才。沙特的無神論是比較嚴肅的事體，實際上也帶有尼采的色彩：沙特毫不留情整理出無神派的結論，認爲在一個無神的世界，人是荒謬的、未經證明的、而且沒有理性，就跟存有的本身一樣。然而，這種無神論似乎還帶著自大的口氣，把自己放在比別人更不樂觀的眞理一邊。但是，尼采的無神論卻更深入。對整個人類而言，上帝眞的死了；他把自己投入這個局勢之中，分享相同的命運，而不只是批評嘲弄信仰者。《愉悅的智慧》(*The Joyful Wisdom*)一書的第一二五節裡，尼采第一次談到上帝之死；這是他作品中最動人心弦的一段。看到上帝之死的人是個瘋子，這個意義何等深刻；然後他在市集裡把看到的景像大聲告訴不加理會的衆人，他問：「我們如今豈非徘徊在無盡的空無？」在此我們不再討論抽象的邏輯論證，而是討論突然降臨人類的厄運。當然，尼采自己在別處企圖擺出啓蒙時期自由思想家的模樣，並且爲上帝的不存在寫出精彩的格言。在《查拉圖斯特拉》裡，他說到「無神的查拉圖斯特拉」，甚至是「最無神的」。但是尼采絕對不是無神的：他實在是受到一個神的支配，雖然他因爲無法認出那是什麼神，就把祂錯當做戴奧尼色斯。〈獻給未知的上帝〉(To the Unknown God)是一首很早的詩，寫在他才二十歲的時候；詩裡他說自己是個受神支配的人，眞情洋溢，超過他後來做哲學家能夠認出的程度：

> 我必須認識你，未知的神，
> 你探索我靈魂的深處，

且像暴風般吹襲我的生命。
你雖不可了解卻是我的親人！
我必須認識你甚至服侍你。

在尼采靈魂的深處，上帝難道眞的死了，或者只是這個哲學家的思想無法應付祂的存在以及祂的意義？

如果把上帝當做形而上的事物，而且祂的存在必須加以證實，那麼羅素之類具有科學頭腦的哲學家抱持的態度，必然是合理的：這種事物的存在永遠無法以經驗證實。因此，上帝一定是原始、幼稚心靈抱持的一種迷信。可是這一類的見解都很抽象，而上帝的實在卻是具體的，是一種把握人心、完全自發的存在；當然，有些人比其他人對此更有所覺。尼采的無神論顯示出上帝的眞義——而且，我們還可以加上一句，比起許多正式的有神論還要來得有效果。他自己有一次冷嘲說，人家把他跟庸碌的自由思想家混爲一談；後者其實對他的無神論一竅不通。而且不管「無神的查拉圖斯特拉」如何奮力掙扎，尼采還是受到他青年時代禮敬的那個未知的神支配著。這種支配在《查拉圖斯特拉如是說》（四卷，六十五節）顯得特別強烈，儘管說話人是魔術師——這是他希望祓除的自己的一面：

如是我躺下，
彎曲自己、扭轉自己、震顫著
一切永恆的痛苦，
並且迷上了
你，最殘忍的獵戶，
你這個不親切的——上帝……

在《查拉圖斯特拉如是說》書中，上述的所有主題完全化爲嘹亮的絃歌。現在，我們可以看看它的內幕了。

《查拉圖斯特拉如是說》是怎麼回事；道德家尼采

到現在還沒有人對《查拉圖斯特拉如是說》(*Thus Spake Zarathustra*)寫出夠份量的心理批評，也許因爲它裡面的材料太過豐富的緣故。它是一本與衆不同的自白作品，但絕不是屬於個人的或自傳式的層面；而且表面上尼采沒有出現在書裡；它是具有比較偉大、比較原始的深度的自我表白；潛意識的洪流自岩石迸流出來。恐怕沒有別的書能夠直接從潛意識中包含這樣始終如一的意象、象徵、以及幻覺。這是尼采的詩作，因此他容許潛意識在這裡主宰，並打破哲學思想加諸其他事物的種種限制。憑這一點，這本書的重要性超乎他任何一本純粹的哲學書籍；它的內容真的比尼采自己的概念思想更豐沃；它的象徵具有偉大的智慧和意義，連尼采自己都無法把握。

尼采自己描述過他寫這本書的靈感過程，而他的描述使我們確信，我們看到的是一種不同凡響的潛意識發洩與潛意識侵略：

> 當此十九世紀末期，有誰能確切知道，一個比較活潑有力時代的詩文所謂靈感是什麽意思？假如沒有人知道，我倒願意說明一下。……啓示的念頭把情形說得很簡單；我是說，某種十分震撼人心的東西驟然變為看得見、聽得到，確切精密得無以復加。……有一種狂喜，它可怕的緊張偶然透過汩汩的淚水而得以解放；這時候，從自發的猛烈到自發的遲滯，我們的進展變化不同。我們覺得完全掌握不住。……每件事情的發生都毫無意志，好像處於自由、獨立、力量、神威的大會串中。意象和明喻的渾然天成最為明顯；我們根本覺察不出它們；每件東西都成為最直接、最精確、而且最簡單的表達工具。

「我們根本覺察不出意象和明喻」——換句話說，象徵本身替代了思想，因爲它的意義比較豐富。

《查拉圖斯特拉如是說》不但是尼采最抒情的一本書，也表達出他最孤獨的一面。書裡有一種冰冷而乾燥的氣氛，不僅屬於查拉圖斯特拉居住的象徵性山巓，而且還屬於一座眞正的高峰。讀這一本書，我們有時覺得自己在欣賞攀登埃弗勒斯峰的影片，聽到登山者步履蹣跚、越爬越高時的氣喘吁吁。登山是代表超越凡人的最恰當暗喩，而超越凡人正是「查拉圖斯特拉——尼采」奮力以求的。不過，從頭到尾，在登山者氣喘吁吁之中，我們聽到尼采這個人的嘆息。

這本書一開始就承認這種人性的關聯，因爲查拉圖斯特拉即將離開山間獨居的時候，宣布他要下山回到人群「重新做人」。山就是精神的孤單，低地代表凡人的世界。同樣的對比出現在查拉圖斯特拉的寵物——鷹和蛇——裡：一個遨翔高空，一個爬行地面。查拉圖斯特拉做爲第三者，象徵這兩種動物、高與低、天和地之間的結合。他說，他要下山走入衆人之中，就像太陽沒入地平線以下的黑暗之中。然而太陽西沉，爲的是再生出一個新鮮光耀天神般的次晨。所以這本書是以再生和復活的象徵開始，而這其實就是《查拉圖斯特拉如是說》的眞正主題：人如何能夠像火鳳凰一樣，從自己的灰燼當中再生？他怎樣可能變的眞正健全完整？在這個問題背後，我們隱約看到尼采自己的疾病以及他爲恢復健康而做的長期努力；尼采自己在有生之年力求健康完整，未能如願，查拉圖斯特拉則同時做了他理想中自己的意象，也做了那項成功的象徵。

雖然尼采的主題有十分個人化的根源，這本書中討論的問題，在德國文化裡早已變得相當重要。席勒和歌德處理過同樣的題材——席勒早在一七九五年他著名的《美學教育論箋》(*Letters on Aesthetic Education*)中，歌德則在他的《浮士德》裡。席勒對這個問題有過極爲清晰的說明；在他認爲，這個問題有幾個顯著的特點，跟後來尼采提出的問題完全一樣。席勒說，對人類來講，這個問題乃是塑造個人的問題。近代生活分門別類、趨於專業，因此割裂了人的存有。我們現在面臨的問題，是要把這些裂片湊攏成爲整體。在他解釋的過程中，席勒跟尼采一樣，甚至追溯到希臘人的例子；他們產生了眞正的個人，而不僅是像現代這種博學但抽象的人。歌德更接近尼采；《浮士德》和《查拉圖斯特拉如是說》實在是兄弟之作。兩者都嘗試用象徵來研究優秀個人——完整、無瑕、而且健全——形成的過程；而且如果道德是用它傳統的術語來衡量，則兩者在內容上同樣「不道德」。

實際上，放在德國文化的脈絡裡，尼采的不道德主義看起來沒有一般想像的那樣極端。他最後的作品——《權力意志》(*The Will to Power*)——過份熱烈的想像力創造出來的某些事物，恐怕還比較極端些。在《浮士德》裡，歌德和傳統道德格格不入，比之尼采並不稍遜；但是這個足智多謀的威瑪〔Weimar；(歌德久居之處)〕老狐比較有計略、頭腦較冷靜，知道怎樣神不知鬼不覺傳遞他的論點，不像尼采那樣在屋頂上嘶叫。我們前面談到，歌德詩中第二部分的浮士德有點像尼采的超人，超乎一般的善與惡。古諾(Gounod)寫過一齣很流行的感傷歌劇，敘述另外一個有道德的浮士德的故事，其中主角賣身給魔鬼，因而損害到一個年輕的少女；結局是女郎悲慘而死。但是，歌德不能就此收場；在他創作浮士德之際，縈懷他心中的問題使得他把甘淚卿〔Gretchen（歌德作品《浮士德》中的女主角）〕的悲劇只當做浮士德人生道上的一個階段。像他這種自我發展的過程，絕不會爲他引誘的少女發瘋死掉而告終了。堅強的人熬得過這種慘事，變得更加頑強。和浮士德簽約的魔鬼眞的變成他的僕從；正如我們的魔鬼，如果加入我們，可能成爲有用而積極的力量。跟他以前的布雷克一樣，歌德十分了解傳統的魔鬼象徵包含的曖昧力量。尼采的不道德主義雖然寫起來激烈得多，包括的卻不過是歌德論點的發揮：人必須和他的魔鬼合作，或者，照他說的，人必須變得更好更邪惡；樹要長得高，它的根必須向下紮得深。

要是說，尼采在這一點上不如歌德那樣狡猾的抑制自己，至少他有値得嘶叫的東西：整個的傳統道德，他認爲，沒有把握到心理事實，所以很危險的虛僞而一面倒。當然，大家一向知道這一點，但是人類儘管有各種理想，對這類事實睜一隻眼閉一隻眼，不然就採取決疑論。然而，一個人完全依照登山寶訓(the Sermon on the Mount)或是釋迦的法句經（又稱曇鉢經）來過日子，而又無法成聖，那他自己最後會懊喪不已。尼采的主張已經有深遠的影響；我們在今日日常價值判斷中，是生活在一個尼采以後的世界；有時候精神分析醫師發現有必要跟他的病人說，他**應該**更貪婪、更自私才對。再說，對那另一半或不止一半的人類——女人——來說，一部倫理史又算什麼東西？女人討論道德問題，跟男人的說法截然不同。倫理史其實只算得上男人所做的一樁傻事，跟實際的生活毫不相干。在這一點上，尼采的理由十分嚴肅而直截，可以推翻自柏拉圖以降、把普遍觀念加諸個人心理需要之上的所有理想主義者。尼采最有力量的書之一是《道德探源》（*The Genealogy of Morality*）；它探究道德的本源，認爲是權力的、仇恨的驅力。尼采在書中指出，道德本身對它自己煩亂的心理動機都搞不清楚。當然還有其他尼采沒有看到，或不予重視的動機，但是沒有人能夠否認，權力和仇恨這兩者在歷史上，一直是道德家鐵面無私背後陰影的一部分。

不過就在這裡，在浮士德和查拉圖斯特拉對照的脈絡裡，給同時是人又是道德家的尼采，帶來最主要的問題。假設倫理問題成爲個人的問題，那麼這個倫理問題就變成：個人要如何滋潤自己以求生長？我們一旦開始要收回傳統道德拒斥的那一部分人性——用象徵的說法，就是人類的魔鬼——就面臨一個重大問題：馴服這些衝動，使它們社會化。在此，浮士德式的想像力容易變得太過誇張。對西方人來說，浮士德已經成爲拚命奮鬥的個人的偉大象徵；歷史家史賓格勒（Spengler）甚至用「浮士德式文化」來指我們整個近代對自然的大力征服。在尼采的超人裡，這種精神的緊張會更強烈，因爲這種個人會生活在比過去所有人類更高的層面上。然而超人心裡的個人魔鬼又如何？只要尼采企圖把這種較高個人的目標做爲全人類的目標，那麼他的理想本身裡面就會有致命的曖昧性。這個超人該是異常的人，還是個完整的人？心理上的完整並不一定配合異常的力量，而偉大的天才可能身體殘缺，例如尼采自己。當然，在我們這個時代裡，因爲人愈來愈變成可憐兮兮的人類碎片，所以完整的人——如果這種人存在——可能會顯得與衆不同，但他也許根本沒有天才或異稟。那麼，這個超人會是個拚命奮鬥的個人，居住在精神的山嶺？抑或他在現世裡已經實現了他個人的完整能力？這兩種理想互相矛盾——在尼采身上，以及在近代文化本身裡面無法解決的矛盾。

事實上，查拉圖斯特拉—尼采沒有認眞處理他自己的魔鬼，這就是書裡面的查拉圖斯特拉、以及生活中的尼采的重大失敗。所以也是尼采這個思想家的失敗。倒不是說查拉圖斯特拉—尼采沒有見到他的魔鬼；後者曾經一再警告過查拉圖斯特拉，而且像個能幹的鬼一樣，他知道如何採取各種形狀和僞裝。他是書一開始時，跳過走索人頭上的小丑；他是最醜陋的人，殺死了上帝；他也是莊重的精靈，查拉圖斯特拉自己稱之爲他的魔鬼——就是要把他太高揚的精神拖回地球的重力精靈。每一次查拉圖斯特拉都不顧警告，只把它當做攀登更高峰的一項理由，好擺脫它。不過，最重要的啓示，是在〈幻像與謎團〉(The Vision and the Enigma (III, 46))這一章：警告者變形爲侏儒；當查拉圖斯特拉攀登寂寞的山徑之際，他就坐在他的背上。查拉圖斯特拉想往上爬，但是侏儒要把他拉回平地。「噢，查拉圖斯特拉，」侏儒向他低聲耳語，「你的確把自己扔得很高；但是每一個扔出去的石頭都要掉下來。」而後，以一種用在尼采自己身上乃更顯得惡毒的預言，侏儒說，「噢，查拉圖斯特拉，你確實把石頭仍得很遠，但是它將落回你自己身上！」這是希臘神話古老的公式：飛得太高的英雄摔到地上；而尼采身爲研究希臘悲劇的學者，應該對侏儒的警告更加尊重才對。

然而爲什麼要侏儒呢？查拉圖斯特拉—尼采自視太高；因此幻像中的人物，爲了糾正平衡，乃以侏儒的形態出現。這個侏儒是潛伏在查拉圖斯特拉—尼采裡面的平庸意象，而平庸正是尼采最害怕最厭惡發生在自己身上的事。尼采已經發現了人性的陰影、人性的內部；而且已經很正確的把它當做人類任何個人不可避免的一面。但是也把這種看法變成一種浪漫的妖術主義（diabolism）；他覺得邪惡大膽的鬧著玩玩很有意思。如果這個魔鬼以偉大的姿態出現，那他應該已經能夠接受自己的魔鬼。我們最難容忍的，莫過於魔鬼以我們個體中最卑微低賤的化身出現。杜斯妥也夫斯基比尼采更能了解這一點；所以在《卡拉馬助夫兄弟們》裡面偉大的一章，伊凡，這個飽受席勒浪漫主義薰陶、頗有才華的文學知識分子，看到魔鬼的時候，它不是扮成眩目的密爾頓式魔王（Miltonic Lucifer），也不是歌劇中自大的梅菲斯托福里斯，而是裝做一個蒼老、窮要面子的傢伙，他的美學主義有點落伍可笑——正是伊凡自己審美心靈的絕佳諷刺。對伊凡・卡拉馬助夫來說，這個形象乃是唯一的魔鬼，殘忍的戳破了他的自高自大；杜斯妥也夫斯基做爲心理學家的天才，在這一段文字中大概發揮得最爲貼切。尼采自己談過杜斯妥也夫斯基，說後者是唯一能夠教他一點東西的心理學家；他這話對極了，而且理由之充分，恐怕尼采自己都始料未及。

再回到查拉圖斯特拉。他脾氣太壞，不肯承認自己就是這個侏儒。他感到自己的勇氣受到挑戰，於是相信最勇敢的行爲、最高尚的德性就在擺脫這個侏儒。「勇氣終於要求我屹立不搖，並且說：侏儒！不是你死便是我亡！」其實更聰明乃至更勇敢的行爲，應該是承認侏儒究竟是誰，並且不要說「不是你死，便是我亡」的話，該說，「你我（自我）本一體。」

幻象改變，並且稍事停頓；尼采現在就顯示給我們「永恆回歸」(Eternal Return)的觀念。這個觀念在尼采腦裡的地位曖昧。他企圖用理性和科學做依據，他的前提是：如果時間爲無限，宇宙萬物爲有限，則根據或然率，一切組合必會永無休止一再重覆；因此任何事物，包括我們自己，都必然一再重現。但是，把這個當做一種純粹理性的假說，並不能解釋「永恆回歸」的觀念爲什麼對尼采的情感有如此強大的作用，尤其不能解釋這個觀念爲什麼出現在《查拉圖斯特拉如是說》最緊張、最富幻象的此刻。這個循環是永恆的一種純粹原始初型：「那些天晚上我看到永恆，」英國詩人符翰(Vaugham)說，「像巨輪純粹無限的光明。」鄔納慕諾指出過，永恆回歸的觀念表現出尼采自己對永恆以及不死生命的想望。話說回來，一個思想家如果認爲人類的整個意義在於未來，在於人類將要變成的超人，那麼這種念頭實在太可怕了，因爲如果萬物永無休止循環重覆，如果人必須再度以他現存的卑下笨拙形體出現——則人類還有什麼意義可言？對尼采來說，永恆回歸的觀念成了勇氣的最佳試金石：假如尼采這個人必須一再重生，承擔同樣的病痛累贅，豈不是需要對生命有最大的肯定、和熱愛，才能對這完全無望的前途說一聲Yes？

查拉圖斯特拉在這個幻象裡瞥見了一些可怕的涵意，所以他闡釋永恆回歸的概念之後說，「如是我說，而且極爲輕聲：因爲我害怕自己的思想、以及回想。」夢裡的他說完這話，聽到狗叫，看到一個牧人在地上痛苦打滾，一條沉甸甸的黑色爬蟲垂自他的嘴巴。「咬哇！」查拉圖斯特拉大叫，於是牧人把蛇頭咬掉，一口吐得老遠。這一幅令人毛骨悚然的景象，向查拉圖斯特拉提出了它的謎題：

勇敢的人們！大膽的冒險者，任何駛著輕舟到過前人未探的海洋的人們！喜歡解謎的人！

替我解決我剛才看到的謎吧，為我解說最孤獨者的幻景吧。

因為它是個幻景，他是個先見。我剛剛在寓言裡看到什麼？那個有朝一日必將來到的人是誰？

牧人是誰，蛇竟那樣爬進他的咽喉？將來一切最沉重最烏黑的東西又會爬進誰的咽喉？

——牧人因我的警告叫聲而咬一口；他狠狠咬了一口，然後把蛇頭吐得老遠：——然後一躍而起——

不再是牧人，不再是人——一個變形的生物，一個光明環繞的生物，他會笑。從來沒見過世界上有誰像他那樣笑！

啊我的同胞，我聽到一聲絕對不是人類笑聲的笑聲。

「牧人是誰，蛇竟那樣爬進他的咽喉？」他就是尼采自己，而蛇和侏儒兩者都交給他同樣的工作：承認「他自己最沉重最烏黑的部分。」我們常說眞理是我們不得不吞的苦藥，但是關乎我們自己的眞理，可能像爬蟲般更可厭。尼采沒有吞下蛇頭；他否認自己的影子，並且看到一個變形的生物從裡面跳出來。這個生物的笑聲已經不是人類的笑聲。我們太了解這個笑聲了，它是瘋顚的笑聲。前幾年，超寫實派的安德烈・布雷東(André Breton)出版了一本《鬱情文選》(*Anthologie de L'humeur noir*)，其中包括一封尼采精神錯亂以後寫的信。要是我們不知道作者何許人也，也不知道他寫作時候的狀況，實在會把這封信當做超寫實派璀璨的笑聲，一種高遠、空洞、瘋狂的笑聲。這是尼采在幻象裡聽到的笑聲；而當他說「這是個幻象，也是個先見」之際，恰似一個悲劇的角色，對自己的預言茫無所知，因而造成反諷。這種笑聲，在《瞧這個人！》書裡已經開始令人聽得毛骨悚然了。

查拉圖斯特拉的幻象裡有一種內在的銜接性，因爲它的三個部分——侏儒、永恆回歸、以及牧人吐出蛇來——代表了尼采理想超人觀念的一種障礙和對立。這些預示了他個人的大難；但因爲他是個躬行自己思想的思想家，所以這些也顯示出一切這類烏托邦式思想的致命缺點。誰若是想把超人發射到星球交錯的太空中，最好認清楚，侏儒會跟著他去。「人性，太人性了！」尼采對過去生存的人類厭惡的喊道。然而誰如果試圖改善人類，恐怕不應該使他變得沒有人性，而是應該更有人性一點。要想做個完整的人——中國人所謂圓融的人——西方人可能該收斂一下浮士德精神。些微中庸的、平凡的東西，也許是人性必要的基礎。查拉圖斯特拉幻景中歇斯底里般瘋狂笑聲的解藥，也許是一種幽默感；這是尼采顯然缺少的，儘管他具有光彩奪目的思想機智。

我們在這裡獲得心理層次的結論，如果轉而研究尼采有系統的權力哲學，就能夠獲得肯定。

權力和虛無主義

尼采被許多哲學家認爲是個沒有體系的思想家。這種錯誤的看法，主要是由於他作品的外在形式。他喜愛寫些格言式的東西，喜愛間接而戲劇式的攻擊他的目標，不願採取學術論文那種直截而嚴肅的形式；他是德國散文的偉大文體家之一，因此在他的作品裡面，他無法，或者不願，否認自己藝術家的一部分。他甚至還說，他是透過藝術的眼光來審視科學和哲學。然而，在這一切純文學的修飾之下，他的心裡有一個單獨的觀念，正朝向系統化的發展。思想逐漸盤踞整個的人，同時他生命的其他部分逐漸乾枯，這時候，這個思想勢必趨於一個系統，把自己做一了斷。他臨死之時，正在著手撰寫一本偉大而有系統、可以完全表達出他的哲學思想的大作。這部作品就是未完成的《權力意志》（*The Will to Power*）。許多方面說來，尼采作品系統化的增加，在心理學的觀點看來是一種損失，因爲追求主題觀念的結果，使他看不到人類心靈問題的曖昧性。不過，這也有個好處，因爲他使我們終於看出他的思想有什麼價值。海德格最近寫過一篇值得記誦的文章，提醒大家注意尼采是個徹底有體系的思想家；這項事實在以前一直受到忽略。老實說，根據海德格的看法，尼采是西方形上學傳統中最後一位形上學家，他是個同時完成而又打破那個傳統的思想家。

我們不知道尼采最初怎麼想到「權力意志」的觀念，不過他自己告訴他妹妹，有一樁重大而動人的事件與此有關：普法戰爭期間，尼采擔任醫院勤務兵的時候，有一晚上看到自己舊屬的團隊騎馬而過，奔向戰鬥，也可能奔赴死亡；那時他覺得，「最堅強、最高尙的生命意志不在微不足道的生存掙扎，而在戰鬥意志、權力意志。」但是，如果想把這種概念的源起一定歸於某件事情，將屬錯誤；事實上，它是由許多支流、由尼采和病體的掙扎、並且由他對古典的研究，匯合而來。尼采所以成爲偉大的古典學者，是因爲他能看到正統學者忽略的平凡、簡單的事實。傑出的英國古典學者康福德（F. M. Cornford）論到尼采時，說他領先當時的古典學術界五十年；這項恭維原是十分推崇的意思，然而我不敢說我們今日的古典學界是否已經趕上了尼采。把握淺近的事物比把握艱深的事物，更需要想像力，而這種想像力尼采比他同時的古典學者多得多。拿一個明顯的事實爲例：高貴的希臘人和羅馬人蓄養奴隸，並且認爲理所當然；因此，他們對存在的看法就跟隨後的基督教文明不同。古典學者中的人文傳統把古人理想化了，同時虛構了事實，就跟一切理想主義觀點一樣。我們不必是個什麼古典專家，就可以看出：凱撒（Julius Caesar）所著《高盧戰記》（*Galic Wars*）第一頁上，*Virtus*——道德——一字指的是殺力和武勇——正是一個軍事統帥最懼於敵人，同時最期於自己兵士的東西。（有位愛說笑的哲學家講了一個十足尼采式的笑話：「道德」（Virtue）一辭原是指男人的丈夫氣概，到了維多利亞時代竟是指女人的貞潔，這眞是歷史上最奇怪的發展。）我們也不需要多大的古典學識，就可以在譯爲「道德」的希臘字 *arete* 裡面，聽到戰神的刀斧鏗鏘。古代文明的基礎，在於認識到力量以及權力的關係是生活中自然而基本的一部分。

尼采的觀念同時也反映出近代斯湯達爾（Stendhal）和杜斯妥也夫斯基的影響；這兩位是他最欽佩的十九世紀小說家。斯湯達爾顯示出自我和權力這兩種元素攙雜在一切愛情的表現上：在誘惑和征服的技巧上，在兩性之間的鬥爭裡。杜斯妥也夫斯基曾經顯示，自我貶抑的最謙卑行爲如何能夠變得凶狠而富有侵略性。然而，尼采自己犀利的心靈，一旦上了路，便無須指點。他看得出權力意志埋伏在道德史上各個角落：不僅在原始時代的野蠻立法中，也在聖徒的禁慾主義以及主張處罰的道德家的仇恨裡。他對這個主題的種種個別見解，終於堆積成一塊石碑般的觀念，具有無所不包的普遍性：權力意志實在是一切存有的最內在本質；是存有自身的本質。

然而，看出人類一切心理衝動多少跟權力衝動有關是一回事；認爲這種趨向權力的衝動就是唯一的基本衝動，其他一切都可以歸謬到這個基本衝動——這又是另一回事了。我們馬上面臨到還元的問題，這是近代心理學派系之爭特別厲害的一點。如所週知，阿德勒(Alfred Adler)的個人心理學就是在這一點上跟弗洛依德的心理分析分道揚鑣——阿德勒讀過尼采，認爲權力意志是基本，弗洛依德堅持性愛才是。然而——讓我們把話說得玄一點——要是兩個都對、兩個都錯，怎麼辦？要是人類的心靈不能切割成塊，而某一塊因爲比較重要而深入另一塊，怎麼辦？要是這個二分法眞的忽視了人類心靈的有機體般的一致性，又怎麼辦？因爲一項單獨的衝動一方面可能是趨向愛情的衝動，另一方面同樣可能是趨向力量的衝動。杜斯妥也夫斯基，至少做爲小說家的時候，保存了這種二元性和衝突性的認識；尼采呢，當他的直覺和小說家的直覺一樣正確之時，也看得出權力和其他衝動的這種相互爲用。（在《超乎善惡》(*Beyond Good and Evil*)裡面他說過——口氣像是個高明的弗洛依德派，而不似阿德勒派——「一個人肉慾的程度和本質伸展到他精神的最高處。」）可是後來他讓無情的查拉圖斯特拉宣稱，「愛情是最孤獨者的危險，」於是抑壓愛心和同情；因此尼采判決權力意志勝訴，把它當做其他所有心理動機的基礎；他成了還元心理學派的一員。

最值得一提的是，這種權力意志竟是經由他而成爲存有的本質。說它值得一提，因爲尼采曾經嘲笑存有觀念，認爲這是哲學家腦筋想出來最騙人的鬼玩意兒，是最廣泛也是最空洞的觀念，是假想心靈體稀薄而不實在的流露，從感覺的具象實體裡提煉出來。他看得很正確：西方哲學裡面的主要衝突，在於一開始的時候，柏拉圖譴責詩人和藝術家，說他們生活在感官的世界，而不是抽象的、觀念的超感官世界，後者代表眞正的「存有」(Being)，跟感官世界裡變動不居的「生成」(Becoming)恰好相反。尼采站在藝術家這一邊：唯一眞正的世界，他說，是感官的、「生成」的世界。然而，爲了成爲一個有系統的思想家，尼采不得不變做一個形上學家，而形上學家只好依賴「存有」的概念。當然，尼采的思想保存有他的動力論(dynamism)，因爲「存有」變爲「生成」——事實上，根本變爲權力意志。

但是，力量何物？根據尼采，它不是萬物歸趨的一種休止或停滯的狀態。相反的，權力本身就是徹頭徹尾的動力：權力存乎權力的發射，這就是說，要不斷運用權力意志，越昇越高。權力本身便是權力意志。權力意志便是追求意志的意志(the will to will)。

尼采的學說在多數人看來覺得可怕，而且似乎只表現出他自己狂熱、紊亂的脾性，理由即始於此。狂熱倒是不假的；《權力意志》一書的許多段文字裡，他簡直像極了他自己（在《查拉圖斯特拉如是說》）描繪過的「蒼白的犯人」，渴望鮮血的那個無情的人。然而，在這裡跟在其他地方一樣，尼采個人的瘋狂具有超乎個人的意義；就憑這個權力概念，他算得上我們這個時代的哲學家，因爲他向這個時代揭發了它自己潛藏而不幸的存有。這就難怪這個時代要詆毀他是一個邪惡有毒的靈魂。

事實上，近代在各方面引以自豪的就是它的動力論。在歷史教科書裡，我們把中世紀演進到近代的過程看做一種精悍有力意志的誕生；這種意志要求征服自然並且改變生活條件，而不願消極向它們屈服，跟中世紀的人一樣等著被送往來世。我們一再爲這一切而深自慶幸。可是，來了一個思想家，企圖探索這一切動力論的內幕；這時我們卻大聲喊起來，說我們在他所繪的意象裡面認不出自己，我們指責他精神失常，以便謀一避難所。二十世紀的科學技術遠遠超過十九世紀，以至於目前它已經不像是爲人類謀福祉的工具，倒像是赤裸裸力量的工具了。如今我們擁有速度勝過太陽的飛機、有洲際飛彈、有人造衛星、尤其是有了原子炸彈，因此我們知道，科學技術本身已經取得一種力量，任何傳統的政治都臣服於它。假設俄國在科學技術上遙遙領先我們，那麼所有一般的政治打算都將付諸流水。古典的政治藝術，從希臘人開始，一直當做是專門爲人而設的純粹人的藝術；如今比起科學技術的龐大力量，政治變成過時而脆弱的玩意兒。世界命運的關鍵，似乎端在於駕御事物。政治之爲人類藝術的一切高尚風雅——外交的手腕及謀略、折衷方案、開明而自由的政策、善意——根本不足以對抗科學技術的優勢，一如血肉之軀碰到打樁機的襲擊，沒有招架之功。人類成了機械的附庸，就連傳統上最人性的政治事業裡，情形亦復如此。

在這一點上，尼采比馬克思更敏銳的表達了共產主義的眞正歷史意義，尤其是共產主義對所謂落後或未開發國家所具的特別吸力；它是這些民族的權力意志，一種想要自己掌握命運、創造歷史的意志。對共產主義這種強烈而神祕的吸引力，我們的政治家似乎沒有一丁點的了解。美國本身呢？不錯，我們還保存著古老的自由理想，例如個人有生命、自由、以及追求幸福的權利；然而，我們日常的集體生活把我們捲入一種瘋狂般的動力論，它的終極目的並不明確。世界各地的人類和國家，現在正完全依照尼采的哲學行事：權力的目的無須界定，因爲權力就是它自己的目的；稍一停止或降低速度，就會在追求它的過程中落乎人後。權力並不靜止；正如我們目前在美國講的，你不上就下。

可是，從哲學的觀點看來，近代奉行的動力論根據何在？近代哲學一般認爲始自笛卡兒（Descartes）。笛卡兒思想的基本特色，是自我和外在自然世界之間的一種二元論。自我是主體，主要是一種思想的實體；自然是客體——具有擴延性的實體——的世界。因此近代哲學的起點是徹底的主體論，主體面對客體，暗存敵意。（這個主體論跟齊克果的「主觀眞理」觀念毫不相干；齊克果不幸選上這個名詞，其實他的立意和笛卡兒的學說恰恰相反。）於是自然界成了要被征服的範疇，而人就是它的征服者。這在新科學的先知培根(Francis Bacon)講的話裡特別看得出來；他說，在科學研究中，人類必須嚴格詰問自然界，以便從中絞出問題的解答。這裡用的暗喻象徵強迫與徹底的敵視。到萊布尼茲宣布物質並不像笛卡兒以為的不動，而是具備了一種基本的動力：萬物都有某種衝力(*appetitio*)，隨時間向前推移。這是跨越笛卡兒的重要一步。在此，笛卡兒學說中人跟自然之間的敵對已經升高，因為雙方都加上了一種內在的動力。尼采集這一脈思想的大成；這個思想家使種子結成纍纍的果實。他的極端思想標示出近代源頭的重大錯誤。海德格則認為不僅如此，更標示出整個西方傳統根本上的重大錯誤。究竟是否如此，這是另外一個問題，等我們談到海德格自己的哲學時，再加以檢討。

把權力當做對更多權力的追求，難免要跌進權力本身以外的虛空裡。《權力意志》造成虛無主義的問題。在這一點上，尼采再度儼然是現代的哲學家，因為他很驚人的預言過，虛無主義將帶上各式各樣的面具，成為困擾二十世紀的陰影。就算人類不把自己和地球炸得粉碎，就算他真正成了這個星球的主宰。然後呢？他向星際太空推進。而後呢？為權力而權力的結果，無論這個力量伸展到什麼程度，總會恐懼權力範圍以外的空無。企圖面對那個空無，這就是虛無主義的問題。

就尼采而言，虛無主義的問題起於發現「上帝已死」。這裡的「上帝」是指基督教信仰的歷史意義的上帝。不過，從更廣義的哲學意思上說，它也是指整個超感官的世界

──柏拉圖的「觀念」、絕對，等等──傳統哲學把這些置於感官世界之外，並且認為人類的最高價值在乎其中。尼采問道：如果人類失去了這個他一向停泊的錨碇，他豈不是要漂泊在無際的空無之中？對現代人來講，這些最高的價值都已失去它們的價值；為了取代它們，尼采唯一能夠建立的價值就是：權力。

然而，我們今天果眞有更好的答案嗎？我是說，這個答案必須我們能夠躬身實踐，而非光說不練的。尼采眞正是我們時代的哲學家，超出我們願意承認的程度。由於近代生活已經世俗化，所以那些繫於永恆的最高價值，已經失去了它們的價值。只要人們還很幸福的對此茫無所知，他們當然不會淪入絕望和虛無；他們甚至可以經常上教堂。事實上，我們今天只有談起虛無主義，才會有畢業典禮演說者自滿的態度。我們隨時準備召喚這個名詞，用來反對帶著「消極」意味的新書或新戲，好像虛無主義總可以在別人身上找到，卻絕不會在我們自己身上。而儘管美國生活顯然熱衷於新玩意兒和電冰箱，自得其樂，但我們不禁要認為，美國式的生活實在虛無到了極點。它甚至還沒有問起終極目的「為什麼？」更別說是回答了。

尼采認為，人類是一種矛盾而複雜的生物，他自己就是最複雜最矛盾的一個例子。讀他的作品，我們會覺得他討論的那些重大問題，實在足以把任何人逼得發瘋。瘋狂像一條龍，蜷伏在我們時代的底層；是不是非要把尼采弄瘋，好吐出這個秘密？他對自己提出的大問題並沒有給我們什麼滿意解答，但是他已經為這個時代的人類道出中心的重大問題；這是別人沒有做到的。他的偉大以及他的挑戰盡在於此。

而且尼采的命運很可以做我們的殷鑑，因爲我們的浮士德文明如果不肯放鬆它瘋狂的衝力，很可能變得精神錯亂。從原始人和東方人的觀點，我們西方人已經處於半瘋狀態了。然而，我們不能光是輕描淡寫的說，這種緊張的衝力總得設法鬆弛下來；我們必須了解自己的基本思想方式中，有什麼需要改弦更張，以便使權力意志不致成爲人類生活的唯一意義。如果說，西方的歷史之到達這個地步，只是我們文明基礎中基本思想方式注定要產生的結果——特別是那種隔絕人類和自然的思想方式，把大自然視爲必須加以主宰、加以征服的客體世界，因此其結局只能是竭力主張權力意志——那麼我們勢必要設法糾正這種過份重視駕馭萬物的權力的觀念，因爲這畢竟只是一廂情願，而且終究是虛無的。

也就是說，哲學家必須擔負起責任，重新思索尼采的問題，追本究源；而這恰好也是我們整個西方傳統的本源。在二十世紀的哲學家當中，從事這項工作最徹底的是海德格；我們就要看到，他從事的是極其艱鉅的工作，因爲他要耐著性子，辛辛苦苦從尼采的廢墟中挖出一條道路來，就像一個劫後餘生的人出自被炸的城市。

9 海德格

Heidegger

「思想家企圖尋找人類語言的轍跡，一如農夫尋找田間的畦道。」

海德格告訴我們說，除非我們自己開始思想，不然我們無法聽到尼采的呼喊。而且為了避免我們幻想這是一件輕而易舉的事情，他又加上一句：「**我們須先了解多少世紀以來受到榮耀的『理性』乃是思想最頑強的敵人，這時思想才能發端。**」

這種思想和理性對峙的論調相當聳人聽聞，跟我們文化中一切花言巧語正好南轅北轍。海德格不是個唯理主義者，因為理性藉著觀念、心靈表象來運作，而我們的存在卻不是這些東西能夠理解的。然而他也不是個非理性主義者（irrationalist）。非理性主義認為：感覺、意志、或本能都比理性更有價值，也更為眞實——從人生的觀點看來，確是如此。不過，非理性主義把思想的範疇拱手讓給唯理主義，因此等於私下同意了自己敵人的假設。應該要有一種更基本的思想，能夠削弱這兩個相對的東西。海德格的陳述向後點穿了整個哲學傳統（他自己的思想原是要跟這個傳統做一重大決裂）；同時也向前指出一個新的領域（他論到自己的時候說，在這個領域裡，他像是個迷途森林中的流浪漢，企圖找出路徑來）。他的陳述也告訴我們：我們這些跟他同時代的人假如想要吸收他的思想，那就必須學習思想，即使和我們承襲的一切嚴格的理性格格不入，也要在所不惜；要比唯理主義更加嚴謹的去思想。

齊克果和尼采像毀區炸彈，投到寧靜的學院哲學界。他們是學院之外的哲學家，是近代新奇而引起大變革的東西，因此他們寫起來不像哲學家而像詩人：他們寫的書熱情而眩麗，是向全體人類說話，不只是針對專家。相形之下，海德格是一個純粹學界的人物，是個教授；這種標記出現在他的一切作品。他從來沒有用齊克果或尼采的激烈大膽與熱情來表達自己；但是他的信息雖然可能用硬綳綳的學術文體包裹起來，但到底還是看得出他跟他的兩位前驅人物一樣是精彩而致命的一顆砲彈。

海德格顯然——從上面引用他說過的話便可推知——屬於我們先前（在第六章）討論過的近代文化內，所謂飛離勒普達島的那一脈發展。不過，他之逃避純粹理性的空中樓閣，比起其他勒普達島的反對者，計劃更爲周密而不動聲色；爲了達到目的，海德格越過近代人的格局，追溯到希臘時代西方思想的源頭。齊克果和尼采兩個人都指出已經發生在西方人的存有(being)裡的一種嚴重的隔閡或決裂，這在基本上說來，乃是理性和整體人(the whole man)的衝突。根據齊克果的說法，理性威脅著要吞噬信仰；西方人如今站在十字路口，被迫在虔誠信教和淪入失望之間做一個選擇。既然選擇了前者，他勢必重新大大加強基督教的信仰，因爲他以基督教爲本，已經根深柢固。尼采則認爲，理性和科學的時代引起一個問題：人類的原始本能和熱情應如何處理？忽視這些東西的結果，我們的時代幾乎造成全人類活力的減退。這兩項預言的背後，是對人類跟他自己的存有分離的一種認知。跟存有本身的分離，正是海德格的中心論題。然而他是就這個問題本身，以一個井然有序的思想家身分，來加以討論；所以他的作品沒有閃耀出宗教和心理預言眩麗奪目的光彩。做爲一個思想家的海德格，並不考慮近代人的感情、活力、以及宗教的復生。他對自己提出的問題完全是兩回事：假設近代人已經把自己連根拔起，這個原因難道不會潛伏在比他想像以外更久遠的過去？老實講，難道不會是起於他對萬物中最根本的存有本身的想法？再說，難道一種比較紮實的思想——紮實於存有之中——不能把無根的勒普達帶回地球？海德格以激進的方式，討論「近代人的疏隔」這個熱門的問題，並且也討論到一般的人類問題，把它附屬在存有本身，因爲沒有後者，人類便永遠無法重獲他的根本。

海德格的文字極不愛用暗喻，所以偶然出現一個，它就突出在我們的記憶裡，好像平原上的孤樹。《人文主義書簡》(*Letter on Humanism*, 1947)是他比較易懂的一篇；結尾的時候，海德格用了一個特別容易記住的比喻，把他自己思想的整個方向描寫得很恰當：他說，思想家企圖尋找人類語言的轍跡，一如農夫尋找田間的畦道。海德格來自農家，跟南日耳曼的老家關係深厚，我們可以在他的思想裡感覺到這種和泥土的不解之緣。「對大地保持忠實。」查拉圖斯特拉曾經忠告跟他走的人；而海德格這個思想家，儘管他的論題顯然抽象，卻遠比不幸的尼采更能遵從這句忠告。海德格書頁裡浮現出來的人類形象，是個受到地球約束，時間約束，極爲有限的生物——正是我們意想中的農夫模樣；只不過這個農夫手中掌握著西方哲學的全部歷史。光憑這一點，遠離泥土的我們，今天應該在這個哲學裡面找到重大的意義。

就在這一本《人文主義書簡》裡面，海德格還讓自己做了一小段個人旁白；這在他謹愼客觀的作品裡，無乃是件希奇的事。他是在抱怨一些對他思想的誤解（在這一點也難怪他要抱怨），他說：「**由於我們重又回到尼采有關『上帝之死』的話，大家就都對無神論興致勃勃。因爲把經驗過『上帝之死』的人當作一個無神的人，還有什麼比這更『合乎邏輯』？**」甚至這裡的個人意義也是拐彎抹角的；海德格客觀的以第三人稱來指自己。話說回來，這已經是他作品當中最接近個人精神表白的了。海德格經歷過上帝之死，這個死亡向他的全部作品投下一重陰影；不過他是心平氣和，幾乎是不關痛癢的宣布出來；至於尼采《愉悅的智慧》書中的瘋子，卻是在市場上大嚷大叫。而這種語氣的改變，本身就顯示出從尼采到我們現在，歷史已經推展了多遠。當年對上帝之死的發現是個震憾人心的預言式看法，而今上帝之死已經被人冷靜接受，思想家也試行對這個情勢加以嚴肅的估評。海德格的哲學既不是不信神也不是信神，而是描寫這個沒有上帝的世界。海德格引述詩人何德林（Hölderlin）的話說，目前是世界的夜晚；上帝已經隱退，一如太陽沒入地平線。在這同時，思想家如果要挽回時間，唯有設法了解一件距人最近也是最遠的東西；他自己的存有以及存有本身。海德格曾經把何德林的詩描述為一座「沒有神龕的廟堂」，這正好用來描寫他自己的哲學。如果神，再生之後，回來了，那麼多虧海德格，他的廟堂還可供使用；然而，得有另外一個比較火熱的人物，來造神龕、點蠟燭才行。而假如神不回來，廟堂還可以改成世俗的大廈，雖然陰氣森森，氣派總算很足，例如沙特這個堅決無神論者的情形。無論信神的或不信神的，都應該仔細考慮海德格的思想，因為他討論的問題，是兩方面都勢必處理的，如果他們個別的信念想要符合我們時代標準的話。甚至，做為公衆信念的無神論和有神論，可能還不如我們對海德格奮力澄清的這些事情能夠有所覺悟來得重要。

存有

然而存有又如何呢，讀者可能會滿心不耐煩的問。經過許多世紀，我們對這個顯然十分遙遠而又抽象的題目，還能眞有什麼新鮮，富有意義——尤其是，對我們這些忙碌的現代人有意義——的說法嗎？這種不耐煩本身就是起於某種對存有的態度或判斷，只是大體上我們被蒙在鼓裡。我們想要知道事物、存在物，尤其我們想要獲得這些實在物的確定可察的特徵；至於在這後面，包圍萬物的背景裡的東西，似乎跟我們實際的需要無關；實際需要關心的，不過是如何駕馭我們四周的事物。這恰好是我們這個時代特有的實證主義毛病；毫無疑問，實證主義只是表達這種對存有普遍流行的態度的一種哲學而已。

話說回來，存有一直是西方哲學兩千五百年來的中心觀念；即使我們要把那個歷史一股腦拋棄，至少也應該曉得，從理智的觀點來說，那些漫長的世紀裡，大家爭論的是什麼。我們當代有些哲學家告訴我們，存有的問題只是一項語言學上的偶然現象，原因是印歐語系有「to be」這個繫詞；至於其他語言既沒有這種字，也就沒有關於Being一字意義的空洞文字之爭。這種說法更加深了這個時代的偏見。然而印歐語系在歷史上有相當廣泛的影響；並且這正巧是我們的影響，**我們的**傳統，是我們必須加以正視的。

不過，我們當代對存有的漠不關心，那項傳統本身也不能辭其咎。而就在這個問題上，顯露出海德格思想大刀闊斧的性質：他在這個傳統之內研究，但是他也在企圖摧毀它——創造性的摧毀，好讓它超越自己。《存有與時間》(*Sein und Zeit*)出版於一九二七年，已經成為現代存在主義一種系統的聖經——有時候幾乎是一部沒人閱讀的聖經；在他這本偉大的著作裡，他打算做的工作竟是對存有問題的一種「舊調重彈」：這個舊調重彈卻是一種根本的更新，要把最初的希臘思想家遭遇的問題，從歷史的淡忘中拾回。可是，本書中的這項特點，卻失落在海德格對人類存在——對死亡、關懷、焦慮、罪衍，等等——活潑動人的描述引起的感奮裡；他的後期作品因為沒有這種人類關心的題目，批評家竟據而認為他的思想有了更張。這是一種錯誤，因為海德格的思維是一以貫之的，因此他後期的一切作品，都在評述和闡發萌芽於《存有與時間》的材料。他從來沒有停止那項單純的工作——把存有的問題「舊調重彈」：像最先的希臘人一樣，面對存有。在《存有與時間》最初幾頁，他就告訴我們，這項工作勢必要把西方本體論(ontology)摧毀——也就是說，摧毀西方對存有的想法。

爲什麼非這樣不可？再者，回到我們前面的論點，這個傳統本身何必爲我們現代對存有的漠然態度負責？

首先，「存有」(being)這個字在英文裡就很曖昧。做爲分詞，它同時具有動詞和名詞的特性。做爲名詞，它是存在物(beings)和事物(things)的名稱：一張桌子是一個being，窗外的樹……等等也是。任何存在的東西都是一個being。這一點我們可以認出來，即使我們發現它實在是任何事物表徵中最空洞、抽象（因此也最無用）的being。然而，在它的動詞這一面，being象徵事物的「將在」(to-be)，英文裡面沒有一個單字可以代表，也許是因爲這更難設想的關係。其他語言確實在這方面有更豐足的語彙，很恰當地把這兩個意思擺成一對對：希臘文裡，to on（現存之物）以及to einai（現存之物的存有）；拉丁文裡，ens和esse；法文裡，l'étant和l'être 德文裡，das Seiende和das Sein。（海德格主張，英文裡最適合的用法應該是：beings（存在物），意指現存的事物；Being（存有），意指任何現存事物的「將有」(to-be)。在以下的討論裡，我們將以這個看法爲據。）

海德格認為整個西方思想史，對這幾組事物的前一部分，現存事物，顯示出專情的偏見，而讓第二部分，現存事物的將有，湮沒無存。因此，傳統上把預定要討論存有的哲學叫做ontology（現存事物的科學）而不叫做einai-logy，這才是對「存有的將有」——不是對存在物——的研究。這個論調聽似學究的咬文嚼字，實則不然。它的意義就是：**西方人的思想，自始就囿限於事物、物件**。西方的整個歷史，由這項事實而開始它命中注定的道路；海德格因為避開這條道路，乃能——純粹由於他對存有的專心致志——為那個歷史賦予新的看法，並從而對世界的現狀有新的了解。

「存有」一旦只被人家當做「存在物」、「事物」，它就變成最空泛的觀念：「了解的第一件對象，」聖湯瑪斯·阿奎那說，「就是理性想像事物時，想像到的東西。」這麼說來，一張桌子是一件傢俱；傢俱是人類技術的產品；人類技術的產品是物質的東西；如是類推，下一步我只能說這張桌子是一件存在物，一個東西。「存在物」是我對這件東西能夠做的最後類推，因此也是我對它能夠適用的最抽象詞語；而它沒有給我關乎這張桌子的任何有用的知識。所以，普通人一聽到討論存有就不耐煩，這是有目共睹的：這玩意兒跟他或他的任何重大需要風馬牛不相及。可是，在這裡海德格又翻倒傳統的破車：存有不是一個空洞的抽象名詞，它是和我們大家息息相關，不可稍缺的東西。我們都知道日常生活中「是」(is)這個字的意義，雖然我們不必給它做一個概念上的說明。我們日常的人生對存有具有一種先乎概念的了解；也就是在這種對存有的日常了解裡，我們生存、活動、並且獲得海德格這個哲學家所追求的存有。存有絕不是最遙遠最抽象的觀念，而是最具體最密切的實在；質言之，就是和每個人利害相關的東西。大多數人都具有這種對存有的先乎觀念的了解——我對一個鄰人說，「今天是星期一，」沒有人問「是」這個字什麼意思，也不必要問；而若是沒有這種了解，人無法了解其他任何事物。然而這絲毫並不表示這種先乎概念的了解已經爲大家所知。相反地，因爲我們平常大都不必追究它的關係，對它反而不了解。海德格思想的整個目標就是要闡明這種存有的意義。

現象學和人類的存在

可是，這麼平凡、這麼接近而又這麼隱密的東西，怎樣把它揭露呢？在此海德格運用了一種工具——現象學——是向他的老師胡塞爾(Edmund Husserl)借來的；不過，在採用的時候，他賦予這工具一種不同於胡塞爾的意義和方向。這種差異不但是這兩個哲學家脾性的差異，同時也是他們哲學之間的重大區別。在胡塞爾來講，現象學這門學問企圖不帶任何左右我們的先見、臆度，去描述我們得自經驗的東西，他的格言是「朝向事物本身」——而不是朝向我們預先杜撰、用來取代的觀念。十九紀紀末葉，主張客體獨立存在的實在論者和主張主體爲先的觀念論者雙方僵持不下，哲學乃走進一條死巷；胡塞爾認爲，解救之道，端在「朝向事物本身」。胡塞爾斷言，哲學不該對現實的整體做哲學的思辯，哲學必須轉而對存在的事物做純粹的描述。由於他這種立場，胡塞爾不僅成爲對海德格一人的最大影響力，即使對成熟於第一次世界大戰的那一代德國哲學家而言，亦復如此。

海德格接受了胡塞爾爲現象學下的定義：他說，他將企圖描述人類存在的實況，避免左右我們的先見。然而他的想像力卻不讓事情就此打住，因爲他注意到，「現象學」這個字來自希臘文。研究文字，尤其希臘文字，的來源，是海德格極其熱衷的嗜好；由於他的研究探索，曾經有人責備他在咬文嚼字，可是我們只要想想，文字不斷演進，其間溶入多少眞理？然則海德格窮究文字，務求獲得它們潛藏的精義，這應該算他最精彩的一面吧。特別是在希臘文字方面——這是一種死的語言，它的歷史現在已經整個兒展顯在我們眼底——我們可以看出，某些眞理如何嵌入語言的本身：這些眞理，希臘民族在他們的思想之中反倒**遺忘**了。「現象」這個字——時至今日，這個字已經是所有歐洲語言中的日常用語——在希臘文裡的意思是「彰顯自己的事物」。所以，在海德格來講，現象學的意義就是設法讓事物替它自己發言。他說，唯有我們不強迫它穿上我們現成的狹窄的概念夾克，它才會向我們彰顯它自己。尼采認爲，知識到頭來乃是權力意志的表現；現在我們開始聽到海德格的答辯；照海德格的看法，我們之認識客體，並不是靠著征服式擊敗它，而是順應其自然，同時讓它彰顯出它的實際狀況。同理，我們自己的人類存在，在它最直接、最內部的微細差別裡，將會彰顯出它自己，只要我們有耳朵去聆聽。

字源學的收獲不止於「現象學」（phenomenology）一字而已。海德格發現，環繞著這個字的附近，有一大堆字源；個個都有一種內在的完整意義，可以把我們帶到他的中心思想。希臘字phainomenon和phaos（光明）有關，也和apophansis（陳述或言語）這個字有關。思想的發生次序是這樣的：彰顯——光明——語言。光明是彰顯的光明，語言本身乃處於這種光明之中。這些看似比喻而已，可是，也許只有我們才會以爲如此，因爲我們的了解已經受到障礙；對於希臘語文初創時代的先民來說，光明和陳述（語言）之間這種內在的聯繫，乃是簡單合理的事實；我們所以認爲這「不過」是比喻，都是由於我們習於機巧詭譎，抽象事物。

下文將討論到，這種光明的比喻打開了海德格的眞理論之門；這在他看來，是人類歷史和人類思想裡一樁最重要的事。希臘文的眞理這個字(a-letheia)的字源是了解海德格理論的另一門徑：這個字的原意是無隱、彰顯。原先隱匿的東西不再隱匿，這時就出現眞理。假如我們把這個和先前的彰顯—光明—語言的觀念併列，則海德格追求的思想的重要性就顯而易見了。事實上，這種觀念向我們通常對「眞理」的看法整個兒挑戰；我們一般認爲眞理只能擺在陳述或命題上：對我們而言，一項陳述如果符合事實，就是眞的。然而陳述並不存於了解它們的心靈之外；因此，在現代的用法裡，眞理存於能夠正確判斷情況的心靈裡。這種看法的問題在於它無法解釋利用其他方法表現的眞理。舉例來說，我們談到一件藝術作品的「眞理」。我們發現一件藝術作品裡面有眞理，但是也許其中並沒有我們所謂眞的命題。這件藝術作品的眞理在於它是一種彰顯，不過這種彰顯不在於合理的陳述。海德格做了一個重要指示：眞理並不主要存在理智裡；正好相反，理智的眞理其實是從一種更基本的眞理的意義衍生而來。

這種更基本的眞理是什麼，下文即將詳細討論。然而，在討論之前，我們必須指出：一當我們開始勾劃海德格人類存在觀點，立刻就碰到眞理的問題。批評家總是循著皮相的感覺，來認識海德格的思想。例如義大利的評論家盧吉艾瑞 (Ruggieri)，他很膚淺的說，存在主義是「以恐怖電影或犯罪小說的風格造成的哲學」——毫無疑問，這是因爲學院派的哲學家聽到有人談起死亡、關懷、焦慮這一類急迫的人類問題，就覺得是一種羞辱。海德格確實討論這些問題；不過，我們在論到他對這些問題的態度之前，必須了解他對和眞理有某種關係的人類看法如何。說眞的，人類在歷史上以及思想上的成就，全看他對眞理意義的決定如何。發現海德格有感覺主義的批評家所以有此發現，只因爲那是他們存心尋找的目標。

由於海德格追溯眞理鑲嵌在希臘語言中的原始意義，他的理論才能一躍而超出胡塞爾現象學的範疇。胡塞爾還深受笛卡爾觀點的支配，這個觀點在近代哲學裡是個主流；而海德格思想的整個意義，卻是一項推翻笛卡兒的努力。

笛卡兒懷疑一切，結果得到唯一確定不移的事實：他自己意識的存在——那句有名的Cogito, ergo sum，「我思，故我在。」這是近代哲學同時也是近代的開端：人類被禁錮在他的自我之中。他的外面是萬物的可疑世界，他的科學已經使他知道，這些事物其實一點也不似它們熟悉的外貌。笛卡兒透過對上帝的信仰而重新獲得外在的世界；如果外在的世界其實並不存在，則善良的上帝不會誘騙我們去相信它的存在。然而主觀論(以及獨我論)的陰魂不散，出沒作祟於整個近代哲學。休謨(David Hume)懷疑得厲害的時候，曾經在他孤寂的書房中感覺恐慌，不得不出外到彈子房跟他的朋友聚會，以肯定外在的世界確實存在。萊布尼茲把這整個事體用一個強有力的意象表示出來；他說他的單子(monads)——分析到最後的物質——沒有窗戶；也就是說，無法互相溝通。

至於笛卡兒，雖然他偶然會懷疑外在的世界，但是事實上，論到了解人類的存有時，事物的存在還是居於優先。何謂外在的事物？物體、擴延的實體之謂也。相形之下，「自我」成了一種非物質的實體，一種會思想的實體。而正如各式各樣性質——顏色、形狀，等等——「內在於」(inhere)外在的實體，同理，我們所謂的精神狀態——情緒或思想——也「內在於」精神的實體。儘管人類和自然的分離有如覆水難收，然而，在私底下，對人類存有的了解總是由外在實體的類比得來。近代的思想雖然分隔了人和自然，它還是企圖以實物來了解人。

海德格一舉而摧毀笛卡兒式的看法：他說，從本質上來講；人的特點即在他是「世界裡的存有」(Being-in-the-world)。萊布尼茲說過，單子沒有窗戶；海德格的回答是，人並不是從他孤獨的自我，透過窗戶，而向外看到一個外在的世界；他已經身在戶外。他是在這個世界之內，因爲他既然存在著，就整個兒跟它息息相關。據海德格的看法，存在本身表示站在自己的外面、超越自己。我的存有不是發生在我體膚之內的某種東西（也不在那個體膚裡面的一種非物質的實體內）；應該說，我的存有遍布於一片場地或區域，這就是它牽腸掛肚的世界。拿愛因斯坦的「物場論」(Field Theory of Matters)做類比，海德格對人（以及對存有）的理論可謂「人場論」（或「存有場論」）；當然這純粹是個類比，因爲，用一個高度抽象的物理學理論來引出哲學的結論，這在海德格而言，會認爲是一種虛僞不眞的哲學思維。然而，正如愛因斯坦把物質看成一種場（例如一個磁場）——這和牛頓的觀念大異其趣，牛頓認爲物體存在它表面領域之內——同理，海德格把人看成一種存有的場或區域。假想有一塊磁場，它的中心沒有堅固的磁體；人類的存有便是這麼一個地場，不過它的中心沒有精神實體或自我實體向外放射。

海德格把這個存有場叫做*Dasein*。*Dasein*（在德文裡，它的本意是「此有」Being-there）是他用來代表人的名稱。海德格對人類存在的描述，最值得一提的，就是他根本不用「人」這個字！他因而避免了一種假定，以爲我們討論的是一種具有固定性質的確定**客體**——簡言之，以爲我們已經知道什麼是人了。他對存在做的分析也沒有用到「意識」一詞，因爲它有把我們帶回笛卡兒二元論的危險。海德格能夠不用「人」，不用「意識」而暢論人的存在，這表示近代哲學在主體和客體之間或心靈和物體之間挖掘的鴻溝，只要我們不去挖它，就無須存在。他的用語絕非任意隨便，反倒十分審愼，十分精明。

而把人或Dasein當做一個場，這種觀念一點也不抽象或是毫無依據。這跟我們平日觀察一個剛剛學會對自己名字做反應的小孩，情形相符。一叫到他的名字，他很快就前來；但是，如果要他指出那個名字所屬的人，他很可能會指向媽咪或爹爹——害得望子成龍的雙親沮喪不已。幾個月之後，再問同樣的問題，這個孩子會指他自己。可是在到達這個階段之前，他聽到他的名字，會以爲是指一個跟他有關而他要反應的存有場，無論那個呼喚是要他吃飯，或去母親那裡，或什麼的。這個孩子也沒有錯。他的名字並不是他皮膚以內某一存在的名字：那只是十分抽象的社會習俗，不僅強加在他的父母，也強加在哲學史。這個孩子的名字對他的基本意義，並不隨他年歲漸長而消逝；它不過受到比較抽象的社會習俗所蒙蔽。每當他息息相關的存有場的任何一部分被人家叫到，他私下就覺得聽到人家在喊他自己的名字。

要費一段時間，才能習慣於海德格這種場的觀念，然而一旦熟稔以後，它就成爲自然而然，無所滯礙的了；並且它會改變我們對人的整個看法。當然，這個存在永遠都**屬於我**，它不是一種不具人格的存在；而一張桌子卻只是桌子這一類當中的一個。可是，我的存在中的屬我性(mine-ness)不因爲我的場中心有個我的實體(I-substance)而來，倒是因爲這個屬我性遍布在我的整個存有場裡。

海德格以這種觀念深植我們平實的、大衆的、日常的經驗世界。過去的哲學家一直都從一個大不相同的觀點——特有的經驗模式，孤立的反省思維——來建立存在。笛卡兒或休謨的思想就帶著點這種孤立的味道，這種私人書齋的味道；人在那裡面可以懷疑外世界的存在。到了明亮的日常經驗裡，這類疑雲幾成虛無飄渺；它們無須你駁斥；它們自然消散，因爲它們不合我們眞正生活的存在。

我們生活在平實不帶哲學的世界裡，即使笛卡兒和休謨也是如此，不過他們把它遺忘了；在這個世界裡，沒有一個人是面對外相世界的私我。甚至沒有一個人是個自我。我們人人都只是芸芸衆生中的一個；是我們同學、同胞、同社區人名中的一個名字。海德格把我們存在的這種日常、大衆的性質稱爲「某一」(the One)。我們人人在成爲一個我、一個眞我之前都是「某一」，是不具個人人格的大衆生物。他在生活中具有如此這般的身分；他的行爲必須如此這般；他做這件事，不做那件事，等等。因此，照海德格的說法，我們生存在一種「失落」(fallen-ness，德文爲Verfallenheit)的狀態之中，意思是我們目前還低於我們可能躋身的存在層面。只要我們還停留在這個大衆化的、外向化的存在胚胎裡，我們就可免除變成自我的恐懼和尊嚴。然而，正如托爾斯泰故事裡面伊凡・伊里奇的遭遇一樣，死亡和焦慮之類的事情侵犯了這種失落的狀態；破壞了我們本來只是芸芸衆生之一的安全地位；並且向我們展示出，我們的存在是可怕而無可救藥的屬於我們自己。由於做「某一」沒有做「自我」來得可怕，所以近代世界自我逃避的方式乃有驚人的增加。

無論失落或提升、虛假或眞實、贋品或眞本，人類的存在有三個通性：（一）心情或感觸；（二）了解；（三）語言。海德格把這些叫做existentialia，把它們當做基本的存在範疇。這些範疇乍看之下相當奇怪，因爲其他哲學家的範疇——數量、質量、空間、時間、等等——十分不同。後面這些範疇，自亞里斯多德以降的傳統都當做基本的存有範疇，是外物的範疇。可是，人類的存在不能視爲一件事物，自然不能用取自事物的範疇來明其特色。然而，這並不是說海德格拿他這三個existentialia表示某種純粹精神的或心靈實體的內在狀況。不如說，應該用海德格對Dasein——人的存在——的看法，了解它們是一個場。

（一）**心情**(Mood)。說眞的，什麼叫心情？我們很容易認爲它是一種內在狀態。但是這麼一來，我們還是認爲它內在我們的某種內在實體中——心靈或自我；正如桌子的顏色內在於桌子。實際上我們對心情的擁有並非如此。嚴格說來，我們絕不像「擁有」

貯存在閣樓裡的傢具那樣，「擁有」心情。倒是心情貫穿整個存有場，而我們就是存有場。德文的心情一字是Stimmung，它的字根有調音的意思；處在某種心情之際，我們的整個存有就有某種調子。我們是某種歡愉、悲哀、恐懼。心情像酵母般，滲透到我們的整個存在。

尤有甚者，在每一種心情或感觸中，我猛然發現自己此時此地處在自己的情勢之內，在自己的世界之內。我們已經知道，Dasein的意思是此有——或者，照我們英文比較常用的說法；是此時此地的存在——而在每一種情緒中，我總以某種方式成爲此時此地的我。無論心情輕微到幾乎難以測出，或是像火山爆發一般，它表現出來（如果我留心它），總是我自己的「此有」以某種方式處於它的世界。海德格認爲，基本的心情是焦慮(angst)；然而，他之選擇這個做爲主要心情，並非出自任何病態的脾性，而只是因爲在焦慮之中，我們存在的這種此時此地性才最難把握。

要注意，海德格是把心情或感觸當做存有的模式來討論。他提出的不是心理學而是存有論，不過他這麼一來也重塑了我們對心理問題的整個見解。由於讓存有展現它自己，人類才益發彰顯。並不是了解了人，才可以令存有昭然若揭。整個門徑絕對不是以人爲中心的。

（二）**了解**(Understanding)。海德格這裡論到的了解不是抽象的，不是理論的；它是對存有的了解；存有是我們存在的基礎，沒有它，我們的命題或理論都不能說是「眞」

的。因此它存於我們日常概念的了解的基層。我們清早打開眼睛，於是世界開放在我們面前。我們沒有仔細想想這項簡單的動作的發生情形——說穿了就是：我們看的時候，世界開放在我們四周。即使最卑微的存在人，他也許毫無思想，也許對這個世界根本沒什麼智性的了解，但他還是永遠需要這種開放（open-ness）。若是缺了這項開放，他便無法存在，因爲要存在就要超出他自己，站在開放於他面前的世界裡。在這個橫陳於他面前，開放於光天化日下的世界，萬物都無所隱（也都有所隱）；可是，海德格認爲無隱無晦就是眞理；因此，人若是存在，便是存在「眞理之中」。（同時，因爲他的有限，他又必須永遠存在「虛假之中」。）然則眞理和存有是不可分隔的東西，永遠在一起；道理很簡單：人存在的那一刻，一個充滿萬物的世界就在他的四周展開。然而，人多半不讓他自己細細體察眞正發生「看的動作」的情形。

舉個例子來說：一個知識分子想要把他的一項新「理論」告訴我。這項理論可能是關於一本新書，另外一個人、或是心理分析上的某種新見解——這都無所謂。（爲使我們的說明對某些讀者顯得更具體些，我們假定這個知識分子是屬於那種特別罔顧傳統、斬根絕源、因此也是最有大腦的一群——紐約知識分子。）我一聽說他的理論，立刻知道它是謬誤的。如果逼我提出反對的論證，我可能吞吞吐吐說不上來；說眞的，在某些情形下，我覺得不值得反駁，因爲那些見解一觸到我耳朵，我就覺得謬誤。某種無法說明的了解，某種似乎深植在我骨子裡的眞理感，使我知道我聽到的不是眞的。這種了解來自何處？這種了解是因爲我深植於存在而得來。有時候我們碰到某些明知是錯誤的想法，可是要我們說明拒斥的理由，卻煞費思量，這就是我們有這種了解的時候。如果缺乏這種了解，我們永遠無法說哪個命題是眞或假。要是我們對這種基本的了解形式失去掌握，那麼，我們的思想就變爲無根。這種了解存在於我們睜開眼睛，細察世界的動作裡。

（三）**言語**（Speech）。對海德格而言，言語主要不是聲音的系統，也不是象徵那些聲音的紙上記號。聲音和紙上記號所以能變成言語，端賴生存的人立於言語之中。這話說來十分費解；不過，跟海德格其他的東西一樣，如果我們想要了解，就必須拋開我們平素的思維習慣，讓自己看淸楚事物的眞象——換言之，讓事物本身彰顯出來，而不是任意用現成的觀念擺布它。

兩個人正在談話。他們互相了解，但是他們陷入沉默——長久的沉默。這個沉默便是言語；此時無聲勝有聲。他們在心情上已經彼此互鳴；他們甚且能夠深入到盡在不言中的了解。於是，這三者——心情、了解、以及言語（此時是無聲的言語）——相互交織，合而爲一。這種意味深長，勝似有聲的沉默昭示我們，聲音或記號並非組成語言的要素。這種沉默也不是我們閒談的鴻溝；應該說，這是一個存在者跟另外一個的基本協調；一切言語——諸如聲音、記號、符號等等——都由此而來。正因爲人具有這種沉默的能力，他才能具備眞正的語言。如果他沒有那種沉默做根基，則他的一切言談都成了廢話。

這種研究語言的方法，和當今流行於我國和英國的各種語意學的方法，實在大異其趣。語意學家把文字當做符號或記號討論，有時候把這類符號系統看成是邏輯演算；海德格則指出產生那些記號存在的背景。語意學家芮哲茲(I. A. Richards)有一次提出一項詩的理論；其中詩人變成文字符號的操作者——一種感情工程師。然而語意學對語言的一切詮釋，無論多麼有用，自始就注定是不完備的，因此它們沒有掌握人類存在的語言基礎。就拿芮哲慈的叢書，《基本英語》、《基本德語》等等來說吧，它們希望透過圖書和文字，來教導學生一種他原先毫無所知的語言：在《基本英語》教材的第一頁上，我看到一幅圖像（料想是個男人）指著自己說，「我是男人，」另外有個女人和一個小孩說明她們自己身分。現在假設我對英文一竅不通，順手拿起這本書；我很可能以爲「我是男人」這句話的意思是「我是男的芭蕾舞蹈家，」因爲那幅小小抽象圖畫看來就是這個樣子。這話聽似無聊，實則不然。這類誤解之得以避免，完全是因爲雙方有不言而喻的了解；教師和學生便是靠這種了解的脈絡來溝通語言。這種了解脈絡不必說出來，因爲一切表達盡在其中了。教師可以把語言學教範的開場白延長，以便消除這類誤解；可是無論他從哪一點開始，他的文字前前後後一定要有這種互相了解的脈絡。

這種不必言宣的了解脈絡何在？我們上面說過，是在於我們存在本身基礎的了解。我們早先談到過海德格的存有場論；我們大可以稱它爲一種前後關聯的存有理論。存有便是一切存在物得以顯現的脈絡——包括聲音和紙上記號。人由於處在這個脈絡當中，處在這個存有的開闊空間裡面，才能和其他人溝通。人類還沒有發出聲音之前，已經存在「言語之中」，因爲他們存在於一種相互的了解脈絡之內；而這個了解脈絡正是存有本身。

說來可惜，海德格對言語的看法還不爲我國人熟知。不然我們在文學批評上可能已經省卻不少徒勞無功、自敗陣腳的外行話；那些批評努力要把詩歌拆散成文字，而詩歌本是由文字組合而成。海德格的看法也可能啓發我們研究形式語言和邏輯的邏輯學者所做的討論，因爲它會指出：任何形式化的企圖，必先假定一個已經產生了解的語言脈絡。

死亡、焦慮、有限性

人會死。這件事每天發生在世上。死亡是世界裡一種公開的事件，我們在死亡訃告裡看的出來；我們參加必要的世俗葬禮，有時且會深受感動。然而，只要死亡還只是我們身外的一項事實，則我們還沒有從「人會死」這個命題進到「我將會死」這個命題。

嘗到了後者，就能體會到托爾斯泰筆下伊凡‧伊里奇令人震撼的經驗。

海德格對死亡的分析——這是《存有與時間》(*Being and Time*)書中最有力量也最出色的一段——用思想表達托爾斯泰用故事彰顯的眞理。(在這兩處，眞理都應該當成彰顯。)死亡的眞實意義——「我將會死」——不是大千世界之內一項外在的、公開的事實，而是我自己的存有的一項內在可能。這個可能也不像一條道路的盡頭，遲早我會到達。只要我心存這種想法，我仍舊認爲死亡在我身外還有一段距離。事實上我隨時都可能死，所以死亡現在就是我的**可能性**。它像是我腳邊的一個斷崖。同時它也是我各種可能性之中最極端、最絕對的：極端，因爲它是不存有的可能性，於是斬斷了其他的可能性；絕對，因爲人能夠熬過其他一切痛心的事，甚至他的愛人之死，然而他自己的死亡卻宣判他的終結。因此，死亡是各種可能性當中和個人關係最密的：別人誰也不能替我死。

照海德格的說法，唯有把我的死亡帶進我自己裡，我才可能有眞正的存在。受到這種內在的死亡天使的感動，我不再像伊凡‧伊里奇那樣，是芸芸衆生當中不屬於自己而屬於社會的「某一」；我得以自由做我自己。雖然恐怖一點，把死亡帶進我們自己裡也是一件解脫：它使我們不必向威脅著要吞噬我們日常生活的瑣碎事物俯首稱臣；使我們做向眞正必要的**投擲**(projects)，讓我們的生活成爲屬於個人、有意義的自己的生活。海德格把這種狀況叫做「朝向死亡的自由」(freedom-toward-death)或「決心」

(resoluteness)。

接受死亡，認為它隨時隨地可能發生，這就透露出我們存在的極端有限性。海德格探索人類有限性的深度，超過了他以前任何一位哲學家——甚至還超過康德，雖然在這方面他從康德之處獲益頗多。我們想到有限性的時候，多半是跟外物有關：外物有限，因為它們包含在確定的空間領域裡。它們伸展的範圍到此為止。然而，人的基本有限性倒不在於他的領域，而在於所謂他的存有核心。乍看之下，這簡直似是而非；我們的理智，因為是嚴格的以矛盾律為基礎，所以對這個說法無法領略。可是我們自己，做為存在中的存有物，對它可謂知之太深，只要我們投身於焦慮的心情，只要我們非存有的空虛出現在我們自己的存有裡。

焦慮不是害怕這個或那個確定物體的恐懼，而是沒有什麼好怕的那種坐臥不安之感。我們感覺到的恐懼目標正是空無(Nothingness)。第一次描寫這種基本的人類經驗的，是齊克果在《不安的概念》一書裡，不過那裡只有一筆帶過；海德格則大大擴展並加深了齊克果的見解。齊克果描寫的恐懼，跟原罪——從亞當的第一個罪，代傳到全人類的罪——的神學問題有關。這一點很有意思。齊克果說，亞當決定咬蘋果之前，他的內部裂開一個大大的深淵；他看到自己的自由的可能性在於以空無為背景，從事一件未來的動作。這個空無既迷人又可怕。海德格認為空無是我們自己存有內部的東西，一直在那裡，在內部的震悸裡，儘管表面上由於我們被一般事物縈繞心竅，使它看來平靜無波。面對空無的焦慮眞有許多形式：時而戰慄而富有創力，時而驚惶而造成破壞；但它總是和我們自己的呼吸一樣，牢不可分，因爲焦慮就是最不穩定狀態下，我們的存在本身。焦慮的時候，我們同時存有又不存有，這就是我們的恐懼。由於我們的有限性，這種正負兩面貫串我們的存在。

人之爲有限，並不只是他個人或他族類的特點。他之有限也不只是因爲他在這個世界上的天年有限。他之有限是因爲「不」——否定——貫穿了他的存在核心。而這個「不」又來自何方？來自存有本身。**人之有限是因爲他生活、行動在一個有限的存有了解之內**。這個說法最重要的意義是，人類的眞理也總是摻著虛謬。在此，我們和黑格爾以及啓蒙時代的哲學家相去不啻千里，因爲他們曾經希望把一切眞理統通納入一個體系裡面。

時間和時間性；歷史

我們的有限性主要表現在時間上。照字源學的說法，我們「存在」的時候，是站在我們自身的外面，既開向存有，同時又已經處於存有的開闊地裡面；這件事不僅發生在空間，也發生在時間。海德格說，人是一種距離的生物：他永遠超出他自己，他的存在無時無刻不是開展向著未來。未來是「尚未」（the not-yet），過去是「不再」（th nolonger)；這兩個否定——「尚未」和「不再」充斥他的存在。它們就是他的有限性，表現在時間上。

海德格說，我們確實了解時間，因爲我們知道自己會死。若是對於人之必死沒有這種根本的認識，則時間不過是一種時鐘運動，我們消極的注視著，計算它的前移——一種缺乏人類意義的運動。嚴格說來，人在時間裡並不像一個浸在激流的軀體。倒不如說，時間在他的裡面；他的存在是徹頭徹尾的短暫。他的心情，他的關注、他的焦慮、罪衍和良知——在在都被時間充滿。要了解每一件組成人類存在的東西，必須明白人類的時間性：「尚未」、「不再」、以及「此時此地」。

時間的這三種時態——未來、過去、和現在——海德格稱爲之ekstasies，採用希臘字ek-stasis的原義，表示站在自己外面，並超出自己。海德格以前的哲學家一直把時間構想成一連串的「現在」——眼前的時刻——一個接一個，像一條線上的許多點。這就是我們所謂鐘錶時間——依照精密時計和日曆計算出來的時間。然而，海德格說，爲了要把時間構想爲一連串的「現在」，我們不能不了解「現在」的意義；而想要做到這一點，我們又必須了解它是劃分過去和將來的時刻——換言之，我們必須把過去和未來一塊兒了解，才能了解現在。因此，如果把時間解釋爲一連串依次發生的現在，滑入過去，這種說法都預先假定人已經超出他自己，站在時間這三種ek-stases之一裡面。這麼一來，他的存在不僅是一片綿亙空間的廣場；也是一片綿亙時間的廣場，他的時間性是這種存在的一項基本事實，是他計畫時間的基礎。時鐘於人有用，完全因爲人的存在是深植於一種先行的時間性。

海德格的時間理論之新穎，在於他不像以前主張「現在」說法的哲學家；他認爲未來時態更重要。照他的說法，未來最重要，因爲人投射向那個領域，也在那個領域裡確定他自己的存有。把波普(Pope)的名句稍加修改，我們可以說，「人絕不存於現在，而總是存於未來。」人永遠向前瞻望，朝著未來的開闊領域，而在瞻矚之間，他乃肩負起過去的重擔(或者從過去裡揀選出做爲他承繼的部分)；並且藉此設法使他自己認識眼前的實際生活情況。

在此，海德格認爲時間顯示出它自己主要屬於歷史性質。我們不是出生在泛泛的某一時刻，而是在那個特別環境裡的**那個**特別時刻；而且一旦進入這個世界，我們同時也進入了它的歷史命運，儘管我們微不足道。我們愈是能夠正確而人性地把握住人類存在的時間性，就愈看得清楚這種存在本身完全是歷史性的。歷史性之於歷史，猶如時間性之於時間。我們製造時鐘來計量時間，因爲我們的存有，在實質上是瞬時性的；同理，人們撰寫歷史或以行動創造歷史，因爲他的存有本身是歷史性的。海德格在這裡糾正了黑格爾或馬克思一類思想家的歷史主義；他們認爲人是一種歷史的生物，因爲他參與了世界的廣大歷史過程。在黑格爾和馬克思眼裡，世界史就像一條長江大河，無數的個人和國家載浮載沉於其中。海德格卻說，這種歷史意義其實是源於更基本的意義：因爲人這個生物的存在只有時間的開放，所以人是時間性的。人是一種歷史的生物，不錯；然而不僅因爲他在某一定時穿如此這般的衣服，不僅因爲他有如此這般的歷史習俗，也不僅因爲他完全受到當代的階級鬥爭影響。這一切的意義都來自另一個更基本的事實：**質言之，人這個存有，無論他的自覺程度如何，總是從歷史的角度而且必然以這個角度去了解他自己的存有。**

至於海德格這樣的思想家呢？他也得從歷史的角度去了解自己——說實在的，他比誰都更必須如此，假如他要使自己的思想紮紮實實而不成爲無根的浮萍。他應該把自己的思想看做歷史事業，一種能夠投射未來的動作，並使它能夠和產生他思想的整個傳統聯繫起來。海德格比當代任何一位思想家都更急於把自己的思想和西方思想歷史銜接；這不單是外表的、學術的意義，而是一樁發生在那個歷史之內的事件。從這一點顯出，他的思想比諸任何正式哲學史家的思想，在本質上都更具歷史性。現在來算他的哲學總帳，其實應該運用他安排整個西方思想——乃至西方的存有歷史——的透視法。

輪廓最鮮明的透視，是兩篇簡短但意義極爲重大的論文：《柏拉圖的眞理論》(*Plato's Theory of Truth*, 1942)和《論眞理的本性》(*On the Nature of Truth*, 1943)，特別是第一篇。在此我們勢必要回到眞理的問題，因爲那是海德格哲學的中心；至於批評家密切注意的時間、歷史、關懷、焦慮、死亡、以及其他富於劇性的問題，反而沒有那麼重要。

在海德格來說，對眞理的決定十分要緊，因爲它是關乎存有意義的決定，因此也是人類以及整個文明史的軸心。

海德格說，（西方的）存有歷史始於存有的失落。在這一點上，他的觀點跟聖經把亞當的墮落當做一切人類歷史的開端這個觀點相類似。希臘思想家爲了清楚判斷事物，便把事物當做清晰分明的形體，而跟包圍它們的背景分家。——海德格認爲，這就是存有失落的開始。格式塔(Gestalt)心理學的術語——圖(figure)和地(ground)——在這裡可能略有裨益：把圖和地分家，則目標可能出現在人類意識的光天化日之下；然而周遭地面、背景的感覺也可能同時消失。也就是說，形體更加明顯，只是環境漸退漸遠，終至不可辨識，被人遺忘。希臘人把存有物和周遭廣大的「存有」環境分了家；這種分隔的行爲，使希臘人眼中眞理的意義起了重大的改變。海德格指出，在柏拉圖「共和國」一段文字——膾炙人口的洞穴寓言——裡就產生了這種變化。a-letheia——無隱(un-hidden-ness)——的性質一向被認爲是眞理的標記；然而柏拉圖在那段文字裡，卻把它界說爲正確的思想判斷。從此以後，只要思想眞實的判斷事物，眞理就存乎人類的思想。希臘人採取了這一意義，做爲眞理基本的、主要的意義，因此他們能夠發展科學——西方文明的獨家特徵。

沒有一個東方文明造成過類似這種把存在物和存有分家的情形。儘管海德格不曾提到這些東方文明——就連他試圖超越西方而思想的時候，也還是從西方採集資料——我們品評他的思想，卻不能不參考到東方文明。無論在印度或中國，或是這些文明產生的哲學思想裡，眞理都不存於思想中。印度和中國聖賢要求的恰恰相反：就是說，人只要禁錮在他的思想一天，就一天不能獲得眞理；一個人若是認爲眞理在於他的心智當中，這些聖賢不僅會覺得是謬誤，還會以爲是心理錯亂。西方人和東方人之間所以有這麼大的歷史差異，原因在於他們對眞理的見解不同。

（然而，我們卻不能膚淺得像有一班口齒伶俐的東化派（Orientalizers）那樣把這解釋做西方誤入的歧途，只要稍稍用點智慧就應該可以糾正過來的。我們要看清，歷史可沒那麼簡單。希臘人界定眞理的構想——根據海德格用這兩個字的意義——基本上說來，在某些方面跟一切人類的構思一樣，是有限的，因此，其中包含了它自己的否定性。我們要界定自己，就只好否決**不是**我們的另一部分。如果希臘人沒有把存在物從周遭的存有環境拆開，那麼我們所謂西方思想也就不會產生。這種思想的欠缺又成爲東方文明構想中的否定性、陰影。光影原是相隨的。）

可是，希臘人自己並沒有成爲現代所謂的主觀論者。他們在市場、在野外做哲學的推理；他們還很夠接近存有，雖然他們的思想剛剛開始淡忘它。一直等到我們近代的科學，才造成人和自然之間比較尖銳的裂痕；笛卡兒的思想，正表示出這種分隔。和周遭的存有環境分家的客體能夠測量、能夠計算；然而這個客體的本質——事物本身——卻跟人漸行漸遠。主體逐漸意識到他自己和客體的隔斷，雖然他控制客體的力量增加到令人難以置信。「客體」（object）這個字本身就很有意義：它源於拉丁文的ob-jectum，意思是指擺出來或投出來的東西——因此也是必須加以克服、加以操縱，加以改變的東西。人類駕馭存有物，卻忘記了存有——在存有的開放範圍內，主體和客體都凸顯出來，未被隔離。今天，人除了他控制客體的權力意志以外，一無所剩；所以海德格是對的，因為他說，在這方面，尼采集西方形上學的大成；這種形上學又因為今天這種權力至上的世局而達到頂峰。

海德格這裡談到的是今日世界最流行的態度；只要看看我們在各方面的生活中都出奇的熱望組織這一點，就很明顯了。生意場中的人飛到鄉下渡週末，急急忙忙打高爾夫球、網球、航行，成功的招待他的賓客，沒有一件不是按照分秒不差的程序表；到了週末將盡，又飛回城市，卻從來沒有機會或興趣漫步於鄉間小道，把自己鬆弛一下——這種人，我們說，有令人嘆服的組織力，確實是辦事的能手。當然，他也顯示出令人羨慕的駕馭事物能力；不過，駕馭的是存在物，不是存有，因為他從來沒有接觸到後者。放鬆自己，散步於鄉間小徑，正是實實在在放鬆那個和自然分了家的自我：就是進入存有的領域；主體和客體不再殘忍的分裂，不再互相對立。詩人之於存有，和握權的忙人之於存在物，關係大不相同。後者來回鄉間，卻從未**存乎**其地。現代人——機械人——是最後一代的笛卡兒人，卻不像笛卡兒那樣熱愛清楚和明晰的觀念。笛卡兒禁錮在自己強烈的自我裡，面對著物質的客體世界，認為是完全疏離，甚至不可了解的；機械人呢，他只要知道按哪個電鈕以控制他世界的客體，卻沒有需要也沒有能力去跟它們發生親密的關係。

現在，海德格對尼采的最後答覆是什麼，應該很淸楚了：那就是，西方人必須把「存有」從受到忽略的情況中尋找回來。人必須學習讓「存有」存在，而不要扭曲它、錯置它，硬使它順服我們的權力需要。一個簡單的扭曲例子發生在藝術界。尼采因爲急於建立一個體系，把藝術家也包括在權力意志之下：他說，藝術是藝術家活力和權力的發洩；而偉大藝術的經驗又可以增加我們內在的這種活力和權力。安德烈・馬霍最近在他討論藝術心理和歷史的長篇大論——《寂靜之聲》——裡面把這種尼采式的論調發揮得最好。馬霍的書充滿了奮鬥、征服、勝利的暗喩；世間的藝術被看成一座想像的美術館，裡面的圖像代表人類之征服空無——這根本就是尼采的調調兒。馬霍是我們這個時代緊張不安的典型人物，完全受到尼采權力意志的惡魔支配。然而，他的一切干戈的暗喩有沒有顯示給我們藝術的另一面？有沒有告訴我們，藝術家跟旁觀者一樣，必須捺著性子默默順從藝術的過程；他必須靜待意象自己出現；他一想要強榨出什麼東西，就會產生虛僞的倫品；一言以蔽之，他必須讓他的藝術眞理向他顯現？海德格所謂讓「存有」存在，他的一部分意思就是指這些。讓它存在，藝術家讓它透過他、向他說話；同理，思想家必須讓它被思想。

似此這般，借重被動性（passivity）來和主動性（activity）相抗擷——這兩個字並不十分精確，但可供暫時之用——海德格似乎又把我們引導到東方了。他一再重複說，西方傳統始於對存有的淡忘、說這個傳統已經壽終正寢、還說我們現在思想的時候，必須超越這個傳統，直探其本源；我們聽了這話，不能不想到興起於東方的另一個偉大人類文明。當然，海德格思想和東方思想有明顯相通之處。西方的形上學，到海德格之前，一直沒有想透「非存有」（Non-Being）的本質，佛家的形上學卻有；而且中國的道家欣然承認存有和非存有之必須互相補足；西方人卻大叫「虛無主義」而畏之若蛇蠍。老子曰：

三十輻，共一轂，
當其無，有車之用。
挻埴以為器，
當其無，有器之用。
鑿户牖以為室，
當其無，有室之用。
故有之以為利，無之以為用。

我甚至大膽想，如果在過去歷史中找一件跟海德格的存有觀念最相近的東西，可能就是中國哲學裡面的「道」了。不過，這種見解不能證明什麼，因爲，如我們已知的，海德格死守西方的傳統，儘管他超越那個傳統而思想。他這種作法大概是正確的。除了東方語文的困難而外——海德格一再證明，我們不懂希臘或拉丁語文，就無法了解希臘或拉丁哲學——我們甚至不敢確信自己了解產生東方哲學的經驗：它還是和我們相隔太遠。假如西方思想脫離了目前的絕境，那很可能是透過東方化，然而其結果卻會是連東方人都莫名其妙的東西。

「但存有倒底是什麼？」我想像得到讀者大惑不解，因爲我至少已經把海德格的思想大略說明一遍，「我們卻還沒有聽你講到那個。」我們希望有精確的定理，明白告訴我們事物的眞象。三角形是由三條直線構成的平面圖形——好了，我們知道何謂三角形了。我們需要一個能夠做爲準則的概念，而概念就是那個事物的圖像。可是，存有和三角形不同，我們無法對它有個心圖或心像。我們是藉著一種有別於概念理智的思想才接觸得到它。「思想」(think)和「感謝」(thank)是相近的字根，而德文an-denken——本義是「想到」——意思是回憶；因此，在海德格來說，思想、感謝、和回憶的意思相近似。眞正的思想——以存有爲根本的思想——同時也是一種感謝和回憶的動作。一個密友分離的時候說，「想想我！」這並不是說「在心裡塑一個我的像！」而是說：「讓我（即使當我不在的時候）與你同在。」同理，我們想到存有，一定得讓它與我們同在，儘管我們心裡想不出它是什麼模樣。說眞的，存有正是這種存在，目不能見卻無所不透，不能裝進任何心智概念裡。想到它便是感謝它、滿心感激憶起它，因爲我們人類的存在，追根究底，是以它爲本的。而我們如果先是爲了無法用什麼心智概念來表示，就情願遺忘存有，那麼我們一切人類和人文的事業都有空虛之虞，因爲我們的存在本身會根本瓦解。

海德格並沒有確切告訴我們何謂存有；但是，任何人只要讀完他的作品，都可以從其中獲得一種對存有的具體感覺，這和我們哲學傳統到目前爲止闡發的任何東西大不相同。從一本像《存有與時間》這樣的書，我們體會出人是一個透明而開向存有的生物，他的生命當中每一神經每一纖維莫不如此；對存有這個難以言喻的東西，這個意思大概是西方思想家中最清晰的了。老實說，那本書對人類存在的分析十分豐富而且精密，因此我們以上列舉的幾點，根本只能概略說明它的範疇和深度。海德格寫這本書的時候，是在一九二〇年代的初期，那時他是馬堡(Marburg)的一位年輕教授；想來當他著筆之際，一定絞盡了腦汁——可說是盡了畢生的思想，因爲他的其餘作品多半是對這本鉅著的闡述。

海德格式的人最常受到的批評是：他是孤立的生物，不是集體的生物；他之獲得眞正的存在，只和他自己一個人有關，大致和其他人無關。存在主義者如雅斯培、布伯、伯第葉夫、馬賽爾都曾經這麼批評——沙特也有過，只是方式略有不同。布伯的批評

（在《人與人之間》（*Between Man and Man*）一書中）顯得最有力量；更因爲布伯現在美國鋒頭正健，所以也可能是最有影響力的一位。然而，他的批評完全忽略了一點：海德格式的人——或眞正海德格式的人——不僅關係到他自己，也關係到存有；而唯有透過後者，這個生物才能獲得眞實性（authenticity）。布伯這個宗教人文主義者沒有眞正看出，海德格關心存有，不是在創立一種哲學的人類學。人，對海德格而言，不過是一種接近存有問題的踏腳石；因此這種思想構想實在無法顧全到人類存在的所有具體各面，包括心理的和社會的。雅斯培和布伯很像是歌詠存在的抒情詩人，企圖在他們的聽衆裡喚醒眞正的存在；海德格卻不像他們那樣人性地（他稱之爲 *existentielly*）做哲學思維。海德格是個思想家，不多一分也不少一分；而他畢生的構想，便是對存有做一番嚴格切實的思考。

儘管在形式上說來，布伯的反對意見沒有把握到重點，然而這位猶太教老夫子的確有令人欽羡的直覺，他已經嗅出困難的眞正所在；質言之，就是在思想家和人合而爲一的模糊地帶。海德格但求做個思想家；以此而論，他超出了雅斯培和布伯這班人：說得率直一點，做爲思想家，他們還不配跟海德格相提並論。但是，做一個思想家（即使像海德格那樣子的）還不足以做一個人。若是思想能夠還給我們根本，則海德格的思想早該辦到，因爲從來沒有別個思想家像這樣深植於日常事物；然而思想顯然做不到。他已經領我們回頭看淸楚光明景色的內容，不過，我們還要更進一步，認淸一切光都需要火。經歷過海德格之後，我們覺得需要一個新的齊克果，好把鮮活的血液注入海德格dasein的存有論骨架裡。

齊克果對上海德格——布伯之類的批評，說了半天結果主要就指出這點對立。而這種對立，正如海德格預期的，是由於兩人對眞理的不同看法：齊克果認為眞理在於個人的倫理和宗教熱誠；海德格卻以為在於存有本身；是一個開放區域，主體和客體可以存有於那裡，並因此合而為一；沒有它，則主體和客體都不可能存在。這兩種對眞理的見解還沒有透過存在哲學加以調合——這個使命的完成尚待來日。然而，對存有的追求難道不像東方人說的，跟個人的熱烈渴求一己之解脫是同一回事？思想本身如果無法把這兩件事結合起來——其實，應該說是停止分隔它們——豈非不夠完整？海德格把希臘文的眞理一字，a-letheia，多所發揮；這個字難道不是從更具象的形容詞——alethes——衍生而來？alethes這個字，用在個人的時候，是指一個眞實、開放、誠懇的人。一言以蔽之，人必須是眞實的，眞理才會與之俱來。

在精神上，海德格近於尼采而遠於齊克果甚多；他的思想雖然已駕馭得有條不紊，卻仍舊有《查拉圖斯特拉如是說》那種森冷、超人的孤寂氣息。海德格之發現何德林的文字可親，實在不是偶然；這位偉大的詩人具有強烈的孤獨性，竟至於像尼采一樣，不知不覺陷入精神分裂症。海德格太過冷靜的接受了「上帝之死」。如果他眞的經驗過這件事，那麼，我們覺得，他的思想應該會更受折磨——或者，從另外一方面看，更加歡愉，因爲他已經大劫餘生。何德林和尼采是上帝之死這件事的偉大詩人；海德格沒有遭遇他們悲慘的命運——也許正因爲他不是個詩人，而只是個教授。齊克果有知，亦當做如是觀。

話說回來，德國教授可不簡單。一個多世紀以前，有一位德國教授，名叫黑格爾；他的思想，在普通人的眼裡，簡直就是學究的無稽妄想，除了其他專門胡思亂想的人之外，誰也不會感興趣。然而，黑格爾的思想傳播到學院的門牆之外，既速且廣，最後竟造成馬克思和共產主義。海德格也許會有同樣的影響力。他已經改變了我們對整個西方歷史的觀點；將來的歷史教科書也許會以他的歷史觀做爲基礎，正如最近幾代以來的歷史教科書是以黑格爾的歷史觀爲本。而有限論（finitism）在近代數學上已經開始抬頭。海德格把非存有（或謂空無）帶進思想的範疇，從而指出西方最後可能面臨虛無主義的問題，既不是驚世駭俗的大放厥詞，更不是鴕鳥鑽沙的自欺之談。他的思想已經影響到學院以外的世界，因爲，透過沙特，他已經成爲法國存在主義的主要推動者。雖然說——我們將會看出——這個孩子並不十分忠於他的父親。

10 沙特
Sartre

談到沙特，我們很可以從他的英雄調子開始。他的許多作品在本質上顯然是「非英雄的」，然而英勇氣概卻如弦外之音，就像底下這段選自《沉默的共和國》（*The Republic of Silence*）的文字。沙特是在描寫一九四〇年到一九四五年法國抗敵的生活：

我們從來沒有比在德國佔領期間更自由過。從說話的權利起，我們喪失了一切的權利，每天我們都受到當面的羞辱，卻必須沉默地承受。隨便加個罪名，譬如工人、猶太人、政治犯，就把我們整批地放逐。告示牌上、報紙上、銀幕上，到處我們都碰到我們自己可厭而枯燥的形象——我們的壓迫者要我們接受的。而由於這一切，我們得以自由。由於納粹毒素滲進我們的思想，每一個正確的思想乃都成為一項勝利。由於勢力龐大的警察組織企圖強迫我們閉嘴，每一個字乃都具有基本原則宣言的價值。由於我們被人搜捕，我們的一舉手、一投足，乃都具有嚴肅獻身的千鈞重量。……

放逐、囚禁、尤其是死亡（這在太平盛世我們通常是根本不敢面對的）成了我們習以為常的關注對象。我們發現，它們既不是無可避免的偶發事件，也不是經常無可避免的危險；它們必須被視為我們的天數、我們的命運、我們做人這一實在的深邃根源。時時刻刻我們按著這個平凡短句的完全意義過活：「人必有死！」而我們每個人做的生命抉擇都是真正的抉擇，因為它是面對著死亡而做的，因為它總是可以用這個幾字來表達：「寧死也不……」並且我在這裡說的不是我們當中真正反抗分子的精銳，而是指所有那些四年當中日日夜夜時時刻刻都回答「不」的法國人。

過了幾年（一九四七），在他的《何謂文學？》（*What is Literature?*）一書裡，他從這種經驗又得出另一個哲學的結論：

我們得到教訓，要把「邪惡」認真看成一回事。如果我們生活在一個哲磨成了家常便飯的時代，這既不是我們的過錯，也不是我們的功勞。夏多悲揚、歐哈都、索賽耶街、達劭、還有奧許維茲（按：都是二次大戰期間德國集中營的所在），在在都向我們證明：邪惡不僅是外表而已；知道了它的原因還不能消除它；糊塗概念的相反是清晰概念，邪惡和善良卻不是這樣壁壘分明；它的根由不是可以克服的衝動、不是可以治療的懼怕、不是可以原諒的一時荒唐、不是可以開導的愚昧無知；它沒有任何方法改變、帶回、化簡、以及併入理想的人文主義，像萊布尼茲所寫的，為了顯示白日的光輝，必須有晦暗的陰影……。

也許會有這麼一天，幸福的時代追溯既往，而在這種忍辱偷生當中找到通往和平之路。不過，我們並不在既成歷史的那一邊。如我說過的，我們的情境使我們覺得活過的每一分鐘都不能化簡。因此，我們不得不導致這個結論，叫高傲的靈魂大為震驚：邪惡無補救。

想要了解沙特的美國讀者應該三復斯言，因爲美國人至今還沒有領會到法國經歷過的煎熬：我們終於已經來到詩人韓波預言的「刺客時代」。沙特成熟於一九三〇年代。左派的政治氣氛籠罩著每一件事物；而沙特在政治上一直都是左派。然而，籠罩整個法國的，還有一種已經注定要失敗的世界的腐朽、倦怠氣氛：雷昂・布隆(Léon Blum)的平民陣線政府鬆懈軟弱、飄搖不定，無法應付當時的危局；法國中產階級兢兢業業，但求自保，甚至不能想像任何偉大的壯舉。「可厭的傢伙」(Les salands)成了當年沙特犀利的字眼——凝凍在他們不眞誠的善惡之中，那班腦滿腸肥、夜郎自大的可厭傢伙。這種腐敗的氣氛瀰漫著沙特的第一部小說《嘔吐》(*Nausea*)；也難怪扉頁上的詩是摘錄自代表當時虛無主義和厭煩的地獄詩人賽林（Céline）。沙特書中的噁心，是對存在本身的噁心；有些人準備拿這一點做爲屏棄整個沙特哲學的藉口，我們可以指出：以厭煩的態度面對自己的存在，比起根本不去面對它，總要略勝一疇——像那些以學院或中產階級或政黨領袖爲護身符的可厭傢伙，永遠不敢面對存在。對沙特和他那一代的人來說，抗敵運動使厭煩解脫爲英勇行爲。這是一種要求行動的呼喚；一種把人們帶到他們存有極限的行動；順著這個召喚，人將無所欠缺。只要他對占領部隊的無上權威說聲「不」，他甚至可以重新發現他自己無法約簡的自由。

無法從一個人身上剝奪的主要自由，終極的自由，就是說一聲「不」。這是沙特對人類自由看法的基本前提：自由在本質上是否定的，雖然這種否定性也具有創力。某些時候，也許麻藥或刑具所加的痛苦可能使受害者失去清醒，於是他會招供。然而，只要他保持知覺的清明狀態，則無論他可能行動的範圍多麼窄小，他依舊可以在自己心裡說：不。意識和自由於是合而爲一。要想剝奪人的這種剩餘自由，唯有消滅他的意識。如果一個人的各個行動途徑都被堵塞，這種自由可能顯得微不足道，無足輕重；然而它實在是整體而絕對的。沙特這麼堅持很有道理，因爲它使人得到他最後的尊嚴——做人的尊嚴。

這種自由的經驗看來或許新奇，在哲學裡卻不然。事實上，笛卡兒在他著名的「系統的懷疑」裡，從頭到尾用的就是這種自由；在那裡，他只要發現有一絲可疑之處，則無論那個信仰多麼言之成理，他都決意說「不」。對年輕睿智、二次世界大戰以前就教哲學的沙特而言，笛卡兒是個特殊的英雄——至少是一個思想的英雄。抗敵的經驗使得笛卡兒對沙特更加重要起來，因爲在抗敵期間，笛卡兒學說可以實現在行動的人生。一個假想的魔鬼如果想誘使他承認一個不完全清楚無疑的命題，儘管四周社會上、自然界的每件事也都在催他同意，笛卡兒還是決心對這個假想的魔鬼說「不」；同樣的，抵抗者能夠對佔領勢力說「不」。

沙特是個唸過普魯斯特、海德格的笛卡兒派，他對人類做的哲學探討，比十七世紀哲學家做的要深入得多；更重要的，他是一個經歷過現代世界戰爭與恐怖的笛卡兒派，因此他在歷史上跟世界的關係完全不同。但是，他畢竟是個笛卡兒派；到了緊要關頭，也許任何一個法國人——或法國思想家——都勢必如此。笛卡兒和法國抗敵——在法國抗敵期間的笛卡兒——對沙特外表繁雜的哲學，這些乃是簡便的鑰匙。

這一點，我們只需回到笛卡兒「系統的懷疑」的某一時刻，就可以看得很清楚。他決定否認一切信仰，只要它們有絲毫可疑之處；他決心抵抗一切說「是」的誘惑，除非他已經明白確信。所以他拒絕相信外在世界，他自己以外的心靈，他自己的肉體，以及他自己記憶和感覺的存在。他無法懷疑的是他自己的意識，因爲要懷疑就得意識淸醒；這麼一來，懷疑它就等於肯定它的存在。笛卡兒翺翔的空曠暗處，只有他自己心靈之光照射。然而在這一個肯定照射之前（甚至在這之後，他繼續其他眞理之前），他只是一個空虛、一個否定，存在於自然和歷史之外，因爲他已經暫時推翻了肉體和記憶的世界裡的一切信仰。沙特說，由此看來，人不能被解釋爲生存在構成世界的萬物當中的一個堅實而具體的東西；他之超過自然，是因爲他的否定能力使他能夠超越自然。人的自由在於說「不」；這就是說，他是空無賴以成爲存有的生物。他能夠對一切自然和歷史存疑，拿笛卡兒派懷疑者盤旋於前的空無背景來比較、考量它。沙特在此只不過從笛卡兒式懷疑中沒有明白說出的存在主義，導出結論來。

當然，笛卡兒是個好基督徒，也是個天主徒；再者，從實際的立場說來，當他在虛空之中做智性的盤旋之際，他無意動搖自己的宗教信念而危及他永生的靈魂。做爲一個精明敏銳的法國人，他決定順應他的時代和環境的習俗（包括宗教習慣）。因此，當他從事懷疑的時候，他已經先確保了他的交通線；他探身於虛空的痛苦夜晚，並沒有冒什麼險。於是，確定了Cogito，「我思」，之後，第二步便是要證明上帝的存在；而有了上帝做保證人，那麼整個自然世界——萬物以及心智現在可能了解的它們的固定本性或本質——乃環繞著笛卡兒重新建立起來。然而，沙特卻是不同時空下的笛卡兒派懷疑者：上帝已死，對這個熱情而有節操的無神論者來說，已經不再能保證那個廣大的本質結構——世界；他的自由卻必須同意這個世界。做爲一個現代人，沙特一直停留在空無的焦慮裡；笛卡兒卻只飄搖到上帝神奇的光熱照耀帶領他出去。沙特認爲，人的存在先於任何不變的本質或價值結構。最後，那個存在之有意義，端在說「不」的自由，並且由於說「不」而創造一個世界。如果我們把上帝的因素除去，笛卡兒式懷疑表現出完全而絕對的自由；但同時也更焦慮，這項焦慮便是人類不可化簡的命運和尊嚴。在此，笛卡兒的學說變得更具英雄氣概——也更加瘋狂。

結果，沙特把笛卡兒認爲僅僅上帝才有的那種自由分配給人類了。他說，要不是受到當時當地神學信念的限制，笛卡兒私下裡倒情願給予人類這種自由。笛卡兒的上帝是從鄧士・斯哥達斯絕對自由的上帝而來，不是從聖湯瑪斯・阿奎那的上帝而來，後者受到邏輯法則的束縛。笛卡兒這個神，沙特說，乃是人類創造的最自由的神。他不隸屬於本質的範疇：應該說，祂創造本質，使它們各如其狀。因此這麼一位上帝超越了邏輯和數學的法則。正如祂的存在先於一切本質，人的存在也先於**人的**本質；他存在；他的存在可以成爲自由的投擲，他便從而塑造成現在的他。上帝死了，人就取代上帝的位置。這曾經是杜斯妥也夫斯基和尼采的預言，沙特在這一點上是他們的繼承人。不過，差別在於杜斯妥也夫斯基和尼采是瘋狂似的先知，沙特卻以笛卡兒式的高度清澄來推演他的觀點，尤其是把它推演成人道主義和民主社會行爲的一項基礎。把人放在上帝的位置，這在傳統派看來，也許是一種不是也罷的魔鬼行徑；可是在沙特這個思想家的情形卻又不同，我們從他的作品判斷，知道他是一個極具善意，極爲慷慨的人。

對自存有和即自存有

沙特的哲學根據一種二元論，形式上和笛卡兒的容或不盡相同，精神上卻無疑屬於笛卡兒。沙特說，存有分成兩種基本類型：⑴即自存有(Being-in-itself)和⑵對自存有(Being-for-itself)。即自存有（沙特所謂en-soi；在己）是一件事物本身齊備的存有。一顆石頭是一顆石頭；它就是它這個樣子；因爲它正好是這個樣子，不多一分也不少一分，所以這東西的存有總是符合它本身。對自存有（pour-soi；爲己）和意識的領域一般廣闊，而意識的性質就是永遠超出乎自己。我們的思想越過它自己，走向明天或昨天，還走向世界的外緣。人類的存在因此是不斷的自我超越；存在的時候，我們總是超出我們自己。結果，我們之擁有我們的存有，絕不像我們擁有一件事物那樣。我們的存在，時時刻刻都是一種超出我們自己的不斷飛翔，否則就是不斷落於我們自己的可能性之後；總之，我們的存有絕不會剛好符合它自身。要想成爲這個樣子，除非我們沉入事物本身自足的存有形式，而要想這樣的話，我們必須斷滅意識。

這種「對自」的說法看似曖昧，然而我們在最平常的場合都會碰到。我參加了一個宴會；我離開，忽然一陣感傷，「我不是我自己。」我們必須把這個命題確實當做是只有人才能對自己說的，因爲只有人才向自己說這種話。參加一次疏離我自己的社交，我暫時失去了或錯置了我的存有，之後我才有回到自我的感覺。這是自覺的第一層直接意義。然而，悲哀的感覺使我自責的認爲，在更基本的意義上，我不是我自己：我對構成我的存有的種種計畫或企圖，還有許多沒有實現；我不是我自己，因爲我沒有完全成就我自己。——這時，第二層次的較深意義才顯現。在這個層次之下，也還有另一層更深的意義，根深柢固於我的存有本性裡：我不是我自己，也永遠無法形成我自己，因爲我的存有隨時向外伸展，超出它本身。我總是同時多於自己也少於自己。

對沙特而言，人類情境的基本不安，或焦慮，原因就在於此。由於我們不斷飛越自己，或是落在自己的可能性之後，因此我們想要穩固我們的存在，使它更爲安定。所謂尋求安定，就是在設法把物的自足存有加諸我們的存在。「對自」掙扎著變成「即自」，以期獲得磐石般不可動搖的穩定，像一件東西一樣。然而，只要它還淸醒、還活著，它就永遠辦不到這一點。人類注定要接受他的存有的極端不安和偶然；因爲，如其不然，他就不是人而只是東西，也不會具有人類超越既定情境的能力。此處的辯證法有個奇異的相互作用：人類之有力量和尊榮，人類之能駕馭萬物，是因爲他能夠超越他自己以及他的直接情境；但是，這項能力同時又是我們人類脆弱、動搖、逃避、焦慮的原因。

沙特以他偉大的才華和眼光，把這兩種觀念——即自存有和對自存有——相互交織，以闡明複雜的人類心理。他在這方面的主要著作是L'etre et le néant（*Being and Nothingness*，存有與空無）；這是一部偉大但水準不一的洋洋巨册，有時很精彩，有時又嫌冗長；是在抗敵時期寫的，出版於一九四四年。沙特受海德格影響很大，但他的原創性則不容置疑。他是當今最有才氣的心智之一〔按：沙特逝世於一九八〇年〕——有時我們覺得是太有才氣了，因爲最偉大的心靈需要在某些方面輔以世俗的愚拙，這樣子才能牢牢站在不可動搖的事實基礎上。沙特學盡了黑格爾的辯證技倆，因此他能夠隨心所欲露出一手，雖然有時候做得過份一點。當然，這是運用黑格爾的方法，以遂一種存在的（不是理想的）目的，因爲沙特絕不可能走黑格爾的路子；跟唯心論者正好相反，他相信邪惡是眞的，並且無法彌補；否定絕不可能昇華爲神的純粹肯定的存有。達劭(Dachan)和貝爾森(Belsen)〔集中營所在〕已經教了他這一點。沙特之超越海德格，在於他對人類存在的否定面做了更爲詳盡的探討。海德格認爲，人的暫時存有充滿了否定的「尚**未**」和「**不**再」；但是，沙特卻更進一步，探究出空無的一切齷齪和醜陋；它們像難聞的氣味或體臭，騷擾我們的人類情境。在西方思想裡，自我從來沒有像這樣充斥著否定。我們必須到東方，找到佛教哲學家龍樹（Nagarjuna；西元前約二百年）跟他的Anatman（無我），才能見到沙特列舉的那麼一大串否定。說眞的，沙特處理下的自我，跟在佛教裡面的自我一樣，是一個泡沫，而泡沫的中心是空空如也的。

然而，無論在佛教或在沙特，否定之充斥自我，其目的都不是說，我們人必須瓦解於否定中、瓦解於一種純粹消極的虛無主義中。在佛教裡，對我們本身空無的認識，是爲的進而追求神聖和慈悲——認識到最後沒有東西支持我們，這應該使我們相親相愛；就好像救生艇上的倖存者，唯有體會到海洋的無涯以及沒有救援船隻前來，這才會互相同情憐憫。另一方面，對沙特來說，自我的空無正是行動意志的基礎：空虛的泡沫終將破裂，所以我們除了刺破那個泡沫的精力和熱情以外，所剩幾何？處在一個不知道人類的宇宙裡，人類的存在是荒謬的；唯有從他自己的空無中開始自由的投射，他才能賦予自己意義。沙特並不把空無轉向慈悲或神聖，卻轉向實現於革命行動中的人類自由。最後這種訴諸行動意志，和尼采不謀暗合。海德格認爲尼采暗中支配了晚期的西方形上學；沙特的思想最後還是和尼采的溶合在一起，這便是最充份的證明。

無論沙特初期受到海德格的影響有多大，他的哲學最後畢竟走到一個完全相反的方向。他漏掉了海德格一切思想的根本，也就是存有本身。在沙特的思想裡，有對自存有和即自存有，卻無「存有」(Being)。除非對自和即自都挺立在存有的開闊空間，不然兩者如何相遇？在這裡，沙特的世界又分裂成笛卡兒的主體客體二元論——意識世界和事物世界。沙特曾經提出存在先於本質的命題，做爲他存在主義的基本論點。從歷史、社會、和傳記的意義看來，人先存在，然後塑造成現在的他；在這一點來說，他這個命題對海德格而言也是眞的。然而海德格認爲另外一個命題比這個更基本：質言之，存有先於存在。因爲，如果沒有那個廣闊存有讓人超越自己而進入，則他無法ex-sist——它的原義是超越自己而站立出來。人若能塑造成眞正的自己，必是因爲他的一切投射都產生在存有的開闊領域，向他展現。此所以海德格要宣稱，「我不是一個存在主義者」——因爲沙特那一派的存在主義者不懂存有先在的道理，所以他們的思想，和笛卡兒的一樣，一直囿於人類的主觀。

當然，沙特已經超出笛卡兒一大步，他認爲超越是人類意識的本質：換句話說，具有意識就是指向那個單純的意識行爲之外。笛卡兒在思想最極端的時候，曾經直覺以爲意識是完全自我封閉，外相的世界被關閉在外面，一切過去與未來都暫時中止。可是，如果這個超越的主權無處可以超越，如果沒有一個開闊的存有領域，好讓致命的主客體二分法告一段落，那麼沙特邁進的這一步就不會這麼重要了。自笛卡兒以降的近代哲學一直在自問：主體如何能夠眞正了解客體？到了康德的時候（儘管笛卡兒以後對外界知識已有長足進步），人類的心智自覺已經跟自然十分疏隔，因而康德的回答是：主體永遠無法了解客體本身(object-in-itself)。再略進一步，就到了尼采；他聲言對客體本身的知識是多此一舉——我們只要能駕馭它就已經足夠，因此權力意志成爲首要。（在沙特的思想裡，首要的則是行動意志。）

然而，海德格對近代哲學這種發展反其道而行，激進而直探問題的根源，但我不以為沙特看出海德格思想的這一面。因為海德格提出的問題，比笛卡兒和康德提出的更為基本：主體如何可能存有？客體如何可能存有？他的答案是：因為這兩者都出現在存有的眞實或無隱之中。這種對存有的眞實的見解是沙特哲學裡面欠缺的；老實講，他在《存有與空無》這本洋洋巨著裡，完全沒有以根本而存在的方式討論過眞理的問題：他所了解的眞理，其意義跟非存在主義哲學家傳統的看法一樣。最後（和他最初的時候一樣）沙特就這樣成了一個笛卡兒式的理性主義者——當然了，他的實質是熱烈而存在的；但他終極的對自和即自二元論卻完全是笛卡兒式的。一般大衆已經把沙特的名字看做存在主義的同義字，不料唯有沙特這個存在主義哲學家沒有討論到差不多是所有其他存在主義者最關心的基本問題——一個不僅屬於理性，而且屬於人的眞理問題。這實在是奇特的反諷。

因此，沙特向大衆宣傳他那一派存在主義是一種新的人文主義，完全合情合理。跟任何人文主義一樣，它鼓吹人類應當研究人；或者，照馬克思的說法，人類的根本是人。可是，它也跟任何人文主義一樣，沒有把握到這個問題：人的根本是什麼？這個為人尋找根本的探求，我們知道，在近一百五十年來已經吸引了思想家，並使得詩人惶惑不安——但是沙特並未加入這一行列。他拋下無根的人不管。這也許因為沙特本人是都市知識分子之中的佼佼者——可能是我們這個時代最傑出的都市知識分子，不過，依舊帶有這一類型無可避免的疏隔。他呼吸著現代都市、都市咖啡館、市郊，以及市街的空氣，好像人沒有其他的家。

文學做爲一種行動模式

他的比較屬於純粹文學的作品，留給我們的印象亦復如此。人們常有微辭，說存在主義者其實是文人或詩人，不是哲學家（在嚴格的學院意義上來講）；可是，說也奇怪，沙特不僅是存在主義者當中唯一地道的文人，寫過許多小說、戲劇、和文學論文，現在還以寫作爲生（按：作者寫作本書時間約爲一九五〇年代），而且他的哲學是所有存在主義者當中最富理性的一個。實在講，雖然沙特的純文學作品數量龐大，齊克果和尼采這些人畢竟比較具有藝術家氣質。他們都是詩人，而沙特不但沒有一點詩人的細胞，甚至他談到詩歌的時候，也沒有對它表示出什麼眞情感。他的文學概念完全是思想的：他的《何謂文學》（一九四七年）是長長一篇精彩的批評理論，在裡面他闡述一種基本的觀點：文學是一種行動模式、是作者自由的行動，其目的在訴諸其他個人的自由，最後並訴諸全人類的自由整體。他的理論卸除了形而上的語言以後，引導他在文學上採取一種社會寫實主義。因此，他告訴我們，當今最偉大的作家是約翰・多士・巴索(John Dos Passos, 1896-1970)。這種判斷證實沙特的文學品味——或是缺乏品味——相當令人咋舌。不過，這個哲學家其實是指多士・巴索小說裡面的思想，而不是指做爲藝術作品的小說。對沙特而言，多士・巴索是他心目中的標準作家楷模，也是他自己在後期小說中竭力倣效的榜樣；那就是說，努力解決他那個時代、那個環境的人類問題。沙特的小說，在技巧上是新穎眩目、種類繁多的社會寫實主義。沙特欣然景從的總是思想，尤其是能夠導致社會行動的思想。因此，無論是在他的批評理論或是在他的實際文學批評，他都不能允當的批評詩歌，因爲詩歌這種人類的表現形式裡，詩人——以及想要進入詩人境界的讀者——必須（套用海德格的話）讓「存有」存在，不要企圖運用行動意志或思想意志(the will to intellectualization)來壓制它。做爲一個文人，沙特之缺乏詩人氣質，在哲學上正可以證明他的存有理論有所不足。

話說回來，沙特畢竟是個才氣驚人的作家；只要那個思想本身足以引發藝術的熱情和生命，他一定能夠達到他的效果。他的第一篇小說《嘔吐》（一九三八年）裡面，思想的和創意性的藝術家幾幾乎合而爲一；光憑這一點，這篇小說就很可以算做他的最佳作品。儘管這本書裡思想和思想的闡述佔了很多的份量，作者並沒有逃避小說家的使命；尤其值得稱道的是這些思想都被賦予生命，造成主角經驗和感性的完整結構。這個生命的情緒是厭煩；而厭煩跟任何其他心情一樣，都可能促成發現——倏然投入自己的存在。這種厭煩純然是人性的，而且在小說上也很動人，雖說它一點也不像賽林的厭煩那樣，具有偉大的見識和宏富的內涵。從哲學的角度來看，沙特的處理比較自覺，比較細微，但也比較靜態；他的厭煩不像賽林的那樣，表現於普通生活的冒險和市井小民的深度。與其說《嘔吐》是一篇完整的小說，不如說它是其中精彩的一段。到他後期的小說，沙特摒棄了早期狹窄膠著的形式，轉向比較寬闊的視野，但是結果並不盡如人意。

這些後期的小說——原先是一個三部曲，*Les Chemins de la Liberté*《自由之路》現在成了一個四部曲——可以像朱勒・羅曼(Jules Roman)的「江河小說」(roman fleuve)一樣寫個不斷，只要沙特火山式的寫作活動繼續下去。我們的確希望沙特稍停一下，重新組合他的力量。這個人實在寫得太多了。也許是一旦文學成爲一種行動模式，作家就被迷住心竅，止不住這個行動。他的這些後期小說包含有精彩的內容——偉大的場面和段落——它們的主題也是沙特的中心題目：追求自由；或者說，企圖在生活中體現我們原來已是的自由，有時我們甚至身不由己。然而這些小說的成就水準參差不齊；眼看沙特偉大的稟賦，像潑灑的牛奶般沒有方向地亂流，逐漸耗盡，我們覺得惋惜。

論到他的戲劇，我們同樣可以說，他的兩部較早且較短的*Les Mouches*(《蒼蠅》)和*Huis Clos*(《沒有出口》)是他的最佳劇本。讀者如果想要把握沙特哲學的具體要旨，卻沒有胃口吸收《存有與空無》一書繁複的辯證，這兩本劇本值得推薦。

「蒼蠅」最先出版的時候，抗敵工作還在繼續；它在形式上有點陳腐，因爲它處理的是歐瑞斯提斯(Orestes)和復仇女神(the Furies)的神話；不過，它從頭到尾都充滿一種得自沙特個人信念的熱情和雄辯。歐瑞斯提斯是沙特對自由看法的發言人。這齣戲的結局和伊斯基勒斯(Aeschylus)的截然不同，因爲這裡沒有超自然的工具來把歐瑞斯提斯從罪孽中拯救。他必須擔起那項罪孽，而他在本戲收場的時候，眞的這麼做了；當著宇宙蓋世太保頭子宙彼得（Jupiter）的面，他發表了一項極其桀驁不馴的說辭；他聲稱，他接受他的罪，雖然明知這樣做荒謬得很——因爲他是人，而是人就自由。人們使用自由的時候，也願意接受它的責任，這麼一來他自己的罪孽益發深重。良心，海德格說過，是承罪的意志——也就是說，接受那項無論如何都屬於我們的罪。

《沒有出口》是沙特戲劇成就中比較轟動的一個；他的眞正寫作才華，在此表露無餘：劇本的強烈推動能力、表達的思想熱情，我們都可以認出是眞正屬於他自己。《沒有出口》的三個角色被關進地獄裡；處罰的方式跟但丁的類似，是讓他們接受自己邪惡的果實。由於他們在世的時候「不忠」——這在沙特的意思，是指放棄自己的人性自由，以便把自己的存有當做一個東西而加以佔有，或企圖佔有——這三個角色現在得遂他們的心願。由於已經死了，他們無法改變過去生命中的任何事情；他們的過去生命悉如原樣，不多也不少，恰似事物的靜態存有；事實上，他們存在於相互之間的注視。然而這正是他們在世的時候夢寐以求的——把別人眼中的他們當成他們自己，藉此失去他們自己的主觀存有。人們在世上確實要選擇，這是一件苦差；沙特說，中產階級的「可厭傢伙」以及反猶太分子選擇他們的公共地位或身分當做他們自己，因此他們的存在，不能算做「爲己」的自由存有體，而只是別人眼中的存有體。

「沒有出口」的戲劇效果固然十分精彩、熱烈，但是沙特才華中明顯的思想本質仍舊再度展露出來。這三個角色輪廓輕淡，頂多只是一些起伏不定的動作，用來說明怯懦、女性同性戀、和殺嬰這三種罪惡。它們只有某種的駭人程度，它們沒有偶然性——而這手筆竟是出自一個否認固定「角色」存在的作者。我們早先對《嘔吐》所做的批評，同樣可以用在這裡：沙特最成功的時候，是他的思想和創意最親密、最熱情的合而為一之際。不過，這都要靠作者暗中借重哲學的力量才能達到。做為一個作家，沙特永遠是熱情奔放的思想修辭學家；而修辭學家，無論他的修辭多麼偉大、多麼動聽，總無法具備藝術家那種完全的存有。如果沙特眞正是個詩人、是個藝術家，那麼我們會從他那裡得到一種不同的哲學。現在我們就回過頭來看看他的哲學。

一種存在心理學

即自存有既然是自相同一(self-identical)的事物領域，我們就會猜想，沙特會在其中充塞暗示堅硬、陽剛的意象。其實正好相反：這個廣袤的領域使他聯想到鬆軟、膠黏、肥胖、軟弱的意象。包含得太多，重甸甸的，好像馬戲班戲的肥婆。《嘔吐》裡面有一段故事很著名：書中的主角何剛丹(Roquentin)在厭煩的經驗中發現存在。他正在鄉村公園注視一株栗樹：樹根盤錯並且太雜；樹本身也de trop，太多、過份。既然它沒有絕對的存在理由，即自存有乃成爲荒謬：它的存在是一種連續授精。它的鬆軟具有陰柔的性質。我們看出，在沙特各種思想的辯證法背後，即自(In-itself)對他來說是自然的原型：過多、豐沃、繁茂的自然——婦女、陰性。

相較之下，沙特認爲對自(For-itself)是人性心理中，陽剛的一面：藉著它，人能夠在他重要的自由中選擇自己、從事投射，並從而儘量把嚴格的人性意義賦予他的生命。

在沙特比較正式的概念背後，散佈著這些陰柔和陽剛的意象，必須加以注意，因爲在《存有與空無》以及一些其他作品裡面，他企圖簡單描繪一種新穎而重要的心理學。他稱之爲「存在心理分析學」，這在歐洲已經頗受歡迎，有一群精神病醫生加以採納；甚至在我國，它也已經擁有專業的支持者。這種新式的心理分析，沙特說，將會取代或至少補足舊有的形式。照這位法國思想家的看法，人的本質既不存於伊底帕斯情結（弗洛依德主張），也不存於自卑情結（阿德勒主張）；應該說，它存於人類存在的極端自由之中，靠著它，人可以自我選擇，於是塑造現在的他。人不應當讓潛意識的力量決定他的未來，成爲它們的消極傀儡。事實上，沙特完全否定潛意識心靈的存在；他說，不管心智出現在哪裡，它都是具有意識的。我們不能認爲人類個性或人類生命是由某種臆測的潛意識在幕後拉著線，操縱意識玩偶。一個人就是他的生命，沙特說；換言之，他完全等於組成那個生命的動作總數，不多也不少。要想眞正了解一個人的生命，我們只有把握那簡單而又複雜、維繫所有明顯動作的架構——這個架構事實上正是那項獨一無

二、不能取代的投擲，也就是個人的生命。

沙特把他的理論十分具體的運用於《波特萊爾評傳》(*Baudelaire*)上；那是一本傳記式的研究，一九五〇年在我國出版。照沙特的說法，我們要了解波特萊爾的生命——他的詩歌、他的思想、他的爭端——不可以把這一切和他的好色扯在一起；相反地，他的好色必須在整個生命中獲得應得的地位，甚至從整個投射（就是那個生命）中獲得它的形式和方向。波特萊爾小時候被送到學校，於是首次和母親分離；這時候，沙特說，波特萊爾自己做了抉擇，因而造成了日後的他。受到他同學的疏隔和威嚇，他退回到自己，於是開始孤獨不群的自我抉擇。沙特說明這項抉擇如何像石子激起的漣漪，擴散到後來的整個生命：詩人的心靈怎樣涵養成爲一面反映其孤寂的鏡子；他怎樣退出肥沃滑潤的自然，因爲看到一個全然無機體的世界，連一顆樹都沒有的金屬城市，等等。沙特搜集了許多細節，把它們組合得很好，因此我們對波特萊爾的生命獲得一個有力而統一的圖像。然而他的圖畫表現出波特萊爾的底蘊，究有幾分可信？他在這裡試驗的新式心理分析又有幾分可信？

首先，假定波特萊爾在大約十二歲上做了一個自我的選擇，這個選擇不可能是一項有意識、有決心的投射，一個在當時那個環境視爲一輩子的決定。如果它是不自覺的，那麼沙特就要被迫承認一種潛意識的存在；因爲，假設波特萊爾的生命是單一的投射——換句話說，一項決定他的未來的選擇——反映自他生命的無數細節，那麼他在十二歲的時候還不明白反映的方式；因此，這個投射本身，做爲一個整體，大部分是潛意識的。若說人類生命是一項具體的自由，向外擴散到我們行動的種種細節，那麼有些人或許還眞知道他們的投射、他們生命的意義；可是，無論什麼時候，表現在我們一切行動的這項投射，絕大部分必是我們不得而知的。沙特不承認這一點；他若承認的話，只好躲進潛意識投射的觀點裡。總之，我們一旦想要具體應用存在心理分析，就必須立即重新把潛意識引進來。

沙特理論的心理學價値留待心理學家去決定；我們在此關心的，是那一套心理學的基本哲學思想。這個基本又是笛卡兒學說：把心智和意識、和Cogito視爲同一，這是笛卡兒式的認同。笛卡兒說「我思，故我在」的時候，這項陳述——除了做爲他推理的某一階段以外——從人性的觀點來說，表示這個人把他自己的實在和他自己的思想視爲相同。無意識的東西是相反相對的東西：意識是一個淸晰明確概念的範疇，而無意識世界卻是自然界的即自領域，豐沃、形體不定、果實纍纍。後面這個世界可以被遺忘，最後甚至可以否定它的存在。笛卡兒式的主體性（沙特的屬之）無法容許無意識的存在，因爲無意識是一個人自己裡面的「對方」；沙特認爲，這個「對方」的一瞥，永遠像彌毒莎女妖(Medusa)的瞪視，可怕而且令人麻木如石。

和「對方」的這種關係，是沙特的心理學裡面最驚人也最著名的一面。別人從外面看來，我像是個客體、是個物件；他看不到我的主體性以及它的內在自由。因此他總是想把我變做他看到的物件。「對方」的目光穿透我存在的深處，凝凍了我的存在。照沙特的說法，愛情，尤其是性愛，所以變成不斷的緊張乃至衝突，正是爲了這個緣故。施愛者希望佔有受愛者，然而受愛者的自由（這是他或她的人性本質）是無法佔領的；於是，施愛者便很可能把受愛者貶低爲物件，以便佔有它。愛情永遠是在性的虐待狂和被虐狂之間擺動，備受威脅；虐待狂的時候，我把對方當做一塊肉罷了，可以隨心所欲鞭打、玩弄；被虐狂的時候，我志願做一個物件，目的在誘陷對方，破壞他的自由。以近乎魔鬼般的辯證天才，沙特揭露出這兩種傾向的交互作用。兩個人相愛的時候，永遠有緊張的壓力存在；沙特無疑已經昭示出這一點。然而，我們讀完他力量萬鈞的所有分析以後，難免要疑心：他極端的辯證會不會使愛情的可能性完全消失，因爲愛情在我們日常生活中有時的確會發生（不顧沙特的相反意見）。這一切，其實只是因爲沙特成了他自己哲學原則的犧牲品：由於他在他的哲學裡面，找不到一塊主體（對自存有）和客體（即自存有）眞正碰頭的地方，所以當他研究心理學之際，自我必須無可挽回地跟「對方」對立，這中間沒有讓我眞正向「對方」說一聲「你」的地方。笛卡兒的主體性（沙特的在基本上屬之）必然會發展成沙特給我們的這種心理學上的情感理論。

其實呢，他講的就是兩性之間永恆的衝突；阿德勒也討論過。說眞的，如果我們把沙特的心理學除掉它特有的哲學術語，它幾乎就成了阿德勒派的心理學。阿德勒步尼采之後，拿權力意志做他心理學的基礎；沙特亦復如此，我們從他一口咬定愛情是虐待狂和被虐狂永無止境的循環，就看得出來。愛神消逝於權力意志之前。沙特又一度加入尼采的陣營：失去了存有——這個存有能夠統一主體的「對自」和客體的「即自」——人只得藉著駕馭萬物來尋找他的意義。構成我們存有本身的沙特式投射，豈不證實了阿德勒派所謂「支配線或動機」？後者我們用來統一我們整個的生命，並賦予它意義。跟阿德勒一樣，沙特的心理學在基本上是個陽性的心理學；它誤解或污蔑婦女的心理。人的人性在於「對自」，就是我們憑以選擇、投射、並且通常投身於行動生命的陽剛因素。套句阿德勒的話，「男性的抗議」在沙特全部作品裡都很強烈——無論是馬太（Mathieu；在《自由之路》裡面）對他懷孕情人的厭煩，或是何剛丹，在《嘔吐》裡面，對栗樹發脹樹根的厭煩（基本上說來，這是同一種厭煩）；或是沙特（在《存有與空無》裡）對邪惡、濃濁、黏滑物質做的哲學分析。後者像婦人軀體的柔軟威脅一樣，會誘陷他的自由。婦人確實是一種威脅，因為婦人是自然；而沙特式的人都是存在於他的投射的自由之中；這既是未經證明也終將無法證明的，便等於把他和自然完全分隔。由此看來，沙特的整個心理學乃是笛卡兒的二元論，加上驚世駭俗的現代內容。

我們現在比較容易詳估沙特對自由的基本概念。他創造了選擇的自由，這是正確的；選擇的自由便是一項有意識行動的自由，無論我們力量的範疇多麼窄小，它都是完整而絕對的；選擇之際，我總有必須說「不」的場合，這個「不」本身已很完整，根本沒有其他選擇餘地，也是很可怕的；但是唯有把我自己禁閉在其中，才有可能產生行動的決心。我有一個朋友，是個思想和感性都十分高的人；他患過很久的神經機能症，幾乎是碰到生活上的每一種事情都會遲疑不決。坐在餐館裡，他凝視印好的菜單要點菜的時候，一定會看到否定的深淵在他的眼前張開，就在菜單的頁上，於是出了一身冷汗。（他不是沙特的信徒，連沙特的作品都沒唸過；然而他描述自己的經歷時，他的措辭正是：空無的深淵在他的眼前張開於頁上。）批評家可能很膚淺的說，這不過表示出沙特對自由看法的荒誕與神經質。其實恰恰相反，它證實了沙特對自由的分析，因爲自由必如沙特所說的那個樣子，才可能嚇壞這個人，使他退縮到躊躇的焦慮之中。神經機能症之起，在於自由這個整體而絕對的東西，爲了這類瑣碎的事情，都可能促使深淵的開啓。不過，這個例子同時指出沙特理論的缺憾：它沒有告訴我們，跟哪一類的物件在一起，我們的人性主體才能夠做有意義而不是神經病的自由抉擇，從而確定自己。這是因爲沙特的自由理論，從極端情境的體驗發展而來：受害者向他的極權主義壓迫者說，不，即使你把我宰了；然後他把自己禁錮在這個「不」裡面，不願意被搖晃出來。我們的任何抉擇都會向我們斂取某種跟這個同樣完整的東西，雖然未必就在這麼強暴、極端的情境下。然而，正如齊克果指出的，把自己禁錮在「不」裡面的人，可能變得瘋狂；他會對自己說「不」，對自己的本性說「不」。沙特的自由理論其實並沒有包括身心一體、既是「即自」也是「對自」的具體的人；它只包括到這個整體狀況孤單的一面，也就是人類永遠處在存在邊緣的一面。

因此，沙特告訴我們，關鍵的問題是：在什麼樣**特殊**的情況下，人才會眞正經歷到他的自由？注意這裡的「特殊」二字。爲什麼不問：在什麼樣普普通通的情況下，人能夠經歷到他的自由？一個藝術家——尤其是一個智性不如沙特那麼高的藝術家——如果工作得順利，那麼他經驗中的自由正像發芽、脹大、水流一般，對他來講，好像是大自然無可避免的運行。這就如同院子裡盛開的那棵梨樹——跟何剛丹那棵可厭的栗樹有天壤之別——不費吹灰之力就把它的果實美妙的帶進陽光底下。由於沙特的心理學只知道意識，所以它對作用於人格當中意識和無意識互相溶合地帶的那種自由形式無法了解。既然局限於意識範圍，它自然而然變成一種自我心理學；於是自由只被當做意識自我的堅定設計。

再舉一個例子。在什麼樣的日常情況下，虔信的人經歷到他的自由？在沙特純世俗觀點中，認爲所謂宗教信仰是荒謬的，但這無關宏旨；因爲宗教心理學事實上存在，而任何心理學理論若是未能包括到它，都會有所不足。聖保羅那種人如何經歷到他的自由？他已經死過，拋棄了舊我的枷鎖，而今他又活著，精力十足地組織一派教會：「然而不是我活，是基督活在我身上。」他的自由乃是向比他自己更偉大的救贖意象臣服。這是宗教人士的自由，不是笛卡兒派的。構成聖保羅生命的投射，主要並不是他自己有意識的抉擇，而是他無意識的內心深處產生的心靈轉變所造成。笛卡兒式人既不懂精神的自由，也不懂自然的自由，因爲在這兩種情形裡，「即自」和「對自」的二元論都告瓦解。

再以普通女人的心理學做第三個例子。不是指我們在沙特的小說或劇本裡面習見的女人；也不是指他的朋友，那個寫了《第二性》（*The Second Sex*）——一本女性抗議的書，其實是在抗議她是個女性——的女人。不，讓我們找個十分平凡的女人，從千萬個以家庭和兒女爲職志的女人當中挑一個；她們有些人覺得這樣很幸福，或者至少從其中獲得人性的滿足，跟男人從他以男性爲主的設計中獲得人性的滿足一樣。如果我們說，這種女人的本體是由她的設計構成——這有什麼意義？她的投射是家庭和兒女，而這些確也構成了一個完整的人性獻身；然而這卻不是出乎意識自我的投射。她的整個生命，無論顯示出多少自由，只能說是藉著她而表現出來的自然。我們一旦開始想到婦女心理學，沙特的心理學立刻眞的變成一樁全屬男性的把戲；不過，這是——孤單、未經證明、處於存在邊緣的——和自然分了家的男性。

沙特的一切理論是他自己個人心理的一種投射，這是毫無疑問的；也許任何心理學都必如此。這在他的小說和劇本裡面有很多蛛絲馬跡可尋，因爲他在其中把自己透露了許多。然而他同時也是個汲汲把自己和自己的思想合爲一體的思想家；所以，對我們而言，他對人類心理所做的複雜但多半輝煌的探索，其意義就在它根本是來自笛卡兒的二元論，並且完成了笛卡兒用以開創近代的人與自然的分隔。沙特堅決認爲人必須和自然分隔才能存在——處在一個對他一無所知的宇宙，這是他做人的命運——這當然是正確的；不過，問題在於：這種分隔可以到什麼地步，而不致使人的投射變得瘋狂，或是脆弱得容不下任何人性成份？我們的生命，在最順遂的時候，無意識——或說是自然——的「即自」不斷透過，維持我們意識的「對自」。

沙特的自由的確是瘋狂的。它是無根的自由。當然，主張這個理論的人，湊巧是個具有偉大的善意、慷慨，又有勇氣的人；而他自己選擇的投射，是人文主義的、自由派的一種革命行動設計。沙特和共產黨徒長期而起伏不定的關係，顯然是當代大悲劇的一部分；否則倒是上乘喜劇的素材。沙特確信共產黨眞正是工人階級的黨，因此他願意在實際的政治場中追隨共產黨的命運。在現實政治中沙特表現得十分幼稚；可是，在他跟共產黨徒的哲學論戰裡，他卻替我們這個時代寫出一部分最佳的思想辯論文字。這些論戰，是笛卡兒式的人和共產黨機械人之爭；無論我們對笛卡兒式的人採取多少保留的態度，他至少具有部分人性，使得政黨的機械人自慚形穢。再說，沙特是個思想卓爾不群的人，他的共產黨對手當然及不上。這整個爭論之起，是爲了馬克思主義者不敢面對的陰影：沙特革命行動的基礎是自由抉擇；馬克思主義者的是客觀的歷史過程。前者承認人類不可分隔的主體性，後者把人貶低爲過程中的一個物件。更且，沙特的無神論坦白指陳出：人是宇宙中一個孤立的東西，未經證明也無法證明，是荒謬的，因爲沒有一個萊布尼茲式理由足以解釋他或他的宇宙爲何存在。——這是共產黨朏利斯丁式無神論（以及其他一切朏利斯丁式無神論）不敢說出的；他們也缺乏足夠的想像力。沙特的無神論——他存在於其中的方式——並沒有失去它對人類可疑本性的把握。在這一點上，沙特指出馬克思式人必將發問的問題，以及他必將面對的魔鬼——果眞有那麼一天，不分階級的社會眞正實現的話。

曾經有人說，齊克果對宗教態度的聲明太過嚴苛，把許多自以爲虔信的人都變成了無神論者。以此類推，沙特對無神論的看法太過荒涼蕭瑟，似乎使許多人轉向宗教。這也是極其自然的事。這兩種情形下的抉擇必然都很難；因爲人類根本上是多疑的生物，不會沾沾自喜固守他終極的各種決定。

或許，隨著現代世界的發展，沙特那種自由會漸漸成爲人類能夠經歷的僅有的一種。隨著社會的日益集體化，一個個自由的島嶼乃一天小似一天，而且和大陸以及其他島嶼之間的距離也愈來愈遠——也就是說，和自然或其他人類團體的任何出乎本性的交流愈來愈不可能。沙特的歐瑞斯提斯向他神聖的壓迫者說，「宙彼得，我是個人。」我們想像到最後一次抗敵運動的最後一位抗敵分子在盧比安珂囚房裡說「不」；他說不，沒有絲毫自利的動機，也不敢奢望後人會替他主持正義；然而他還是說「不」，只因爲他是一個人，他的自由不能被剝奪。當年在荷蘭那個具有歷史意義的旅店裡，偉大的笛卡兒停下來靜思，然後向魔鬼說「不」；那時候他投身的夜晚固然黑黝黝，但是還不及現在這個最後一人將要生存的地方。我們不能說，沙特沒有給我們很好的警告。

Ⅳ
整體人對理性人

Integral v.s. Rational Man

11 復仇女神的地位

The Place of the Furies

本書一開始先盱衡當今人和哲學的情勢；然後勾勒出了解這個情勢必要的歷史背景；繼而討論四位哲學家，他們對那個歷史含藏的問題都曾給予明白的論述。現在，臨到末了，我們回到開始的地方：回到此時此地的世界情勢；這是一切了解必然的開端，也是必然的收尾。在所有的存在思想中，應該討論的終究是我們發問者自己。

我們討論過的四位哲學家——齊克果、尼采、海德格，以及沙特——絕對無法代表存在主義的全貌；也許，在我們沒有詳細論列的存在主義者當中，甚至有些人物對個別的讀者更具人性的吸引力。然而，我認爲這四位，從思想的觀點來說，是這項運動到目前爲止最偉大的人物。無論如何，在我看來，他們提出了西方歷史此刻爭訟紛紜的主要哲學問題，乃至人類本身的問題。儘管這幾位思想家之中，事實上有些——尤其是海德格——曾經拒絕存在主義的封號，這卻不應該妨礙我們從他們身上看出一項輪廓分明的運動。我們可能記得，康德一度反對把「唯心論者」一辭加諸他的身上——而且理由充分；但是歷史爲求分類上的方便，置他的反對於不顧，而今所有教科書都把他當做唯心論者——理由也同樣充分。或許歷史那隻不客氣的手，是聽命於對實際的敏銳認識；哲學家他們在為如何封號的細節吵個不休之際，如何能有這般敏銳的認識？歷史跨越一切紛歧和爭端，感覺到源流、影響、和環境的統一性；就好像本書的讀者到這個時候——我希望——會感覺得出，有某些清楚的論題，乃至某些確定而共同認可的主題，是我們所謂存在主義者以及所謂存在哲學一致共有的。

總之，我們討論過的四個人物，就我們的目的而言是盡夠的了，因為本書旨不在提供一個存在主義的綱要或概說，而在討論更重要的問題：存在主義的**意義**是什麼？我們在此不是取「意義」的表面意思，把這些哲學家談論的資料略加整理組織而已；我們是取其更深一層的意思：我們問過，我們自己的歷史存在中，究竟正在發生什麼事，居然要以這種方式並且由這些哲學家來表達？或者——借用類似海德格的措辭——西方的存有之中，究竟發生了些什麼？

這是我們從頭到尾的唯一主題；現在它又把我們帶回出發的地點——現代的情勢。

水晶宮裡人不見

理性主義在本書從頭到尾倍受攻擊，似乎是件奇怪的事，尤其在美國讀者看來。身為哲學教師——這在我國是一項十分曖昧的行業——我得以觀察到思想對美式生活的支配實在朝不保夕；而且不僅以大部分學生爲然，對多數受過教養的人和知識分子亦復如此；他們認爲哲學的理念是件不相干而又令人尷尬的東西。實際生活裡的美國人不僅是非思想的人，甚且是反思想的人。美國人做爲一種新的人類類型的引人之處、他但求便捷的實用主義、他的天眞自然以及對經驗的開放態度，都是因爲他天生不好思索。美國兩位最偉大的現代作家——海明威和福克納——所以成爲優秀的藝術家，乃是由於他們駕馭外物的力量，不是由於他們對理念或心理的微妙有什麼掌握。這麼說來，各種對理性主義的批判——如齊克果、尼采、海德格提出的——對現代的美國人有什麼意義呢？美國人現在不可能把古典的柏拉圖主義生吞活剝——不可能像柏拉圖道統中的哲學家那樣，變成理性之神忠心耿耿的僧侶。

事實上，一帖良好的智性主義——眞正的智性主義——對美國生活將大有裨益。然而存在主義反對的重點，在於理性主義可能瀰漫整個文明，使得那個文明裡的個人愈來愈不思考，最後還可能根本不肯思索了。只要理性主義支配生活發展的基本方式，就會造成這種情形。科技是理性主義的一種具體化身，因爲它從科學而來；官僚政治又是另一種，因爲它的目的在對社會生活做理性的控制和支配；而這兩者——實用科技和官僚政治——已經有日益支配我們生活之勢。

不過，存在主義者攻擊的主要目標倒不全是理性主義，而是**抽象性**；在此講求科技和官僚政治的時代，生活的抽象性確乎是值得重視的問題。在實用科學的推廣上，最近的飛躍進步是大衆藝術和大衆傳播工具的發展：機器不再只能製作物質產品；它也能製造心智。數以百萬的人仰賴千篇一律的大衆藝術——這是爲害最大的抽象形式——爲生，於是他們把握任何人類實在的能力，都在迅速消逝。如果在寂寞的群衆（早在大衛・里斯曼(David Riesmam)以前，齊克果就已經發現了）當中，偶然有一張面孔閃爍著人性的光輝，它會很快又因爲電視螢光幕的催眠而消逝。數年以前，電視轉播一次月蝕的時候，懷德(E. B. White)在《紐約客》雜誌上撰文說，他覺得歷史上一個重大的轉捩點已經降臨：人們本來可以探首窗外，看到眞正的東西，然而他們不此之圖，情願在螢光幕上凝視它的映像。齊克果責備過他那一時代的抽象性，說那是個映象的時代，不過他當時心裡想到的，似乎是抽像性的知識分子，他們不見眞正的生活，只見自己心中生活的映像。可是我們卻已經替我們的時代造出一種新的抽象性，而且是大量製造；利用高度的科學技術，我們製造出一套現成的映像，來代替眞正的東西，而且不光是爲了大學裡面的大學生，也爲了百萬衆人。我們的不眞(untruth)之旅，已經深入到齊克果想像不到的境地。

講理性(to be rational)和合情理(to be reasonable)不同。我這一輩子曾經聽過十分講理性的人說出最瘋狂、最令人髮指的事情，完全依照理性的方式推演出來；這中間從來沒有用洞察力或感情來檢討推理的過程。如今，在我們的公共和政治生活裡，我們接受最不合人性情理的行爲，只要它戴上理性的面具，用公文用語說出；公文用語也者，就是理性自身的文體。我們注意最近一項宣布，說科學已經能夠造成「潔淨的」氫彈——固然不是完全潔淨，但已經是「百分之九十五潔淨」甚或「百分之九十六潔淨」了。當然，這些計量數字使這件事情聽起來十分合乎科學和理性，所以人們不再費心思去問這整件事情的人性意義。他們告訴自己說：必然有完全合乎理性的一串論證，從必須有氫彈的前提開始，一直推到必須有「潔淨的」氫彈這個結論——不然就沒有戰爭了！這件事例不禁使我們疑心：儘管現代生活日趨合乎理性的秩序化，人卻一絲也沒有變得更合情理。完美的理性和神經機能症也許並不矛盾；事實上，前者可能造成後者。

或者會有人持反對的意見，認爲我們對這個時代可能遭遇的恐懼——今日來講，就是對原子彈造成毀滅的恐懼——是一樁循環不已的事；人在每一個時代都有這種恐懼，然而都是杞人憂天。雅斯培引用四千年前一個埃及人的怨言，說萬物將要在他那個時代毀滅：「盜賊四起。……無人種作。大家都說：我們每天都不知道明天會有什麼臨頭。」奧特加（Ortega y Gasset）也引錄拉丁詩人賀拉旭（Horace）的嘆語，當羅馬帝國如日中天之際：「我們（作者註：賀拉旭和他同時的人）是祖先的墮落子孫，我們的祖先自己又是他們先人的墮落子孫。」重尋人類過去的美好日子、黃金時代，這確實是人類本性的永久傾向。我們如果看得清楚，那麼眼前的局勢一定總是叫人覺得受到威脅：我們認爲，這是必須改變或補救的局勢。對所有的人來說，今天永遠是從昨天的廢墟中挖出來的一條出路。不過，這倒不是把我們這個時代比過去估價得較低——或較高——的問題；本書曾經一再指出，我們的時代在各方面具有無可比擬的成就和力量。所以問題是在對這個特殊的現代做一番評價。假如像存在主義者說的一樣，眞正的生命不是憑空得來，而是和我們在所處的時間以內，自己的自決（自限）行動有關，那麼我們勢必要了解並且面對那個時代，包括它的威脅和它的希望。我們不能說，每個時代都曾經像現在一樣，而人類雖然一向感到威脅，卻總能設法生存。其實正是因爲各個時代都不相同：每一個時代包括它的希望和它的威脅，都與衆不同；有時候也發生過大難。由於我們生存的現代與衆不同，才會賦予人類前所未有的**力量**——包括最後把他和他的星球炸成粉碎的能力。物極必反是人類最古老的悲劇智慧；它告訴我們，人類到達他的力量頂峰之際，必然會像伊底帕斯王一樣，嘗到他絕對的無能爲力。如今已經有種種跡象，包括我們前面見過的近代藝術的證明，顯示我們正朝著那個方向移動。人類除非把他的苦酒——他的無能爲力——喝得乾淨，否則將無法邁向下一大步；我個人深信如此。然而，麻煩在於這種磨練的經驗必然會引起世界的毀滅——悲劇主角同時也毀於這場大難。此所以現代的老套政治顯得十分陳舊；它悲哀的落在人類眞正情境之後——甚至還落在我們現代對人的知識之後。

當今國際局勢中主要的敵對雙方，都是植基於啓蒙運動，至少他們個別的文化反映出來對人的一般概念是如此。美國之有別於其他國家，在於它建國的時代，正是歷史意識最強烈的時代；它不是從它自己的史前茁長出來。更且，它建國於十八世紀啓蒙運動如火如荼之際，而建國者又都經歷過當時清晰的理性洗禮。美國人眼中的美國土地，是一塊有待征服的異域荒野，是充滿敵意、跟他對立的東西，而不是他自己以及他的文物制度賴以發達的東西。由於缺乏歐洲人的史前基礎和潛意識基礎，美國人在意識方面，尤其是實用的意識，表現出令人欽羨的自由和彈性。但是大家掛在口邊的美國式「天眞」也隨之而來；這在哲學用語中，簡單表示他不知道人類實在是一種多麼可疑的生物；這種無知使歐洲人覺得很稀奇，甚至覺得有點不夠眞誠。因此，美國人在處理外交事物的人性方面顯得駑鈍，也無法了解他的歐洲盟邦爲什麼對他側目，爲什麼懷疑他的慷慨和善意。沙特細述過他訪問我國的時候，和一個美國人的談話。那個美國人堅持說，只要人類都肯講理性，一切國際問題皆可迎刃而解；沙特不同意這個看法；過了一會兒，他們之間再也談不下去了。「我相信邪惡的存在，」沙特說，「而他不。」美國人還沒有看到環繞在人類啓蒙周圍的陰影。

對方的哲學呢，如果只看它最「理想」的一面，也是至今還吸引萬千個人的一面，便是馬克思式人文主義。這種人文主義要追溯到馬克思一段名不虛傳的聲明：「**要徹底就是探求問題的根本。而今人類的根本是人。**」馬克思這時是以費爾巴哈(Feuerbach)那一代以及年輕的黑格爾信徒之一的身分說話；他們揚棄了黑格爾和他的國家概念，轉向具體的人——血肉之軀的歷史生物。這個眞實的、歷史的人，他們說，應該是人類的根本，是社會和國家的根本。可是，還有一個問題它沒有問：個人的根本該在哪裡？人是高度可疑且自疑的動物，他純粹問題重重的本性現在都命中注定一般輕描淡寫帶過去。馬克思把他的注意力轉到社會問題上，認為唯一妨礙人類達到完全人性的，就是資本主義制度。這一點上，他只是附和啓蒙思潮的樂觀想法，以為人既然是理性動物，阻撓他的圓滿的，必然是客觀的和社會的障礙。共產黨追隨馬克思，因此總是表現出一種奇異的衝突：理論上對人性採取絕頂天眞的客觀看法；實際上卻對人類採取無比凶殘和譏誚嘲諷的態度。

馬克思主義是共產主義的意識形態；然而實際上，以及在歷史的發展上，共產主義（或者說，現在演變成的共產主義）的眞正哲學家，如前所述，乃是尼采。權力的問題成為至高無上；它僭奪了別的一切，正如最近米樂文·吉拉斯（Milovan Djilas）的傑作，《新階級》（*The New Class*），指陳出來的。控制自然、駕馭萬物的集體努力，迫使人去駕馭其他人；結果呢，把在下的人都只當成物看待，因為這種思想早就不承認人的人性和主體性。這件事的歷史轉捩點是列寧（Lenin）這個現實的天才兼共產主義運動裡的聖保羅。在他一九一七年放逐歸來之前，列寧寫了一本小冊子，叫做《國家和革命》（*State and Revolution*）；書中他以絕頂天眞的國家主義來討論人性。可是一當他回到俄國，從事實際政治以後，這個活躍的政客心頭就只剩下唯一的一個問題：權力。馬克思信徒的哲學手冊裡，把一切討論人性論題的哲學看成「非理性主義」。**他們的**理性主義，當然了，端在科技知識、在控制萬物（以及被視爲芻狗的人）；而由於這種視科技知識高於其他人類本性，造成了瘋狂著魔般的行動，近代歷史便是明證。

當今之世，政治問題背後是人類問題，使得一切對當代問題的思考變得困難棘手。一九三〇年代結束以後，我國的知識分子整個兒投身於一項政治活動策劃，卻宣告垮臺；這顯示出，不能再把哲學當做政治的附屬品了。正好相反，今天誰要是想搞政治，那麼對於人是什麼，以及人類終極的生活是怎麼回事，最好心裡先有個數。我故意說「終極的」，因爲本末的疏忽不會——如所謂「講現實」的人們所希望——被無罪開釋，而會從後門帶進大禍，弄得焦頭爛額。我們政客的演說裡，看不出對這件事有什麼體認；然而，就在大西洋兩岸這批人的手中，握著原子能毀滅性的力量。

存在主義是終於以哲學方式表現出來的反啓蒙運動；它比其他任何學說更能證明出，啓蒙思想的意識形態是稀弱的，是抽象空洞的，因此也是危險的。（我說它的「意識形態」，因爲我們依舊挑著啓蒙思想的擔子：在日常生活當中，我們必須繼續做社會秩序的批評家，因爲這個社會秩序，處處還是以壓榨、不公，乃至野蠻爲其基礎——我們身爲負責任的人類，在今天就不能不保持這種特別緊張的心靈。）海德格確立的人類有限性，也許是對啓蒙思想的致命打擊，因爲若是承認了這個有限性，等於承認人將永遠既存在於眞理中，也存在於虛妄中。有些空想家仍舊期待將來有這麼一天，一切陰影都被驅散，人類也將居處在輝煌的水晶宮裡。這些人將會爲這種承認喪氣。然而再仔細想想，我們一次永遠解除對進步的偶像崇拜，也許不是件壞事；因爲空想主義——無論是馬克思牌的或是尼采式的——認定人的意義在於未來，於是使得此時此地的人類，以及有史以來到現在的人類，都缺乏自己的意義。存在主義者已經顯示我們，如果人類具有意義，必是在此時此地；而如果把這個見解想通，整個西方哲學的傳統就得重新估價。人類一切眞理不僅投射在環繞於四周的黑暗而已，這些眞理甚至本身就充滿黑暗。這種體認也許令人氣餒，而且不僅於空想家爲然。不過它有個好處：它使人類重新認識到一切事物周遭的原始謎團；他光彩的科技世界使他離開謎團日遠，可是沒有了它，他又不是眞正的人。

復仇女神

比起傳統哲學或其他的現代學派，存在主義，如前所述，企圖把完整的人——整個日常生活環境裡具體的個人，連同他整個謎團和可疑性——帶進哲學。在這方面，各個存在主義者成功的程度有別；不過，這項嘗試本身，即使沒有一丁點的成功，對我們這個時代也還是必要而有用的。尤其是近代哲學（自笛卡兒起的哲學），幾乎把人完全當做一個認知的主體——當做一個紀錄感覺資料、提出命題、理由、並且追求確定的理性知識的思想體；而不是當做這一切表面底下，具有生老病死煩惱的人。我們若不是想看人的理性或認知的片段，而想看完整的、整體的人，這當然需要瞧瞧某些醜陋的事物。當今，特別是在我國，有許多人高談「健全的人」或「完整的個人」；這些話只給人家一種欣喜的看法，認爲參加補習課程、培養有益嗜好、或積極參加社會運動，就能夠開闊自我、自求多福。然而完整的人若是沒有死亡、焦慮、罪衍、恐懼和戰慄、以及絕望，就不成其爲完整的人；就算新聞記者和一般大衆把每一種注意到人生這些方面的哲學都封爲「憂鬱」或「只是一種絕望情緒」，這是他們一廂情願的想法。我們的啓蒙思想依然根深抵固——也許該說啓蒙思想把我們連根拔起——因此覺得生命中這些醜陋的事物像是復仇的女神：是我們企圖逃避的仇家。而逃避復仇女神最簡單的方法，我們想，莫過於否定她們的存在。近代深層心理學和存在主義同時崛起，並且原因相同，這在我看來，絕對不是巧合：因爲啓蒙思想把某些醜陋的事物丟進潛意識的深淵，而今弄巧反拙，它們終於逼得現代人去注意它們。

人類面對安撫復仇女神的問題，這已經不是頭一回了。當西方歷史曙光初現之際，希臘人就有過一次類似的經驗，伊斯基勒斯（Aeschylus希臘悲劇詩人525-456 B.C.）偉大的三部悲劇《歐瑞斯提斯》（*Oresteia*）便是留傳至今的紀錄；在那裡面，我們還可以讀到我們自己衝突的預言（略有差別）以及唯一合情合理的解決方案（略有差別）。

悲劇裡，柯萊登妮斯茱(Clytemnestra)殺害了她的丈夫阿格曼儂(Agamemnon)；於是他們的兒子歐瑞斯提斯，在極端支持男性的阿波羅指引之下，替他的父親報仇。歐瑞斯提斯殺死他的母親，立刻受到復仇女神的窮追不捨；她們是夜晚和土地的老女神，負責維護親族血統，因此必須懲罰這個犯下了人間最可怕罪愆的弒母的兒子。這個戲本來一直以人爲中心，當然背景裡總有神祇存在；可是，到這三部曲的最後一齣，《復仇女神》(*Eumenides*)，歐瑞斯提斯接受最後裁判的時候，舞臺的中心人物是那些神祇；歐瑞斯提斯這個人性衝突的代表，在祂們的陰影之下，顯得何其渺小。如今衝突雙方成了阿波羅和復仇女神；一方是新近崛起、代表啓蒙思潮的神，另一方是年邁的母性女神，掌理家庭和土地。阿波羅維護歐瑞斯提斯，復仇女神則要他毀滅。雅典衛城阿克羅波利斯(Acropolis)的山上，兩派神祇之間展開了一場審判；陪審團由公民組成，他們的判決將決定開釋歐瑞斯提斯或者無可挽回的把他交給復仇女神。

「如果沒有懼怕的震悸和恐怖的戰慄，人永遠無法面對他自己或他的生命。」

現代的讀者，如果只把這劇本匆匆過目，可能會覺得這幕審判是一場相當平淡乏味的法律案件；然而，在希臘人說來，這場審判和歐瑞斯提斯聳人聽聞的弒母那一幕同樣緊張——實際上，它是整個事件的核心。伊斯基勒斯的悲劇記錄下希臘史上舊有母性神祗被奧林帕斯新興的父性神祇取代的一刻；不過，一般的希臘人仍然心懷那些較老的神祇，因此在新舊的取捨之間，他們覺得有點不妥。所以，《復仇女神》一開始的時候，阿波羅神殿的女祭司告訴我們，衆神之中第一位先是大地之母她自己；一直到後來，阿波羅才佔據了全希臘的預言之殿。由舊母性神祇到新父性神祇的這項發展，正好配合了希臘意識的發展，邁向文明和啓蒙。經過這樣的解釋，本劇的問題變成：這種進步的意識對原來塵世的無意識應該如何稱頌？

公民陪審團表決的結果，雙方不分軒輊；於是歐瑞斯提斯（根據希臘的規矩）獲得開釋。造成平手的那一票是雅典娜（Athena）投的；她是個立場曖昧的女神，氣質上介乎男女之間。復仇女神傷心慟哭，揚言要降下各種災禍於人間。不過，後來聽說她們不至於被那個新崛起的啓蒙之神阿波羅完全取代，氣也就消了；她們將得到一個受尊敬的地位、一座神殿，而且女人生下來的每一個孩子，都要受到她們的庇佑。雅典娜本是從天神宙斯的頭裡生出來的；她最後替復仇女神主持這項公道，表示承認她們比她年高，也比她睿智。

如果只把這看做一種無情的交易，一種投桃報李的行徑，那就錯了。希臘宗教這時是絕對的眞誠，恐怕也最明智。復仇女神實在應該受到尊重，不應該隨便買通了事；說眞的，要買通她們也不可能（即使運用我們現代的鎭靜劑和安眠藥）；只有給她們應得的尊敬，才能安撫她們。她們是生活中比較黑暗的一面，不過卻跟另一面同樣神聖。老實說，要是沒有她們，根本就無法經歷到神聖。如果沒有懼怕的震悸和恐怖的戰慄，人永遠無法面對他自己或他的生命；他只會茫然漂流到虛無飄渺的勒普達境域。

伊斯基勒斯的悲劇是用古代的語言向我們說話，但是它的確說出來了，而且直截了當。我們是一種啓蒙思想的兒女，還願意保存那個思想；不過，要想做到這一點，必須和老女神簽好協定。人類理性若干世紀以來的進化，乃是人類最偉大的勝利之一，然而它還在繼續，還不圓滿，還待完成。跟理性主義的傳統相反，我們如今知道，人之爲人，不是因爲他的理性；應該說，理性是使他眞正做人的結果。因爲人的存在是個自我超越的自我；它把理性造成它的投射之一。這麼說來，人的理性特別具有人性（跟他的藝術和他的宗教初無二致），也值得推崇。在理性長期進化過程裡產生一切價值——在自由主義名下的一切知識、合理的人生觀等等——我們都苦心孤詣想要在近代世界的擾攘之中保留並發揚光大。然而，經過了二十世紀發生的這一切，難道還需要人家來說服我們：比起隱藏著的生命力量，這些合理的理想是多麼岌岌不保；而且就一個完整而具體的人來講，它們眞正代表的，又是多麼微不足道？在那一小部分和我們整體之間，我們必須成立工作協定；所謂協定，就需要妥協，雙方稍事退讓；特別是在這個情形下，啓蒙思想的理性主義不能不承認，它的光明的正中央同時也有黑暗。

理性如果否認復仇女神的存在，或是企圖玩弄手腕不讓她們存在，那將是理性的最後一著失誤——驕傲迷昏了頭，它竟變成正相反的非理性。否認人是煩惱多的生物並沒有任何好處，只會帶來更多煩惱。當然，我們或許能夠暫時躲開復仇女神；然而她們因爲由來久矣，比起想要取代她們的理性的意識，她們要早得多，因此她們可以靜靜伺機而動。而當她們攻擊的時候，很可能就從冒犯她們的東西下手。大家都知道，聰明人往往對他們自己看不到的人性暗處最迷糊，因爲他們的才智在別的方面太精明，反把那塊地方遮蓋了；把這種情形放大一千倍看，豈不就是輝煌的科學技術文明？它可能因爲自己斷了根的才智而闖下大禍。這麼看來，希臘悲劇智慧透過伊斯基勒斯戲劇而提出的解決方式，也許不如我們想像中那樣可怕：如果給復仇女神她們應得的地位，我們可能發現，她們並不像我們躲避她們的時候那樣和我們格格不入。事實上，豈止遠非格格不入，她們乃是我們的一部分，跟所有神祇和魔鬼一樣。因此，想要遺忘她們或是否定她們的存在，這個陰謀不過是近代社會企圖逃避自己的大規模、有組織的又一個把戲。

〈附錄二〉

否定、有限和人性①

最真實的莫過於空無。

——山繆・貝克特

海明威的《贏家一無所獲》（*Winneer Take Nothing*, 1933）裡面有一短篇小說，叫〈一處乾淨、明亮的地方〉（A Clean Well-lighted Place），很值得當代的哲學家深思。到快結束的時候，海明威讓他的主角——西班牙某地一家咖啡館的侍者——做如下的內心獨白：

把電燈關掉，他繼續自言自語……他怕什麼？這不是怕或懼。這是一種他了解太深的空無。一切都是空無，人也是空無。如此而已，需要的不過是明亮

①這篇論文曾經在一九五七年十二月二十九日，於美國哲學學會上宣讀。它討論經驗之中否定事物的意義，不談海德格；因此可以算是對第九章裡面討論到的問題更進一步的闡明。（作者註）

加上一點潔淨和秩序。有些人置身其中而不覺，但他知道一切都是空、空、空、空。我們在空無的空無，願你的名為空無，空無你的王國，你的意旨為空無中的空無，因為它是空無。賜給我們這個空無，我們的空無，如我們空無我們的空無，請莫空無我們到空無，要拯救我們脫離空無；空無。

空無，充滿空無，我問你安！空無與你同在。……

幾乎是唱和似地重覆空無，又褻瀆的把兩段傳統的基督教祈禱文改成空無的祈請，這可能會嚇壞一般讀者。事實上，這段文字經常引起老套的「虛無主義！」的大驚小怪——我們企圖藉著這個封號，把海明威報導的這種經驗推開。可是，看故事的前後文意，這段文字絕對不是故做驚人之筆；在節奏上和語調上，它都跟整個故事配合得十分完美，這個故事雖短（八頁）卻是海明威最好也最有勇氣的一篇，因爲出現在他早期多數作品裡面，卻不敢明言、不敢面對的東西，現在他說出來了。這一段文字只是點出一件完整藝術作品的故事所要表達的：海明威以及他的主角經歷到的東西——這東西跟咖啡館的燈光和陰影，還有裡面堅實的物件，桌、椅、和人體完全一樣眞實——乃是空無。

這一點可能使喜歡做哲學思維的讀者吃驚。這個空無眞的可以做爲論據用的一項事實嗎？什麼是經驗賦予的，什麼不是？——這是棘手的問題；可是，儘管今日的哲學家會承認這個問題比他們過去想像的更難回答，他們還是會峻拒海明威企圖呈現的那種經驗。賦予的是感覺資料，有些哲學家說；賦予的是知覺對象，別的說；然而無論他們之間如何爲這等事體爭論不休，他們最後會聯合起來，一致對付海明威在此作證的奇異而否定的東西。

他還是一個相當清晰的證人。一般人反對，認爲這一切都「不過是一種情緒」（好像情緒僅只是passions animae：照笛卡兒的說法，就是具存於靈魂裡的變化）。「這不是怕或懼，」他告訴我們。「這是一種他了解太深的空無。」怕和懼是情緒；然而故事裡主角討論到的不是一種情緒，而是一種他了解、並且了解得太深的東西。至於海明威故事裡的情緒，它絕非瘋狂、絕望、或「虛無」。相反的，它的語調嚴肅，顯然勇氣十足。

事實上，人類遭遇空無之際的情緒和反應，隨著不同的人和不同的文化而有很大的差異。中國道家覺得虛空使人安詳、和諧、甚至愉快。對印度的佛教徒而言，空無的觀念令人對在這個無根的存在中受苦受難的萬物，興起普遍的同情。在日本傳統文化裡，空無的概念充滿在各種優雅的美感形式，表現於繪畫、建築、乃至日常生活的儀式當中。可是西方人，因爲被東西、被外物包圍，又忙著駕馭它們，所以惶惶躲避任何和空無的可能遭遇，並且把對空無的討論冠以「消極」的封號——也就是說，是道德上值得非議的。這樣看來，顯然人類對這個空無的反應情緒，因爲時間、地點、和文化的制約而有差異；不過，我們這裡要討論的不是應該用什麼情緒面對空無，而是空無這個東西本身。

距今多年以前，胡塞爾提出一句箴言：「回到事物本身」(Zu den Sachen selbst)，籲請哲學家去接近經驗的源頭。要哲學家做到這一點很不容易：他們去經驗的時候，已具有太多思想上的成見。藝術家比較行。畢竟，這是藝術家拿了錢應該做的：留心經驗。如果海明威讀過海德格，或者假如他是沙特，根據某種思想的偏見來寫小說，那麼他在這裡的證辭就值得懷疑。然而海明威不是個有思想的知識分子，差得遠哩；他為自己鍛鍊出來的獨特風格——這個風格在寫這篇小說的時候還不很濫——是出於他一心想要忠實報導、想要為讀者說明真象、想要——套句胡塞爾的話——回到事物本身。他從一開始就是個信得過的證人。

自西方哲學的初期起，藝術家和思想家一直暗中對立。柏拉圖之譴責荷馬，其實是玄學的成份多，道德的成份少；柏拉圖自己也這麼承認。藝術家表現的真理，哲學家的概念結構無法把握。因此它在後者看來，不是真理，而是虛妄。（大家可能記得，在相當後期的對話錄《詭辯者》裡面，柏拉圖把詩人和詭辯者一起看成買賣「非存有」的販子。）話雖如此，哲學家還有另一條門徑可循：碰到藝術家提出令人頭痛的資料時，思想家可以讓自己重新思考，讓它更開放、更活潑的接觸藝術家提供的資料。如果拿海明威的小說和西方思想的主要傳統相抗衡，也許只是螳臂當車；可是我們碰到真正的經驗，就要把握住；經驗的眞實證人少得可憐，我們放棄不起任何一個聆聽的機會，即使我們不得不用生疏的方式去思想。傳統思想方式中的任何缺口——在此是有關否定的——都可能引領我們對那個傳統重新全面檢討。

I

在《形上學》(*Metaphysics*)第四章第七節裡，亞里斯多德列下了存有(Being；to on；that-which-is)的意義，其中包括：

（一）存有是由十種範疇劃分的存在物〔換句話說，存在物或是一種實體，或是（一種實體的）一種性質，或是（一種實體的）一種量，或是（實體之間的）一種關係，等等〕。

（二）存有是意謂一個命題的真假的東西。

中世紀的思想家（我相信他們對亞里斯多德的閱讀相當正確）根據這段文字來區分（一）ens reale，眞實存有，和（二）ens rationis，概念存有。（一）第一個名詞界說一個眞實的存在物，它具有眞正的、肯定的存在，好比世上的一件物——歸根結底，是一項基本實體或是它的種種特性或關係之一。（二）第二個意思包括的存在物，並不具備第一個意思那種眞實而肯定的存在。因此，如果我能對一個不存在的東西提出一個眞實的命題，那麼，在某種意義上它也具備存有，因爲它不是一個純粹的非存在物。「一個半人半馬的東西是半人、半馬的」這個命題是眞的；顯然一個半人半馬的東西是某種存在物，儘管它並不是眞正存在著。半人半馬這個存在物，至少可以對它提出一個眞命題。由於命題必須有心智去解釋才能存在，所以半人半馬是一個ens rationis——一個概念或心智的存在物。

根據這種區分，中世紀傳統把一切否定的存在物（包括privations：〔缺陷；或未具備的某種性質〕）都當成entia rationis，概念的存在物。聖湯瑪斯舉眼瞎做缺陷的一個例子。眼瞎不是一個ens reale；眼睛是眞的，長在眼睛上面而造成眼瞎的白內障或其他物質也是眞的；然而眼瞎本身這個「看不見」，只有當「這個眼睛不能看」的命題爲眞——也就是說，我們正好談到瞎子的時候，才是存在物。

或許另外一個說明可以使這個立場更加清楚有力。我把桌面上的東西，除了一個石做的鎭紙以外，統統挪開。桌子和那個石鎭都是眞的存在物，具有眞實而肯定的存在。於是，底下的命題是眞的：

(1)桌上有個石鎮。

如果我現在把石鎮從桌上挪開，下面的命題變成眞的：

(2)石鎮不在桌上，

或

(2')桌上的石鎮沒有了。

石鎮不在是個事實；然而它的意義不過證明前述(2)和(2')的命題爲眞。假使我竟開始在桌上摸索起來，想要把握這個「石鎮的不在」，那麼我在實際上、思想上都會變成大傻瓜。「石鎮沒有在桌上」是一個只存於心智中的存在物；我看到過石頭在桌上，我預料它在那裡而它不在，於是我想：石鎮如今不在桌上。

這一點憑常識就很清楚。這種思想方式由亞里斯多德在他的《形上學》裡奠定，後人承其衣缽，到十七世紀近代哲學的創立者仍舊以它爲藍本。如今西方人仍然在這個堅固而一致的傳統裡，思索存有以及它的否定（負面）。卡納普(Carnap)想要證明海德格的Das Nichts（空無）概念是來自一項語言的誤用，於一九三一年發表了一篇論文（〈透過語言的邏輯分析克服形上學〉）在《知識》(*Erkennis*)學誌上②，仍舊採用前段的論式；這是很值得注意的。卡納普利用邏輯的工具，然而他思想的主要方向跟聖湯瑪斯在《論存有與本質》開頭幾頁一模一樣。乍看之下，卡納普和聖湯瑪斯這麼接近，似乎不大可能，可是再一細想，也就沒什麼可以大驚小怪的了；畢竟，實證論屬於西方傳統，因此當它思索存有問題的時候，或是千方百計避免思索這個問題的時候，這思想和逃避都完全屬於傳統的產物。不過，由於實證論目不轉睛注視前景裡的瑣碎邏輯問題，因此它能夠讓這些先入之見沒入背景，使它們被淡忘，甚至否定它們的存在。

然而常識，無論多麼合乎邏輯、多麼正確，畢竟只是人類許多態度之一而已；而就像人類的一切東西，它可能有它的限度——**或否定的**一面。儘管把眞正存有完全劃歸肯定存在的傳統，聲勢浩大，我們還是必須用我們自己的經驗，透過現象學的方法，去驗證一下，就算我們的經驗卑下齷齪。

那麼，讓我們瞧瞧這個眼瞎的情況：

一個晴朗的早晨，有個人醒來眼睛瞎了。有一天我們出生，有一天我們死去；對某

---

②卡納普的這篇文章發表於《知識》學誌第二卷。年代是一九三二年。作者誤爲一九三一年。又，該文原題爲Überwindung der Metaphysik durch Logische Analyse der Sprache，常見的英譯名稱爲Elimination of Metaphysics through Logical Analysis of Language；中文比較適當的名稱應爲「透過語言的邏輯分析以解消形上學」。此一名稱，並無「克服」形上學之意（譯註）。

些人而言，有一天我們變瞎了。其實，我們也許不該說「有個人」。這個說法一開始就把這個人移到比較遙遠的客體界；他個人的存有一滴滴消散在那裡，就像遠處的一張臉龐，漸漸失去輪廓。我瞎，你瞎，這個人瞎。這樣好一點，因為它比較能表示這是發生在某個單獨的人身上。言歸正傳，這個人突然瞎了。他陷入黑色的無底洞，他的生命被一片漆黑吞沒。「不見」(non-seeing)已經落在他身上，比屋頂上的磚塊更厲害。他痛苦吼叫，在他的房裡跌撞顛躓。來了一個醫師，檢視他的眼睛。如果這位醫師以亞里斯多德、聖湯瑪斯、或卡納普的方式思維的話，他會說：這些眼睛是眞的，長在他眼睛上的東西也是眞的物質；然而眼睛的「不見」本身不是件東西，因此不是一個ens reale，一個眞正存在物。而要是醫師還懂拉丁文，或者這一位醫師略具莫里哀(Molière)的性格，他可能還會很自負的用安慰的口氣，套一句聖湯瑪斯的話：Caecitas non habet esse in rebus(盲目不具實際的存有)。我個人倒希望這個醫師來不及躲避瞎眼人的光火。他的話儘管充滿拉丁文的莊重，在人性上卻很輕佻；而人性上輕佻的東西，在哲學上也勢必有所偏差。

就哲學而論，這究竟是怎麼回事？就是說：在傳統的思想方式裡，裂開了一道鴻溝：一方是主體(subject)，另一方是客體(object)；一方視存有為現有之物(that-which-is)，是個肯定存在的客體，另一方則視存有為一個主體的存在模式；一方由外觀察瞎眼，另一方由內經驗眼瞎。對那個瞎眼的人而言，他的盲目可能是他生命中最眞實的存在——或者，更正確地說，是他生命中的esse或non-esse realissimum。

傳統到了這個時候，兩種觀念——否定性和主體性——已經大致銜接，而後者獲得的地位至多只是衍生的、可疑的。永遠站在外面尋找客體的那種思想模式，無法思考到主體的主體性。這裡所謂主體的主體性，和笛卡兒以來的近代哲學不堪其擾的「主觀論」（subjectivism）毫不相干。主體的主體性是宇宙之內的實在體（reality）。宇宙含有石頭、植物、動物、星球、星星——以及活過它們自己主體性的一切主體。

人類的有限，乃是存於人的存有裡面的**不**。無法了解否定（負面）存在的那種思想，必然也無法完全領會人類的有限。有限乃是人類限度的問題，而限度就是說我們**無法**做或**無法**是。然而，我們的有限不僅是我們各種限度的總合；應該說，人類的有限把我們帶到人的核心，肯定的和否定的存在碰頭，互相融匯，以至於人的活力和卑微、他的視覺和盲目、他的眞實和虛假、他的存有和非存有，合而爲一。而如果不了解人類的有限，便不能了解人性。

Ⅱ

傳統存有論（ontology）的發展一向和神學有關，而在西方的實際體制底下，神學就是護神論，爲上帝和祂的宇宙之完美辯護。古典的缺陷（privations）理論配合了這個歷史架構。事實上，它跟解決邪惡問題的努力攜手一致。這個萌芽於亞里斯多德的理論，一直要到後來的基督教亞里斯多德派才發揚光大，原因就在於此。如果邪惡的本性主要是否定的，是個privatio boni或善良的缺乏，又如果缺乏只具有概念的而不是眞實的存有，那麼邪惡就變成一個幻想的陰影，從上帝完美的宇宙消失。種籽從此播下，造成後來的傳統，利用高明的形上學把戲，把否定的存在變成昇華的或是中性的或是被揚棄的或是可消逝的東西。引起存有論上偏見的人性動機，在此可謂一目了然。

但是，後來這個偏見又成爲人性理論的主要基礎。假如我們今日拿亞里斯多德在《倫理學》（以及其他作品）裡面對人的討論、聖湯瑪斯的《論人》（*De Homine*）、笛卡兒的《論情慾》（*Treatise on the Passions*）、以及斯賓諾莎的論感情做爲這個傳統的代表，就可以看得出這幾位思想家的一貫性；他們之間的差異雖大，比起他們的一貫性來，簡直微不足道。對他們每個人來說，人是一個物，是自然物系中的一個物；並且，他還具有固定的本性或本質，使他在那個體系當中占有固定的一席之地，而體系儘管可能已臻完美，仍然需要仰賴上帝豐盛的存有。然則這些思想家一切討論人的文字，只是出色的思想對一種「客體」的本質推理的產品；至於面對自我的可懼經驗，這一切推理都不需要——事實上不著一點痕跡。即使他們只思維過而沒有生活過，寫出來的也會是一模一樣。對齊克果和尼采，至少我們不能這樣批評——當代思索人類之所以必須從這兩人開始，這大概是一項很好的理由罷。

唯心論似乎是這個主要傳統的一大例外，因爲它把主觀性帶進哲學裡，使它在西方思想中負起一個它前所未任的角色。然而唯心論介紹到哲學的「主體」只是認識論裡的主體，不是具象的人性主體；換句話說，這是心智以及它受到限制的形成概念和體系的條件，不是處於極端有限存在的具體的人。於是唯心論最後變成了**客觀的唯心論**，這個形容詞表示，終極的討論目標又是物性，是ens不是esse。唯心論和唯物論的基本差異仍舊沒有變；只要勝過對方，並發見客體的本性是心智不是物質，它就心滿意足。表面上看來，黑格爾討論否定性和有限性，遠超過他以前的任何一個哲學家；至少他炫耀過這些名詞。但僅止於炫耀。黑格爾其實是古典傳統最傲然的代言人，因爲任何東西，只要是否定、破碎、不全、殘缺——一言以蔽之，只要是人性的——到了他的體系裡面全都變了形，納入絕對者的血盆大口中。黑格爾投射出來的人類意象也許經過美化，不過，它也是對我們眞正人類經驗的一種歪曲，因此，結果是一種侮蔑。

也許有人會說，這個傳統顯然已經不再得勢；我們生活在非玄學的時代，何必枉費心機？然而，思想的習慣很難革除，會透過各種奇怪的變形，保存它們的身分。那些把人解釋爲一種物(object)的哲學家，在這一點上卻能破除一切哲學藩籬，目標一致。因此，據說有些耶穌會教士竟和鐵幕裡面的共黨哲學家會合，以便在馬克斯主義和湯瑪斯學說之間求得一種友善的關係。當然，雙方私下都以爲自己會吞沒對方；不過，值得注意的是，共產黨容得下聖湯瑪斯之處，正是齊克果被逐出教門的原因；這些共產黨哲學家反對以哲學的方式討論人的主體性，認爲這是中產階級腐化的症候。鐵幕外的美國呢，現在流行的是從行爲科學的觀點解釋人類，借重**科學的客觀性**：人不再像古典傳統裡面那樣，被化簡爲形上學的對象，而是成爲科學的對象。十九世紀的自然主義企圖把人當做物理化學的對象；到了本世紀，因爲自然思想日益精細而富於彈性，我們接著又把人當做生物學對象、生物社會學對象、人類學對象；而今，在年輕一代的自然主義者眼中，人成了一種精神分析學的對象。

基於兩點理由——一是實際的，一是原則的——我反對以行爲科學的觀點來解釋整體的人。第一，這些科學目前還很幼稚，十分欠缺可靠的一般結論。如果我們恪守科學良知的要求，限制自己只能運用這些科學現在能夠提供的**可靠**結果，那麼我們只能認識到人的極小一部分。我們一方面切盼這些科學能夠發展，在這同時，我們必須生存，也就是說，我們必須接受某種「人者何也」的概念來指導。正如安德烈・馬霍指出的，每一個時代都把它自己的人類意象投射在它的藝術裡；就算它沒有藝術，它仍舊依賴這個意象而生存，這個意象偶然也表現出來，但多半是隱藏著的。假如哲學家把哲學人類學的任務拱手交給行爲科學，這並不表示他缺乏整體的人類意象，而只是說，那個意象很可能是無意識的。今天，哲學家在討論人類問題，例如倫理學之際，儘管他們的討論顯然只限於價值陳述的邏輯分析，我認爲其中總找得出他們對人性的預先假想，隱藏在分析之中。

反對行爲科學觀點的第二項理由，原則上的理由，乃是這些科學勢必永遠有所欠缺。我們現在已經確知數學——最嚴謹的科學——的不完備性；當然可以料到，像行爲科學之類模糊錯綜的雜牌東西（還算不得系統），永遠不可能完備；因此，它們絕對無法把握住整體的人。想要完全從這些科學的觀點來解釋人，這種企圖的基本性質註定是採取還元論的（或譯化約論）。

眞的，就連用意最好的社會學家和人類學家，也難免不小心落入這種還元論——我們只消看他們對比較複雜的社會存在體（例如美國文化，它的意義是我們自己主體性的一部分）就可以了然於胸。原始的人，如果能夠閱讀人類學家對他們的說法，恐怕同樣很難認出他們自己。事實上，如果行爲科學家討論的原始民族，已經到了產生偉大藝術的水準，例如貝寧(Benin)和斑圖(Bantu)的雕刻，那麼這個問題就更形嚴重。這些原始藝術家已經佔有一處存有的領域，我們唯有以藝術的身分才能進入；我們如果只在它的門牆之外一味把物體、人工製品、各種材料加以系統的分類，那就休想了解其意義。人類唯一企圖了解整個人格的科學，是精神分析學；千萬不要把這門學問和它可疑的鄰居——學院心理學——混爲一談，因爲後者把自己囿限在人類存有的一小部分。然而，學派分歧最多的就是精神分析學，而且它目前爲了基本原則的問題，正經歷著最嚴重的危機；這個危機最後必須由哲學來評價，因爲它的論題是哲學的，其中最主要的一個，就是發生在弗洛依德、艾德勒和榮格之間；人類主體性的本質和範圍的問題。

不過，比哲學家標舉的任何人類理論更重要的，乃是歷史時代賴以發展並完成它的命運的眞正人類意象。這種人類意象有一部分可能得自哲學家的理論，但它通常總是歷史力量的產物；而歷史力量因爲如此龐然，所以常是不自覺的。群衆社會和集體組織是我們這個時代最重要的現象，政治形式和政治領袖之間的一切衝突，莫不根源於此。集體化的方法是把人化簡爲物，和其他的物（人）交互作用，使他回到原始的地位，做一個受到利用的自然物（這可以說是很大的諷刺，因爲歷史早就把他和自然物分家了）。集體存在變成了我們這個時代的習尙，儘管禮拜天早晨我們嘴上還在恭維個人尊嚴和價值的理想。在集權主義（我們自己的無知造成的病瘤）之下，主體性已經被我們這個時代的腓利斯丁視爲形同犯罪的冒瀆，一種可怕的贅疣。冒著如此可怕的歷史天候，那個主體性表現出人類尊嚴的反抗；否定的實在表現在人類說**不**的力量之中。

存在和分析哲學家

實證主義和分析哲學(Analytic Philosophy)的嚴格主張之一便是：存在(existence)不是一個眞正的述詞(predicate)；不過，最近有些地方又開始檢討這個問題。這個問題的確值得分析哲學家重新注意；爲此，我們很可以從康德在《純粹理性批判》(*Critique of Pure Reason*)裡對這個問題的看法開始——這個古典的看法，對後來大多數近代哲學家，似乎具有決定性的作用。

「存有，」康德說，「顯然不是一個眞的述詞，也不是可以加諸某物概念的某種概念。」就是說：如果我想到一件事物，然後設想同一事物存在著，則我第二個概念對第一個並不能增加任何可察見的特性，因此——就其概念的或嚴格表現的內容而言——在兩種情形下，我都是想著同一個思想。存在著的事物和僅僅可能的事物，就其性質而論，是同一件事物，在此康德舉了一個例子，跟他的一般原則差不多同等著名：他告訴我們說，一百元眞正鈔票的概念和一百元可能鈔票的概念，就其爲概念而論，是同一的——哪一個也不比另一個多一分或少一分。這麼說來，概念本身無所謂存在不存在，它是中性的。

這位偉大的思想家常常坦率舉出令他自己立場尷尬的例子，就像以上這個。我們不妨稍加討論。因爲他在這裡選擇了一個最明顯的存在式說明——至少對我們多數人來講如此。我們總有過這種經驗：把手伸進袋裡，意外的發現阮囊羞澀，因而感到眞正的錢和可能的錢之間，相去不啻天壤。康德坦白承認這項事實：「在我的經濟狀況下，」他說，「一百塊錢當然比它們的概念爲多。」但是爲什麼對這個現世的事實讓步得這麼勉強？幾乎是寫在一個偶然的註腳裡，好像錢跟個人的經濟狀況，只有偶然的關係，並不能使我們因爲袋裡有它存在而闊一點，或因爲缺它而窮一點。升斗小民爲帳單所苦，深知一百元僅僅可能的鈔票（他可以夢想）和一百元眞正的鈔票（他張羅起來才難呢）之間的不同。他們聽到康德的平凡例子，可能會生氣說，如果在哲學家的概念裡，眞正的一百塊錢和僅僅可能的一百塊錢之間並無軒輊，那麼哲學家的概念豈不大糟！這種人性的還嘴，似乎也有它的哲學深度呢。

可是，從《批判》書裡對一個眞正合法概念的要求，我們就很容易能了解康德的論點。這種概念必須能夠根據想像的先驗圖式(schema)表現出來：概念（如果不是空洞的）必須連接一系列的心像，而心像的來源則是一系列的感官經驗。康德的先驗圖式理論，是把一種概念本質的觀點加以系統化；那種觀點由於柏克萊(Berkeley)著名的反對「抽象觀念」而出現在英國經驗論裡，經過休謨傳到康德。這裡的概念，其實是一種感官經驗的一種心像——直接或間接透過一個合乎邏輯，而本身就是這種心像的連鎖概念構成。在這種意義上，當然我們必須同意康德的說法：我們無法有任何事物的存在心像。形成一張桌子的概念時，我可以向自己描摹出它的顏色、大小、形狀等等，卻描摹不出它的存在。這一切顏色、大小、形狀等等，是近代哲學家所謂可察見的性質；桌子的存在不是一種可察見的性質。當然，如果沒有眞正存在的桌子，我們就無法感覺到這些可察見的性質，更不能從後者在心裡形成一個不分眞正或可能桌子的桌子意象。但是，這個事實卻是像遭到遺忘、滿心不悅的鬼魂，躲在整個康德討論的背後，在《批判》裡面其他地方造成難題，最後把康德帶到絕境：無法對外在世界的實在性提供任何證明。——康德自己說，這是哲學的醜聞。

這麼說來，康德所謂「存在不是一種述詞」的理論，乃是他的哲學中比較明顯的經驗論的一面，也是康德學說裡十分重要的一面；它對後期實證主義和實用主義的影響，有時超出實證主義者和實用主義的記憶。再者，他這時的靶子很清楚——哲學家做哲學爭論的時候，必須明白他眞正的目的何在，以免這個爭論迷失在它洋洋灑灑而無關痛癢的辯證裡：康德想要不讓存在做爲一種述詞，以便推翻證明上帝存在的論證。後期經驗論者和分析家追隨他這個主張的時候，他們的目標也類似，只是更廣泛：就是要把形上學整個兒推倒；因爲，如果存在是個空洞的概念，則討論存在的形上學家便是在講廢話。誠然，哲學家曾經說過許多討論存在的廢話；而把它揭露出來，也是值得稱許的事。可是我們犯不著因此走上極端，在普通語言和一般人身上出氣，而不准他合法使用「存在」一詞。

不僅此也：我們可以接受康德的主張，然後採取和經驗論者十分不同的用法。齊克果便是如此。他同意康德，認爲存在不是一種概念（或述詞），不過他的觀點和經驗論者正好相反。對經驗論者來說，存在不是一種概念，因爲它太空洞太稀鬆，以致最後認爲它毫無意義；在齊克果眼中，我的存在不是一種概念，因爲它太濃密、豐盛、而且具體，任何心像都不足以表達。我的存在不是一種心理概念，而是一個我渾身置於其中的事實。在那個大鏡殿——康德式的心靈及其一切表象——裡，我的存在意象永遠無法完全出現在那些概念鏡子當中的任何一個，因爲它是包圍那一切鏡子的東西；沒有了它，那些鏡子都不能存在。人——眞正的人，而不是僅屬可能的人——跟他們自已存在的關係，和悟性之追求一個心理概念，兩者大相逕庭：隨著心情的歡樂或失望，他們會感謝或咒詛他們自己的存在。哈姆雷在焦慮之極的時刻，提出「生存，或不要生存」的問題，這時候，他和他自身存在之間的關係，絕非領悟和觀念之間的關係。齊克果此時的目標和康德的同屬完全確定，不過，它對哲學的涵義卻完全相反：**如果存在不可能是一種概念，則顯然它不能被化簡爲本質，也不能說本質先於存在**。齊克果的直接攻擊目標當然是黑格爾派，因爲他們認爲存在是辯證法裡面的一個階段，企圖藉此把它化簡爲本質；然而他爲存在的打抱不平，遠超過這個直接的靶子。事實上，這使得西方哲學的柏拉圖傳統受到質疑。後者一向把存在當做本質的一種模仿、一種參與、甚或一種墮落。齊克果在此指出這項辯論背後眞正意義重大的問題：最後的問題不在於我們把「存在」弄成我們語言裡一個合法的屬詞（事實上哪一種方式都行）；眞正有關係的，是我們如何處理存在：我們是公平的把它當做基本、不可化簡的事實，還是設法把它轉成本質的模糊替身？

I

在這一點上，柏拉圖的遺產十分微妙而根深柢固的被維護在西方思想裡，因此它的存在即便是不自覺的，仍然可能具有勢力；一個明顯的例子是羅素(Bertrand Russell)，那時正當他存心甩掉他早期思想中的柏拉圖主義之際。羅素大大加強了康德的主張：在他看來，「蘇格拉底存在」這個命題毫無意義，因爲根據他在《數學原理》(*Principia Mathematica*)的形式語言，這種表式在語法上根本找不到對應的形式。可是，實際上，「蘇格拉底存在」這個陳述句十分可懂；人人不但懂得它的意思，並且自西元前三九九年（蘇格拉底飲毒）以來，還知道它是謬誤的。無論如何，這是羅素需要克服的障礙。爲此，他容許這樣的陳述句代替原來的句子：(Ex)(x= Socrates)，翻譯起來就是：「有這麼一個個體，其專有名稱爲蘇格拉底。」(There is an individual whose proper name is Socrates)

在此，努力避免用存在做賓詞的結果，我們得到一個可疑的相近說法：「有」(there is)。存在顯然是一種相當不容易擺脫的東西。羅素的手腳開始顯得像丑角的老把戲：他拚命想甩掉黏在右手的一張捕蠅紙，不成，於是坐下來捺著性子用左手把它剝下來；最後，他舉起空空的右手，臉上露出幼稚的歡欣；在這同時，觀眾看到捕蠅紙如今黏在他的左手上。

既然「有」(There is)還保留在他的語言裡，羅素必須爲存在的意義找一個解釋；於是他大膽迅速——並且頭腦簡單的——接著做下去，抽絲剝繭之後，我們得其精要：所謂存在就是滿足了某一個命題函數；這裡的「滿足」，跟我們在數學上說一個方程式的根存在——也就是說，滿足那個方程式——的意思一樣。而且這不僅是用來做一個說明的範例；正好相反，羅素告訴我們，「這是『存在』的基本意義。其他的意義若不是由此衍生，便是思想的混淆。」羅素這個「人」可曾相信他的存在和方程式的根的存在沒有兩樣嗎？我不以爲如此；然而這位大概是我們當代最負盛名的科學家居然發表這種見解(並且在哲學圈裡這種見解廣受接受)，顯示出我們這個時代——至少這個時代的分析哲學家——不知不覺已經誤入「勒普達王國」相當深了。

羅素此時的語言和柏拉圖的不同，可是思想的脈絡卻完全一樣。存在，柏拉圖說，只是觀念或本質的一個複製品、近似物。特殊事物之存在必須在某種程度裡盡有或滿足它們的觀念原型。羅素則說，存在是去滿足一個命題函數，正如某個數字可以滿足某個等式。在這兩種情形裡，存在都被視爲自本質衍生而來。存在物靠著本質而存在。

維根斯坦（Wittgenstein）步羅素之後，思想更爲大膽、更爲嚴厲；他抗議說，羅素在《數學原理》裡面的語言，未能好好把存在逐出邏輯之外。這種語言不僅容許未加制限的存在運符，而且在（Ex）（x=x）——意爲：「有一個東西等於它自己。」——還是分析上的眞理。維根斯坦覺得，邏輯應該不能做這麼一個陳述句——更別說它是一個分析上的眞理。一個注意邏輯之純粹的人認爲邏輯，純粹邏輯，必須和存在以及眞實世界毫無瓜葛；維根斯坦既是這樣的人，當然可以這麼主張。然而他又千方百計想把「有」（There is）排出邏輯之外。他認爲，假設我們有一個世界，其中一切原子事實適當的一一加以辨識，那麼，我們就只須講「a是p」或「b是p」或「c是p」等等（這裡a，b，c是專有名詞，p是可察見的性質），而不必降尊紆貴去說「有一個是p的x」，因爲這只是某種確定陳述的籠統代用品而已。不幸——也許對我們這些存在著的人類而言是大幸——這種事事分得精細，各有適當分類的世界，只是邏輯家的夢想，和我們實際生存其中的眞正世界沒有一點關係。（甚至在數學中，也有充份的理由證明維根斯坦的理論無法採行。）維根斯坦這些早期的理論目前早已被分析哲學家拋棄；可是他居然非要把「有」（There is）詛咒出邏輯之外，這顯示出我們在羅素那個例子裡見到的：存在確實是牢不可拔的東西，連純粹邏輯家都難以擺脫。

Ⅱ

現在，我們要加重康德原先的困難，或者說是爲了探其源本，從「有」(There is)轉到簡單的連綴動詞 is，並且試問這個簡單的動詞做爲連綴動詞之際，是否不具有存在的含義。康德認爲 S is 這個說法沒有意義，而 S is P 則可以接受。但是，設若 S is P 裡面的 is 不僅是連綴述詞和主詞的記號，也還意指某種存在，則又如何？康德根本沒有發揮問題的這一面。近代的數學邏輯在述詞運用裡取消 is，通常代以括弧——於是 a is P 成了 P(a)——而後面這種句型暗示出，普通語言的 is 不過是個輔助的符號，它的意義僅止於用爲述詞形式符號的括弧。可是，這還不能確定普通語言裡的 is 只具這個意義；說真的，如果我們查查牛津字典，就會發現在動詞 to be 底下列了六個意思，然後才說到它是簡單的連綴動詞！當然，在形式邏輯家眼中，這只是歷史用法的蕪亂事實，對哲學了解沒有什麼特別的意義；然而，我們既是在此討論蕪亂的存在事實，至少可以在表面上把這個歷史用法事實，當做和邏輯家的形式結構一般重要。

取消連綴動詞的努力，從早期實證論一件著名的事例可見一斑。討論的是基本觀察語句（這次的原動力又是來自維根斯坦）：如果我們不說「這張桌子是棕色的」，而用「此時此地一塊棕色」來報告那件應該是比較基本的資料，我們就剷除了連綴動詞 is。

有了足夠的這一套基本觀念陳述語句（protocol statement），再加上形式邏輯的工具（它不用連綴動詞 is），我們便能夠討論我們的經驗世界，而避免玄學上的無稽之談。這在過去都附身在動詞 to be 的身上，並且由於後者的偶然用法，使哲學家抓住機會大談存在的意義。至少，這是早期實證論的看法。

其實，問題不在動詞 to be 神聖不可侵犯的性格；如果把它拋棄了有濟於事，我們也很願意那麼做；不過，在這麼做之前，我們必須確定不再找另一個動詞形式來擔任它的工作。就這最後一點來說，「此時此地」是個嫌疑極大的說法；因爲我們不可能找到一個說法，更活生生的表現出存在。既是如此堅持時間性，顯然跟存在有關。如果想消除任何存在的關係，就必須消除動詞的時式。所以在 P(a)——讀如 P of a——的邏輯形式裡，這個說法在時間上是中性的，或說是沒有時間限制；Brown (this table)——「這張桌子的棕色」——並沒有告訴我們它現在是、過去是、抑或將來是棕色；然而 This table is brown 卻指出這張棕色的桌子是現存的事實。在俄文和希臘文這類語言裡，代表 to be 的動詞，如果用做現在式的連綴動詞，也可以省略；不過，它所以可能省略，是因爲時式明明白白；在別的時式裡，代表 to be 的動詞必須用上。

利用時間上中性的數字記號來表示時間，似乎可能消除「現在過去未來」。說「在十點鐘」並不等於說十點鐘是過去、現在、或未來。這麼看來，實證論要超越它早期原始觀察句式的階段，下一步將是指定述詞爲「時空坐標」(Space-time co-ordinate)：不說

「此時此地一塊棕色片」，因爲它顯然具有現在的和存在的意思；我們改說Brown (x, y)——「在時空交點X、Y上的一塊棕色片。」時間的數字記號把動詞的時式抽取出來。於是，我們似乎獲得一個完全屬於非存在性質的語言，由純粹的名詞和形容詞構成，沒有任何動詞。

然而這個主張若要行得通，必須有固定的各點，在一個絕對牛頓式的時空裡，完全不經那些時空點上的事件或眞實形體而獲得認識。可是，在實際上，我們卻總得製造能配合某些存在中的形體（地球、太陽等等）的物體空間坐標；能配合某些實在的事件的時間坐標，因爲它們既是實在的，那麼不是過去，就是現在，或是未來。如此說來，一種純由名詞和形容詞組成的語言，要向具有眞正動詞的語言借用它仍舊保存的一切時間意義。然而眞正的動詞具有時式，因此跟時間大有關係；既然跟時間有關，那麼跟存在的關係也就無可避免了。

Ⅲ

總而言之：存在是否爲一種述詞的問題——自康德以來的近代哲學家一直辯論不休——隱藏著哲學上另外一個歷史意義更爲重大的問題：存在和本質，以及它們之間關係的問題。大多數否認存在是一種眞正述詞的哲學家，是因爲他們喜愛本質的靜態，不受時間約束的自我同一性，於是認爲存在是由本質衍生而來的空幻東西。企圖超越存在這個基本事實的努力，如上所見，可分三種形式：其中最輕微的可能是否認存在：其次是把存在的用語 There is 逐出合乎邏輯的語言領域；第三種則把動詞 to be 的意義化簡到僅止於做爲連綴動詞，做爲象徵主詞和述詞之間已經連接的一種輔助記號。就因爲這最後一種，把我們帶到整個問題潛藏的根本：to be 的意義。

這個動詞以及它的時式跟存在有重大的關係。在這一點上，to be 是動詞中的動詞，因爲它表達出來的基本事項，使動詞成爲動詞：它表達出時間——過去、現在、未來——的純粹事實，而無須附加任何第二種可察見的動作。不過，令人困惑的是：在某種用法裡，to be 這個動詞會失去它重要的時間性。我們說 7 is a prime number（質數）；如果說 7 was a prime number 或 7 will be a prime number 就不知所云了。現在式在此成爲時間性的變質。邏輯偏偏採取這個變質的例子—— is 失去了一切時間性的意義，而僅僅成爲連綴動詞——做爲主要用法，從而了解 to be 的一切其他意義。

我們的論點最後轉到動詞的時式，認爲時間和時間性是無法推翻的存在特性。——這並不足爲奇：事實上，它把我們帶到這個問題的歷史源頭：回到柏拉圖：對他而言，從本質衍生出來的存在，是逃避時間、進入永恆的人類投射。當然，近代的分析哲學家缺乏柏拉圖的本體界——因為他們是反形上學家。但是，柏拉圖主義——做為永遠視本質高於存在的那種思想模式——儘管堂而皇之從前門逐出，卻必然偷偷摸摸從後門爬回來。只要邏輯在哲學裡當權，只要邏輯的心智高坐人類功能系統中第一把交椅，則理性似乎難免迷戀靜態的、自我一體的本質，而存在乃成為幻想虛空的東西。鑑之歷史，俯拾皆是證據。人若是運用邏輯，就很可能忘卻存在。而偏偏他必須先存在，才能運用邏輯。

內文簡介：

介紹存在主義的代表作

《非理性的人》一書之內容論述，公認是對存在主義哲學所作的最佳定義與說明。存在主義也因本書之出版而傳入美國。作者白瑞德流暢的文筆直指一九九〇年代關心的課題：在這個時代，非理性和荒謬仍舊跟以前一樣，沒有整合；人類更加岌岌可危——可能還沒有搞清楚自己存在的意義，就毀滅了自己的存在。

《非理性的人》首先從藝術以及奧古斯丁、阿奎那、巴斯噶、波特萊爾、布雷克、杜斯妥也夫斯基、托爾斯泰、海明威、畢卡索、喬哀斯、貝克特等人的作品討論存在主義。中心部分解釋四位重量級存在主義者——齊克果、尼采、海德格、沙特——的觀點。全書對存在主義定義清晰明白，令人讚嘆，也對它的影響做了高明的詮釋。

《非理性的人》於一九五八年首次將歐洲存在主義完整地引入美國，讓學院裡枯燥的知識，靈活生動地呈現給大衆，因此對想要眞正了解存在主義的讀者來說，可說是一本最完備的書。

作者：

威廉・白瑞德

威廉・白瑞德（William Barrett）出生於一九一三年十二月，卒於一九九二年。一九三八年獲哥倫比亞大學哲學博士，歷任伊利諾大學、布朗大學及義大利羅馬大學的哲學教席，一九五〇年起進入紐約大學執教。重要著作包括《何謂存在主義？》（*What is Existentialism?* 1947、1964）、《非理性的人》（*Irrational Man*,1958），主編 *Zen Buddhism*（1958），並且是《二十世紀的哲學》（*Philosophy in the Twentieth Century*, 1961）一書的共同編輯。

譯者：

彭鏡禧

美國密西根大學比較文學博士，主要研究領域爲莎士比亞及文學翻譯。現任台大外文系教授。

校對：

刁筱華

專業校對。

C. G. Jung 榮格對21世紀的人說話

發現人類內在世界的哥倫布

榮格早在二十世紀即被譽為是
二十一世紀的心理學家，因為他的成就
與識見遠遠超過了他的時代。

榮格（右一）與弗洛依德（左一）在美國與當地學界合影，中間爲威廉·詹姆斯。

人及其象徵：

榮格思想精華
Carl G. Jung ◎主編
龔卓軍 ◎譯

中時開卷版書評推薦
ISBN: 978-986-6513-81-7
定價：390元

榮格心靈地圖

人類的先知，
神秘心靈世界的拓荒者
Murray Stein◎著
朱侃如 ◎譯
中時開卷版書評推薦
ISBN: 978-986-360-082-4
定價：320元

榮格·占星學

重新評估榮格對
現代占星學的影響
Maggie Hyde ◎著
趙婉君 ◎譯

ISBN: 978-986-360-183-8
定價：380元

導讀榮格

超心理學大師
榮格全集導讀
Robert H. Hopcke ◎著
蔣韜 ◎譯

ISBN: 978-957-8453-03-6
定價：230元

榮格：思潮與大師經典漫畫

認識榮格的開始
Maggie Hyde ◎著
蔡昌雄 ◎譯

ISBN: 987-986-360-101-2
定價：250元

大夢兩千天

神話是公眾的夢
夢是私我的神話
Anthony Stevens ◎著
薛絢 ◎ 譯

ISBN: 978-986-360-127-2
定價：360元

夢的智慧

榮格的夢與智慧之旅
Segaller & Berger ◎著
龔卓軍 ◎譯

ISBN: 957-8453-94-9
定價：320元

心理學與哲學思考

羅洛·梅 Rollo May

愛與意志：羅洛·梅經典

生與死相反，
但是思考生命的意義
卻必須從死亡而來。

ISBN:978-986-360-140-1
定價：420元

自由與命運：羅洛·梅經典

生命的意義除了接納無
可改變的環境，
並將之轉變為自己的創造外，
別無其他。
中時開卷版、自由時報副刊
書評推薦
ISBN:978-986-360-165-4
定價：360元

創造的勇氣：羅洛·梅經典

若無勇氣，愛即將褪色，
然後淪為依賴。
如無勇氣，忠實亦難堅持，
然後變為妥協。

中時開卷版書評推薦
ISBN:978-986-360-166-1
定價：230元

權力與無知：羅洛·梅經典

暴力就在此處，
就在常人的世界中，
在失敗者的狂烈哭聲中聽到
青澀少年只在重蹈歷史的覆轍。

ISBN:978-986-3600-68-8
定價：350元

哭喊神話

呈現在我們眼前的....
是一個朝向神話消解的世代。
佇立在過去事物的現代人，
必須瘋狂挖掘自己的根，
即便它是埋藏在太初
遠古的殘骸中。

ISBN:978-986-3600-75-6
定價：380元

焦慮的意義：羅洛·梅經典

焦慮無所不在，
我們在每個角落
幾乎都會碰到焦慮，
並以某種方式與之共處。

聯合報讀書人書評推薦
ISBN:978-986-360-141-8
定價：420元

尤瑟夫·皮柏 Josef Pieper

二十世紀最重要的哲學著作之一

閒暇：一種靈魂的狀態 誠品好讀重量書評推薦

Leisure, The Basis of Culture
德國當代哲學大師經典名著

本書摧毀了20世紀工作至上的迷思，
顛覆當今世界對「閒暇」的觀念
閒暇是一種心靈的態度，
也是靈魂的一種狀態，
可以培養一個人對世界的關照能力。

ISBN:978-986-360-107-4
定價：280元

生活哲思—新文明生活主張

孤獨
最眞實、最終極的存在
Philip Koch ◎著
梁永安◎ 譯
中國時報開卷版書評推薦

ISBN:978-957-8453-18-0
定價：350元

孤獨的誘惑
(原書名：孤獨世紀末)
Joanne Wieland-Burston◎著
宋偉航◎譯
余德慧◎導讀
中時開卷版、聯合報讀書人
書評推薦

ISBN:978-986-360-114-2
定價：280元

隱士：
照見孤獨的神性（第二版）
Peter France◎著
梁永安◎ 譯
聯合報讀書人、中時開卷
每周新書金榜

ISBN:978-986-360-115-9
定價：360元

魯米詩篇：
在春天走進果園
伊斯蘭神秘主義詩人
Rumi以第三隻眼看世界
Rumi◎著
梁永安◎ 譯

ISBN:978-986-360-171-5
定價：390元

靈魂筆記
從古聖哲到當代藍調歌手的
心靈探險之旅
Phil Cousineau◎著
宋偉航◎ 譯
中時開卷版書評推薦

ISBN:957-8453-44-2
定價：400元

四種愛：
親愛・友愛・情愛・大愛
C. S. Lewis◎著
梁永安◎ 譯

ISBN:978-986-360-201-9
定價：250元

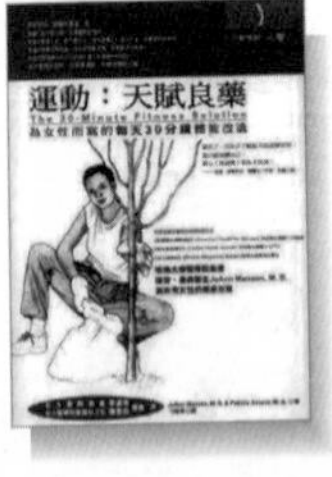

運動：天賦良藥
為女性而寫的每天
30分鐘體能改造
Manson & Amend ◎著
刁筱華◎譯

ISBN:957-0411-46-5
定價：300元

愛情的正常性混亂
一場浪漫的社會謀反
社會學家解析現代人的愛情
Ulrich Beck
Elisabeth Beck-Gemsheim◎著
蘇峰山等◎ 譯

ISBN:978-986-360-203-3
定價：400元

內在英雄
現代人的心靈探索之道
Carol S. Pearson◎著
徐愼恕・朱侃如・龔卓軍◎譯
蔡昌雄◎導讀・校訂
聯合報讀書人每周新書金榜

ISBN:978-986-360-146-3
定價:350元

生活哲思一新文明生活主張

提倡簡單生活的人肯定會贊同畢卡索所說的話：「藝術就是剔除那些累贅之物。」

小即是美

一本把人當回事的經濟學著作
E. F. Schumacher ◎著

中時開卷版一周好書榜
ISBN: 978-986-360-142-5
定價：350元

少即是多

擁有更少 過得更好
Goldian Vandn Broeck◎著

ISBN:978-986-360-129-6
定價：390元

簡樸

世紀末生活革命
新文明的挑戰
Duane Elgin ◎著

ISBN :978-986-7416-94-0
定價：250元

靜觀潮落:簡單富足/生活美學日記

寧靜愉悅的生活美學日記
Sarah Ban Breathnach ◎著

ISBN: 978-986-6513-08-4
定價：450元

美好生活

我們反對財利累積，
反對不事生產者不勞而獲。
我們不要編制階層和強制權威，
而希望代之以對生命的尊重。
Helen & Scott Nearing ◎著

ISBN:978-986-360-202-6
定價：400元

倡導純樸，
並不否認唯美，
反而因為擺脫了
人為的累贅事物，
而使唯美大放異彩。

中時開卷版一周好書榜

德蕾莎修女：一條簡單的道路

和別人一起分享，
和一無所有的人一起分享，
檢視自己實際的需要，
毋須多求。

ISBN:978-986-360-204-0
定價：280元

115歲，有愛不老

一百年有多長呢？她創造了生命的無限可能

27歲上小學
47歲學護理
67歲獨立創辦養老病院
69歲學瑜珈
100歲更用功學中文……

宋芳綺◎著
中央日報書評推薦

ISBN:978-986-6513-38-1
定價：280元

許哲與德蕾莎
修女在新加坡

國家圖書館出版品預行編目(CIP) 資料

非理性的人：存在主義研究經典 / 威廉・白瑞德(William Barrett)
著; 彭鏡禧譯 -- 二版 -- 新北市新店區：立緒文化, 民102.09
384面 ; 14.8×21公分. -- (新世紀叢書)
譯自：Irrational Man: A Study In Existential Philosophy

ISBN 978-986-6513-84-8 (平裝)

1. 存在哲學

143.46　　　　102018329

非理性的人：存在主義研究經典

Irrational Man: A Study In Existential Philosophy

出版——立緒文化事業有限公司（於中華民國 84 年元月由郝碧蓮、鍾惠民創辦）
作者——威廉・白瑞德（William Barrett）
譯者——彭鏡禧

發行人——郝碧蓮
顧問——鍾惠民

地址——新北市新店區中央六街 62 號 1 樓
電話—— (02) 2219-2173
傳真—— (02) 2219-4998
E-mail Address —— service@ncp.com.tw
劃撥帳號—— 1839142-0 號 立緒文化事業有限公司帳戶
行政院新聞局局版臺業字第 6426 號

總經銷——大和書報圖書股份有限公司
電話—— (02) 8990-2588
傳真—— (02) 2290-1658
地址——新北市新莊區五工五路 2 號
排版——伊甸社會福利基金會附設電腦排版
印刷——尖端數位印刷有限公司

法律顧問——敦旭法律事務所吳展旭律師

分類號碼—— 143.46
ISBN —— 978-986-6513-84-8
出版日期——中華民國 90 年 8 月初版 一刷（1 ～ 2,500）
中華民國 102 年 9 月～ 110 年 3 月二版 一～八刷（1 ～ 5,700）
中華民國 113 年 6 月二版 九刷（5,701 ～ 6,400）

定價◎ 380 元（平裝）

大都文化 閱讀卡

姓　名：

地　址：□□□

電　話：(　　)　　　　傳　眞：(　　)

E-mail:

您購買的書名：________________

購書書店：________市（縣）________書店

■您習慣以何種方式購書？

□逛書店 □劃撥郵購 □電話訂購 □傳真訂購 □銷售人員推薦
□團體訂購 □網路訂購 □讀書會 □演講活動 □其他________

■您從何處得知本書消息？

□書店 □報章雜誌 □廣播節目 □電視節目 □銷售人員推薦
□師友介紹 □廣告信函 □書訊 □網路 □其他________

■您的基本資料：

性別：□男 □女　婚姻：□已婚 □未婚　年齡：民國______年次

職業：□製造業 □銷售業 □金融業 □資訊業 □學生
□大眾傳播 □自由業 □服務業 □軍警 □公 □教 □家管
□其他________

教育程度：□高中以下 □專科 □大學 □研究所及以上

建議事項：

愛戀智慧 閱讀大師

立緒文化事業有限公司 收

新北市 2 3 1

新店區中央六街62號一樓

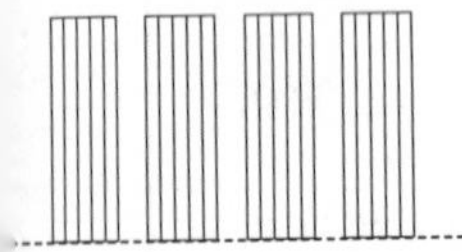

請沿虛線摺下裝訂，謝謝！

感謝您購買立緒文化的書籍

為提供讀者更好的服務，現在填妥各項資訊，寄回閱讀卡（免貼郵票），或者歡迎上網http://www.facebook.com/ncp231即可收到最新書訊及不定期優惠訊息。